EL *STOCK* Y LOS SERVICIOS DEL CAPITAL EN ESPAÑA (1964-2002)

El *stock* y los servicios del capital en España (1964-2002)

Nueva metodología

Dirigido por:

Matilde Mas Ivars
Francisco Pérez García
Ezequiel Uriel Jiménez

Fundación **BBVA**

DATOS INTERNACIONALES DE CATALOGACIÓN

El *stock* y los servicios del capital en España (1964-2002) : nueva metodología / dirigido por Matilde Mas Ivars, Francisco Pérez García, Ezequiel Uriel Jiménez. — Bilbao : Fundación BBVA, 2005.
326 p. ; 24 cm
ISBN 84-95163-94-2
1. Capital 2. España I. Mas Ivars, Matilde II. Pérez García, Francisco III. Uriel Jiménez, Ezequiel IV. Fundación BBVA, ed.
330.144.1(460)

El stock *y los servicios del capital en España (1964-2002)*
Nueva metodología

EDITA:
© Fundación BBVA. Plaza de San Nicolás, 4. 48005 Bilbao

IMAGEN DE CUBIERTA: © Carmen Calvo, Vegap, Madrid, 2005
Serie paisajes, 1982
Técnica mixta sobre lienzo, 85 × 118 cm
Colección BBVA

DISEÑO DE CUBIERTA: Roberto Turégano

ISBN: 84-95163-94-2
DEPÓSITO LEGAL: M-6.148-2005

IMPRIME: Sociedad Anónima de Fotocomposición
Talisio, 9. 28027 Madrid

Los libros editados por la Fundación BBVA están elaborados con papel 100% reciclado, fabricado a partir de fibras celulósicas recuperadas (papel usado) y no de celulosa virgen, cumpliendo los estándares medioambientales exigidos por la actual legislación.

El proceso de producción de este papel se ha realizado conforme a las regulaciones y leyes medioambientales europeas y ha merecido los distintivos Nordic Swan y Ángel Azul.

Í N D I C E

TERCERA PARTE

Resultados

Introducción

LA Fundación BBVA y el Ivie han proporcionado de forma regular la estimación de las series de *stock* de capital para la economía española. La primera característica relevante de las series españolas es la importancia que otorgan a las dotaciones de capital público, muy superior a la de los restantes países que publican series de *stock* de capital de forma regular. La segunda característica es la desagregación territorial a escala de Comunidades Autónomas y provincias. Las últimas series disponibles abarcan el periodo 1955-2002 para el capital público nacional y 1964-2002 para el capital privado. En el caso de las regiones y provincias, la disponibilidad estadística permite estimar las series hasta el año 2000.

En las publicaciones realizadas hasta el momento, las estimaciones han seguido la metodología previa de la OCDE [1]. De acuerdo con esta metodología, se consideran dos versiones de las dotaciones de capital de las economías: el *stock* de capital bruto y el neto. El procedimiento de estimación es el *Método del Inventario Permanente* (MIP) que obtiene las series de *stock* a partir de la acumulación de los flujos pasados de Formación Bruta de Capital Fijo (FBCF). Las estimaciones para la economía española se referían exclusivamente al *stock* de capital neto, aunque en Mas y Pérez (2000) se ampliaron las series españolas, incluyendo también estimaciones del *stock* de capital bruto con el fin de homogeneizarlas con las de los países desarrollados que proporcionan este tipo de informaciones.

Como resultado de las aportaciones teóricas de los últimos años, y que pueden remontarse a los trabajos pioneros de Jorgenson y Griliches en los años sesenta, se han producido impor-

---

1 OCDE (1992) y Ward (1976).

tantes modificaciones conceptuales que obligan a la revisión de la metodología seguida hasta el momento en las estimaciones de la Fundación BBVA y el Ivie. La principal diferencia respecto al procedimiento previo de estimación radica en el reconocimiento de que las dotaciones de capital neto constituyen un indicador poco satisfactorio de la contribución de este factor de producción al crecimiento del *output* y la productividad de las economías.

La importancia del tema aconsejó revisar la metodología seguida por el conjunto de países que realizan este tipo de estimaciones. Las Naciones Unidas encargaron al Australian Bureau of Statiscs (ABS), institución pionera en la introducción de las nuevas aportaciones teóricas en sus estimaciones, la elaboración de un Manual que contuviera las recomendaciones para el conjunto de países interesados. Finalmente, fue la Organización para la Cooperación y el Desarrollo Económico (OCDE) quien lideró el proyecto de lo que más tarde fue conocido como el *grupo de Canberra,* en recuerdo de la ciudad en la que se realizó el primer encuentro de especialistas. La elaboración del Manual se extendió durante dos años, teniendo lugar dos encuentros internacionales más, en París y Washington.

En diciembre de 2001, el *Manual sobre medición del capital* vio finalmente la luz, conteniendo las líneas maestras de la nueva metodología a seguir en las estimaciones de *stock* de capital. Este Manual fue acompañado por un segundo destinado a la *medición de la productividad,* también elaborado en el seno de la OCDE. En él se pone de manifiesto la importancia de disponer de series de capital apropiadas para el estudio del crecimiento del *output* y la productividad de las economías.

Sin embargo, pese a la publicación de los dos Manuales, todavía no existe un acuerdo definitivo sobre aspectos particulares de la estimación del *stock* de capital. Prueba de ello es la pervivencia del *grupo de Canberra* (bajo la denominación actual de *Canberra II*) que ha realizado, con posterioridad a la publicación de los dos *Manuales,* tres reuniones (Voorburg, Holanda; abril 2003; París, octubre 2003; y Washington, marzo 2004).

La nueva metodología distingue tres versiones distintas de *stock* de capital: bruto, neto (denominado también *capital riqueza*) y productivo. Este último es el apropiado para los estudios de productividad, mientras que los dos primeros son medidas más adecuadas, especialmente el segundo, de las dotaciones de las economías desde la perspectiva del valor de la riqueza de que disponen.

La nueva estimaciones suponen un cambio de método y también de perspectiva. Las estimaciones previas ponían el énfasis en la desagregación sectorial, para el capital privado, y funcional, para el público. Sin embargo, el concepto de *capital productivo* (también denominado *Indicador de volumen de los Servicios del Capital*), núcleo teórico de las nuevas aportaciones, está asociado al concepto de *activos homogéneos*. Intuitivamente, la razón para el cambio de enfoque es la siguiente. En el proceso productivo se utilizan muchos tipos de bienes de capital de características diferentes. Las diferencias en las características implican diferencias también en el flujo de servicios que proporcionan. Desde la perspectiva de la teoría de la producción, lo que importan son estos flujos de servicios y no el valor de mercado de los bienes de capital.

Considérense dos activos de capital concretos, un ordenador y una máquina de tejer. Suponga que ambos cuestan lo mismo pero que, sin embargo, el ordenador tiene una vida útil más corta que la tejedora. En este caso, el activo que se deprecia más aprisa (el ordenador) debe proporcionar servicios anuales por euro invertido superiores a los de la máquina de tejer con el fin de compensar su menor tiempo de permanencia en el proceso productivo. El cambio de énfasis, de los sectores o funciones a los activos, ha supuesto un importante esfuerzo estadístico puesto que las series de FBCF por tipos de activos, materia prima a partir de la cual se generen los *stocks,* no estaba disponible hasta la actualidad. Son precisamente las limitaciones de las estadísticas disponibles las que han recomendado comenzar esta nueva fase del proyecto FBBVA-Ivie estimando las series nacionales para el periodo 1964-2002. Se han considerado 18 tipos distintos de activos y 43 ramas de actividad, 17 de ellas industriales y 13 de servicios, agricultura, pesca y construcción. Además, se han considerado diez ramas correspondientes a infraestructuras públicas y privadas. En la desagregación por tipos de activos se han mantenido las infraestructuras públicas —característica distintiva de las series de la Fundación BBVA-Ivie y se han considerado explícitamente tres activos que configuran las *Nuevas Tecnologías de la Información y la Comunicación* (TIC) (*software, hardware* y telecomunicaciones). Esta información es muy relevante puesto que las TIC han sido identificadas en numerosos países como las responsables del crecimiento económico en los años noventa del pasado siglo. En ediciones sucesivas se ampliará la información con desagregación de las series por Comunidades Autónomas, para las que se requiere un esfuerzo estadístico todavía mayor del que ya se ha desarrollado en la preparación de esta edición.

La monografía que contiene los resultados de esta investigación consta de tres partes. La parte I describe de forma detallada la metodología seguida en las nuevas estimaciones de la Fundación BBVA y el Ivie. Dos características de esta presentación que merecen ser destacadas son las siguientes. La primera es que se acompaña con un ejemplo la caracterización teórica que se realiza de cada una de las variables. Los ejemplos son presentados de forma que puedan ser reproducidos acudiendo al uso de una simple hoja de cálculo. La segunda característica es la realización sistemática de *ejercicios de sensibilidad,* con el fin de contrastar las consecuencias cuantitativas derivadas de la selección de las distintas hipótesis disponibles.

La parte II revisa, asimismo de forma detallada, la forma de obtener las series de FBCF por tipos de activos y sus correspondientes deflactores en el caso español. Como ya se ha mencionado, por su importancia en los estudios de productividad se ha dedicado un importante esfuerzo en la elaboración de las series de inversión correspondientes a las Nuevas Tecnologías de la Información (TIC). Así, la desagregación contemplada proporciona información desagregada de la FBCF en *Software,* Maquinaria de oficina y Equipo Informático *(Hardware)* y Comunicaciones.

Por otra parte, las estimaciones que ahora se presentan, mantienen el interés en las dotaciones de capital público que han caracterizado las estimaciones previas de la Fundación BBVA y el Ivie. En este caso, los activos contemplados son: infraestructuras viarias, hidráulicas públicas, ferroviarias, aeroportuarias, portuarias y urbanas de Comunidades locales.

Por último, la parte III del documento presenta los principales resultados que se derivan del nuevo banco de datos, describiendo los rasgos básicos del proceso de acumulación de la economía española en el periodo 1964-2002. En primer lugar se consideran las series de inversión y, en estrecha relación con la misma, los deflactores correspondientes a los distintos activos. En segundo lugar se estudian las series de capital bruto y neto (riqueza), así como las tasas de depreciación que las vinculan. En tercer lugar se consideran las variables que se asocian con el concepto de capital productivo, tales como el indicador de volumen de los servicios del capital, el coste de uso y el valor de los servicios del capital. En el recorrido por la rica información disponible se destacan los aspectos más relevantes de la desagregación por tipos de activos —son considerados dieciocho— y las principales agrupaciones de ramas de producción —en esta edición de las series se distinguen cuarenta y tres— contempladas al estudiar las actividades privadas y públicas a las que se destina la inversión.

PRIMERA PARTE

MEDICIÓN DEL *STOCK* DE CAPITAL. ASPECTOS METODOLÓGICOS[2]

[2] Esta parte del trabajo se ha beneficiado de las aportaciones y discusiones con Paul Schreyer y Derek Blades (OCDE), a los que deseamos expresar nuestro agradecimiento, así como a los participantes en las reuniones del *grupo de Canberra.* Agradecemos también los comentarios y sugerencias realizados por los participantes en dos Workshops organizados por el Instituto Valenciano de Investigaciones Económicas «Medición del *stock* de capital. Nuevas aportaciones» y «Growth, Capital Stock and New Technologies», realizados en los meses de noviembre de 2001 y 2002 respectivamente. Cualquier error que subsista es de nuestra exclusiva responsabilidad.

Introducción a la primera parte

LOS criterios para la medición del *stock* de capital han experimentado importantes modificaciones metodológicas en los últimos años. Aunque la mayoría de los países continúan utilizando el enfoque adoptado en las estimaciones previas de la Fundación BBVA y el Ivie, dos recientes Manuales de la OCDE, así como los resultados presentados en sucesivas reuniones del *grupo de Canberra* y la práctica de las oficinas de estadística de Estados Unidos, Canadá, Australia y Reino Unido fundamentalmente, recomiendan la incorporación de cambios metodológicos de entidad.

En las estimaciones previas de la Fundación BBVA y el Ivie se obtenía el *stock* de capital neto a partir de los flujos acumulados de Formación Bruta de Capital Fijo (FBCF), deduciendo de ellos los retiros y la depreciación. Este procedimiento era el seguido por todos los países que estiman series de *stock* de capital, y cuyas series están recogidas por las publicaciones de la OCDE [3], siguiendo la metodología propuesta por esta organización en OCDE (1992) y Ward (1976). Los cambios introducidos en las estimaciones realizadas por Estados Unidos y Australia mediada la década de los noventa impregnaron las discusiones del denominado *grupo de Canberra,* en cuyo seno se discutieron los nuevos enfoques. Éstos terminaron siendo plasmados en dos Manuales de la OCDE, el relativo a la medición del *stock* de capital (OCDE, 2001*a*) y a la productividad (2001*b*). El responsable del primero de ellos fue Derek Blades y el del segundo Paul Schreyer, ambos altos funcionarios de esta institución.

El Manual sobre medición del *stock* de capital refleja las discusiones del *grupo de Canberra.* En el origen de las mismas se en-

---

[3] *Stocks and Flows of Fixed Capital* e *International Sectoral Data Base* (ISDB). Esta última recibe en la actualidad el nombre de STAN Database.

cuentran dos hechos. Por una parte, la natural resistencia de los contables nacionales presentes en las reuniones a modificar las prácticas que habían seguido hasta ese momento. Por otra, las discrepancias de criterio en el seno del país que lideraba las propuestas de cambio, Estados Unidos.

En ese país hay dos instituciones que elaboran series de *stock* de capital, el Bureau of Economic Analysis (BEA) y el Bureau of Labour Statistics (BLS). La primera de ellas, el BEA, es responsable de la elaboración de las Cuentas Nacionales, por lo que su marco conceptual está restringido por los requisitos contables. Por su parte, el BLS realiza sus estimaciones en el marco del proyecto de medición de la productividad que desarrolla, por lo que disfruta, al menos en principio, de mayor autonomía que el BEA para elegir el enfoque que considera más adecuado para sus objetivos. El resultado es que Estados Unidos dispone de dos estimaciones distintas del *stock* de capital, obtenidas a partir de la misma materia prima estadística, las series de flujos de Formación Bruta de Capital Fijo (FBCF), pero utilizando distintos procedimientos de estimación. En el texto central del Manual (OCDE 2001*a*) se siguió la metodología del BLS para la estimación del capital productivo, incorporándose en un anexo la del BEA.

Fue la metodología del BLS la que terminó prevaleciendo en las recomendaciones que la OCDE realiza a los países miembros. De ese modo, los dos manuales de la OCDE también veían facilitada su mutua sintonía.

La elección del procedimiento del BLS venía avalada por la experiencia del Australian Bureau of Statistics (ABS), institución a la que la Organización de Naciones Unidas había encargado la elaboración del Manual en primera instancia. Australia es el único país que elabora estimaciones consistentes entre sí de las dos formas de medición del *stock* de capital recomendadas por la OCDE, el *stock* de capital riqueza y el *stock* de capital productivo. Por esta razón su experiencia fue tomada como referencia a seguir en la nueva singladura a la que se enfrentaban los países que, tras la aprobación del SEC-95, debían otorgar una mayor relevancia a las estadísticas de capital.

En definitiva, el procedimiento recomendado por los dos Manuales de la OCDE para la estimación de ambas formas de capital es el actualmente utilizado por el ABS. De ellas, una es también la utilizada por el BLS, organismo que sólo calcula el capital productivo, siguiendo la misma metodología que el ABS. Por su parte, el BEA utiliza su propia metodología para la estimación de ambas formas de capital pero, de acuerdo con Barbara Fraumeni (1997, 1999*a* y 1999*b*), actual economista jefe del BEA, con el procedimiento que sigue esta institución ambas formas de capital son coincidentes. Es decir, el BEA proporciona una única estimación de *stock* de capital, argumentando que representa simultáneamente al *stock* de capital productivo, utilizado en los estudios de productividad, y al *stock* de capital riqueza.

A continuación se describen de forma detallada los pasos que deben seguirse para estimar las diferentes medidas del capital de acuerdo con la nueva metodología y las relaciones existentes entre las mismas.

1. Conceptos clave

LA nueva metodología distingue tres medidas de *stock* de capital: bruto, neto (riqueza) y productivo, también denominado *Indicador de volumen de los Servicios del Capital* (VICS en la terminología sajona).

El *stock de capital bruto* es el resultado de la acumulación de los flujos de Formación Bruta de Capital Fijo (FBCF), deduciendo de ellos los retiros que han tenido lugar a lo largo del periodo. El capital bruto valora los activos a precios «como si fueran nuevos».

El *stock de capital neto (riqueza)* es el valor de mercado de los activos, bajo el supuesto de que éste es igual al valor presente descontado de las rentas futuras que se espera generen. Los bienes de capital son valorados a los precios de mercado.

El *stock de capital productivo* a precios constantes es un concepto cuantitativo (o de volumen) que tiene en cuenta la pérdida de eficiencia del activo. Los *servicios del capital* es la variable relevante de los análisis de productividad.

El hecho de que existan muchos activos en la economía exige su agregación. En el caso del capital neto (o riqueza) el procedimiento de agregación es inmediato puesto que consiste en la suma de las magnitudes correspondientes a cada tipo de activo. En este caso, los precios de mercado constituyen los ponderadores en la agregación. La situación es diferente en el caso de los *servicios del capital, idóneos en el análisis de la productividad.* Dichos servicios dependerán de distintas características del activo y no sólo de su precio de mercado. Por esta razón, el precio adecuado para agregar estos servicios es el coste de uso de capital. Ambos conceptos proporcionan, al menos potencialmente, distintas medidas del *stock* de capital siendo, el *stock* de capital neto adecuado para medir la *riqueza* con la que cuenta un país y los *servicios de capital* la contribución del mismo al crecimiento económico.

De acuerdo con la nueva metodología propuesta por los dos Manuales de la OCDE los conceptos anteriormente mencionados están relacionados, por lo que la consistencia lógica obliga a realizar las estimaciones dentro de un mismo marco conceptual. Sin embargo, en Estados Unidos se sigue una ruta diferente debido a que distintas instituciones realizan sus propias estimaciones de capital. Por la importancia en todos los órdenes de este país, incluido el estadístico, se describirá también el procedimiento seguido por el BEA, que considera una única forma de capital como representativa de ambos conceptos en el caso de los activos individuales pero no en el procedimiento de agregación, y se clarificará también su relación con los tres conceptos mencionados.

2. Estimación del *stock* de capital de un activo. Propuesta de la OCDE

LOS dos rasgos diferenciales más relevantes del nuevo enfoque, en comparación con el previo, son 1) el procedimiento de estimación del *stock* de capital de *un activo,* y 2) el procedimiento de *agregación* de los distintos activos. Los dos temas serán considerados sucesivamente, en este capítulo y el siguiente.

Para llevar a cabo la estimación del *stock* de un activo es necesario disponer de series de Formación Bruta de Capital Fijo (FBCF) por tipo de activo (o producto) con el suficiente nivel de desagregación. En las estimaciones previas de la Fundación BBVA y el Ivie se había tenido en cuenta la composición por tipos de activos del capital de un sector o función [4], aunque no se proporcionaba información detallada al respecto. Esta descomposición resultaba insuficiente para aplicar la nueva aproximación metodológica, por lo que ha sido necesario realizar el importante esfuerzo de elaboración estadística adicional, que se describe en la parte II de esta obra.

Una vez se dispone de las series de FBCF, la estimación de las series de *stock* de capital por tipo de activo, correspondientes a las distintas formas de medirlo, debe seguir un proceso que garantice su consistencia lógica. Este requisito se traduce en que las relaciones entre todos los conceptos deben quedar establecidas con precisión, en especial, entre el capital productivo, el capital neto (riqueza) y el consumo de capital fijo.

---

[4] Por ejemplo, la distinción entre estructuras y bienes de equipo en la estimación de las funciones de sanidad y educación.

2.1. El *stock* de capital bruto

El primer paso es la estimación de las series de *stock* de capital bruto de un activo *j*. Como en las recomendaciones previas de la OCDE (1992), el *stock* de capital bruto de un activo determinado es el resultado de la acumulación de las inversiones pasadas, descontando de éstas los retiros que se hayan producido a lo largo del periodo [5].

Sea $IN_{j,t}$ la inversión nominal; $p_{j,t}$ el precio del activo (con referencia a un año base); $IR_{j,t}$ la Inversión real (a precios constantes) = $IN_{j,t}/p_{j,t}$; F_j representa la función de supervivencia; $KG_{j,t}$ el *stock* de capital bruto a precios constantes; $KG^c_{j,t}$ el *stock* de capital bruto a precios corrientes. El subíndice *j* denota el tipo de activo, τ la antigüedad, *t* el tiempo y T_j la vida máxima en servicio del activo $_j$

$$KG_{j,t} = \sum_{\tau=0}^{T_j} IR_{j,t-\tau} \times F_{j,\tau} \qquad (2.1)$$

La ecuación (2.1) indica que el *stock* de capital del activo *j* a precios constantes, con una vida máxima de *T* años, se obtiene acumulando la FBCF, también a precios de un año base, multiplicada por el porcentaje de la inversión que todavía sobrevive en el año *t*.

El *stock* de capital bruto *a precios corrientes* se obtiene *reflactando* las series a precios constantes:

$$KG^C_{j,t} = KG_{j,t-\tau} \times F_{j,\tau} \qquad (2.2)$$

Como indican las ecuaciones (2.1) y (2.2), la obtención del *stock* de capital bruto requiere tomar dos tipos de decisiones. La primera se refiere a la elección de las *vidas medias.* La segunda consiste en seleccionar la especificación funcional de la *función de supervivencia,* F_j.

---

[5] Las estimaciones previas para España, Fundación BBVA (VV. AA.), sólo han proporcionado series correspondientes al *stock* neto, no al bruto. Sin embargo, en la monografía relativa a las comparaciones internacionales (Mas y Pérez, 2000) fue necesario estimar las series de *stock* de capital bruto y ajustados a la clasificación ISIC (Revisión 3) con el fin de que fueran homogéneas con las proporcionadas por la base de datos de ISDB de la OCDE. Dichas series aparecen en el Anexo de la publicación citada.

2.1.1. Vidas medias

La decisión sobre cuál es la vida media, es decir, el periodo de tiempo en el que, en promedio [6], se considera que un activo permanece en el *stock* de capital, resulta crucial en la estimación de las series de capital. Siguiendo al Manual de la OCDE (2001*a*), las fuentes habituales utilizadas en los distintos países en la determinación de las vidas medias son las siguientes.

- *Fuentes fiscales*

La mayoría de los países especifican en su regulación fiscal el número de años en los que la depreciación de un tipo de activo puede deducirse de los beneficios antes de impuestos. Este periodo temporal es utilizado en algunos países (por ejemplo, Australia y Alemania) para determinar las vidas medias utilizadas en el cálculo del *stock* de capital de los distintos activos.

La pregunta que surge inmediatamente es ¿con qué criterios determinan las vidas medias las autoridades fiscales? Es posible encontrar casos en los que se ha hecho un esfuerzo para fundamentar los criterios utilizados, (por ejemplo, la realización de encuestas específicas), pero tampoco es infrecuente que la autoridad fiscal apruebe pautas aceleradas de depreciación con el fin de estimular la inversión. Lo prudente es, por lo tanto, considerar esta fuente como complementaria, y no exclusiva, en la estimación de la duración de un activo.

- *Contabilidad empresarial*

Los responsables de la contabilidad de las empresas incluyen a menudo información sobre las vidas medias que utilizan en el cálculo de la depreciación de un activo. Esta fuente es utilizada por Singapur y Australia. También es la utilizada por las estimaciones realizadas por la Central de Balances del Banco de España. El Comité Internacional de Estandarización de Prácticas Contables ha solicitado repetidamente a los países miembros

---

[6] La relación entre los conceptos «vida media» y «vida máxima» puede clarificarse acudiendo a la biología. Así, la vida media de un activo se correspondería con la esperanza de vida de la población, y la vida máxima con la edad de los individuos de mayor edad (excluidas las observaciones atípicas).

que homogeneicen éstas, incluyendo la recomendación de que proporcionen información sobre la vida media de los activos que utilizan en el cálculo de la depreciación. Es posible que en el futuro esta fuente de información permita mejores estimaciones que las hasta ahora disponibles.

- *Encuestas*

Existen dos tipos de encuestas importantes para la estimación de las vidas medias. Las primeras preguntan a las empresas sobre los activos retirados en un determinado periodo de tiempo. Las segundas indagan la fecha de adquisición de un activo, así como el periodo de tiempo que se espera que un determinado activo ya instalado continúe todavía en servicio. El primer tipo de encuestas ha sido realizado por Holanda durante algunos años, aunque en la actualidad utiliza un procedimiento indirecto [7]. Por su parte, la República Checa ha incluido preguntas sobre retiros en su encuesta anual sobre gastos de capital de las empresas.

El segundo tipo de encuestas, las que preguntan sobre las vidas medias *esperadas,* ha sido puesto en práctica por algunos países. Corea y Japón son los que han realizado las encuestas más ambiciosas, puesto que cubren la mayoría de las actividades productivas. Nueva Zelanda sigue el procedimiento de encuestar a distintos grupos de empresas sobre la vida esperada de un activo determinando para cada una de ellas, incrementando la tasa de respuestas al demandar sólo información sobre un único activo. Canadá e Italia han puesto en marcha encuestas en las que se incluye la petición de información sobre vidas esperadas de los activos.

- *Información administrativa*

Las distintas agencias gubernamentales disponen de información que puede ser útil para obtener las vidas medias de los distintos activos. Por ejemplo, las estadísticas de construcción resultan útiles en el caso de los inmuebles residenciales y de otras construcciones. También se suele disponer de información útil sobre los medios de transporte (vehículos, tractores, camiones,

---

[7] Para una información más detallada, véase OCDE (2001*a*: 44).

autobuses, barcos, aviones, etc.) por lo que puede ser utilizada como fuente alternativa de información.

- *Opinión de expertos*

La mayoría de los países recurren a la opinión de expertos sobre la vida media de, al menos, un grupo reducido de activos. En el caso de las obras públicas es frecuente acudir al consejo de los ingenieros familiarizados con determinados tipos de infraestructuras, o a arquitectos en el caso de los inmuebles residenciales y las construcciones en general. El Manual de la OCDE recomienda acudir también a la opinión de los productores de los bienes de capital, ya que éstos deben disponer de estimaciones realistas de las vidas medias de los activos, al ser las ventas destinadas a reponer los activos existentes una parte importante de sus ventas totales. En nuestro caso, se ha recurrido a la opinión de Aniel, Red.es y Sedisi para recabar su opinión respecto a las TIC.

- *Estimaciones de otros países*

La mayoría de los países consultan periódicamente las vidas medias utilizadas en otras economías pertenecientes a su entorno, con el fin de asegurarse de que no existen discrepancias notables, e injustificadas, con sus propios supuestos. Sin embargo, existe el peligro de que, con este procedimiento, se den por válidas las vidas medias sin que se hayan realizado estudios detallados en cada uno de los países. Además, existen razones también para pensar que la duración de un activo sea distinta entre países ya que se ve afectada por el precio relativo de los factores, los tipos de interés, el esfuerzo por aproximarse a las economías que utilizan tecnologías más avanzadas o las políticas de los gobiernos (piénsese, por ejemplo, en el Plan Prever para los vehículos). En definitiva, el Manual considera como procedimiento adecuado acudir al consenso internacional para determinar las vidas medias, pero también recomienda realizar estudios específicos en cada país.

- *Cambios en las vidas medias*

Algunos países consideran que las vidas medias se modifican a lo largo del tiempo. En ocasiones se considera que se produce una reducción del número de años en los que un activo está en servicio. Esto es especialmente cierto para la mayoría de los activos con elevado contenido tecnológico, por ejemplo para los ordenadores. Sin embargo, para otros activos se supone que las vidas medias han aumentado, en lugar de disminuir. Por ejemplo, en Alemania se ha aumentado la vida media de las aeronaves comerciales desde los 5/8 años para las fabricadas antes de 1976, hasta los 12 años para las construidas con posterioridad. En Estados Unidos también se ha elevado la vida media de este activo desde 12/16 años hasta 15/20, tomando 1960 como año de corte. Sin embargo, la tendencia general es no modificar las vidas medias de un activo determinado, sino la de la *media* del grupo al que pertenece. Normalmente el nivel de desagregación por tipo de activos no es tan detallado como el que se desprende de las líneas anteriores, siendo más habitual trabajar con *grupos* de activos. En estos casos, las vidas medias se modifican cuando se tiene evidencia de que los activos de vida más corta/larga están ganando/perdiendo peso dentro del grupo al que pertenecen.

- *Consecuencias de utilizar distintas vidas medias*

Los distintos procedimientos de estimación de las vidas medias descritos anteriormente están, normalmente, sujetos a error. Por esta razón, resulta de interés realizar *análisis de sensibilidad* con el fin de evaluar las discrepancias que se generan como consecuencia de la utilización de distintas vidas medias. De los estudios realizados por Holanda y Canadá se desprende que vidas medias más largas: 1) siempre aumentan el tamaño del *stock* de capital bruto; 2) normalmente reducen el consumo de capital fijo; 3) normalmente aumentan el tamaño del *stock* de capital neto, y en una proporción superior que el *stock* de capital bruto; 4) tienen un efecto no determinado sobre las tasas de crecimiento de los distintos tipos de *stocks;* y 5) reducen la volatilidad temporal en la tasa de crecimiento de los *stocks* y del consumo de capital. En el ejemplo que se presenta en el apartado 2.1.3 se realizará el *análisis de sensibilidad,* aplicado a la estimación del *stock* de capital bruto para el caso del activo *software* en la economía española.

2.1.2. Funciones de mortalidad y supervivencia

Las funciones de mortalidad se derivan de los supuestos que se realizan sobre la distribución de los retiros en torno a la vida media. Los retiros se refieren a la retirada de un activo del *stock* de capital, bien porque haya sido exportado a otra economía, vendido como chatarra, desmantelado, o simplemente abandonado. Sin embargo, no se considera que un activo ha sido retirado cuando se vende en el mercado de segundo mano y continua siendo utilizado por los nuevos propietarios dentro de la misma economía.

En el Manual sobre *stock* de capital (OCDE, 2001*a*) se presentan cuatro pautas distintas de mortalidad y, sus correspondientes funciones de supervivencia. Las pautas o funciones de mortalidad muestran las tasas de retiro a lo largo de la vida del activo, instalado en un año dado, que se mantiene en el *stock* el máximo número de años. Por su parte, las funciones de supervivencia muestran la proporción de cada cohorte de activos originales que todavía están en uso en cada momento del tiempo. A continuación se resumen brevemente las cuatro funciones de retiro (y sus correspondientes de supervivencia) recogidas en el Manual.

- *Salida simultánea*

Supone que todos los activos se retiran del *stock* de capital cuando alcanzan su vida media. Por lo tanto, las funciones de supervivencia implican que todos los activos de una misma generación permanecen en el *stock* hasta que alcanzan dicha vida media, momento en el que son todos retirados.

- *Lineal*

Supone que los activos son retirados en una cantidad constante cada año, desde el momento en que son instalados hasta dos veces la vida media. La función de mortalidad es, por lo tanto, un rectángulo cuya altura, la tasa de retiros, es igual a 1/2T, siendo T la vida media. Por su parte, la función de supervivencia muestra que los activos todavía en uso se reducen en una cantidad constante cada año, igual a 1/2T del grupo inicial de activos. Supongamos un activo con una vida media de 5 años (T = 5). La cantidad que se retira cada año será igual a

1/10 = 0,1. Por lo tanto, la función de supervivencia tomará los siguientes valores a lo largo de los diez años en los que se mantiene en el *stock:* 0,9 en el año 1; 0,8 en el año dos; 0,7 en el año 3; ...; 0,1 en el año 9, y cero en el año 10.

• *Lineal con desfases*

La función lineal supone que los retiros comienzan nada más se ha instalado el activo. Si éste parece un supuesto poco razonable se puede utilizar la lineal desfasada. Ésta supone que los retiros comienzan en algún momento del tiempo inferior a la vida media y desaparecen totalmente antes que en la función lineal. Supongamos nuevamente un activo con cinco años de vida media, y supongamos que los retiros tienen lugar a lo largo de un periodo comprendido entre el 80% y el 120% de su vida media. En este caso los retiros comienzan en el año 4 (= 0,8 × 5) y todos los activos están completamente retirados en el año 6 (= 1,2 × 5). En este caso, durante los cuatro primeros años el coeficiente de la función de supervivencia es igual a la unidad, en el quinto año es 0,5 (= 1–(1/5(1,2–0,8)), y cero en el año 6.

• *Con forma de campana*

En este caso, los retiros comienzan gradualmente en algún momento después de haber sido instalado el activo, van aumentando hasta alcanzar un máximo en el entorno de la vida media, comenzando entonces a descender también de forma gradual. Existen varias funciones matemáticas que generan funciones de retiro con forma de campana. Las más conocidas son la gamma, cuadrática, Weibull, lognormal, y Winfrey. La Winfrey es la más utilizada de todas ellas. En su versión S-3 fue utilizada en las estimaciones previas de la Fundación BBVA y el Ivie y también lo es en las que aquí se presentan.

• *Winfrey*

Winfrey (1935), a partir de un análisis estadístico de los retiros de los bienes de capital en la industria de los Estados Unidos, llega a establecer las ecuaciones de dieciocho curvas de frecuencia (funciones de densidad) para la determinación de los retiros. Estas dieciocho curvas se agrupan en tres categorías: con la moda a la derecha (cinco curvas), con la moda a la izquierda (seis curvas), y simétricas (siete curvas).

En su estudio, Winfrey se inspiró en una familia de doce curvas, que desarrolló Karl Pearson. La familia de curvas Pearson fue diseñada para determinar la curva teórica más adecuada a una distribución de frecuencias dadas. Para ello se utilizan los momentos muestrales respecto a la media de segundo (m_2), tercero (m_3) y cuarto orden (m_4). A partir de estos momentos se calculan los coeficientes β_1 (que mide la asimetría), β_2 (que mide la kurtosis) y k de acuerdo con las expresiones:

$$\beta_1 = \frac{m_3}{m_2^{3/2}} \tag{2.3}$$

$$\beta_2 = \frac{m_4}{m_2^2} \tag{2.4}$$

$$k = \frac{\beta_1(\beta_2 + 3)^2}{4(4\beta_2 - 3\beta_1)(2\beta_2 - 3\beta_1 - 6)} \tag{2.5}$$

Dependiendo de que el valor de k sea positivo, negativo, mayor que 1 o menor que 1, y teniendo en cuenta, en algunos casos, los valores des β_1 y β_2, Pearson llega a la caracterización de los doce tipos de curvas.

Si $k = 0$, $\beta_1 = 0$ y $\beta_2 < 3$ se obtiene la curva del tipo II, que es la utilizada por Winfrey para representar distribuciones de retiro simétricas, designadas con la letra S. Su expresión es la siguiente:

$$y_x = y_0\left[1 - \frac{x^2}{a^2}\right]^m \tag{2.6}$$

donde

y_x = ordenada de la curva de frecuencia a la edad x (tomando como origen la edad media);

y_0 = ordenada de la curva de frecuencia en su moda;

x = edad;
a, m = parámetros.

Para distintos valores de y_0, a, m se obtienen las siete curvas simétricas postuladas por Winfrey. En aplicaciones posteriores en Estados Unidos, en el resto de la OCDE y en otros países, la curva de retiros más utilizada ha sido la S-3, cuya expresión es la siguiente:

$$y_x = 15{,}61048797\left[1 - \frac{x^2}{100}\right]^{6{,}90151918} \tag{2.7}$$

Los puntos de inflexión de esta curva están situados en:

$$\pm\frac{10}{\sqrt{2m-1}} = \pm 2{,}7947 \tag{2.8}$$

Si, como hace Winfrey, se toma 100 como punto medio y se expresan los puntos de inflexión con respecto a dicho punto medio, sus valores serían 27,947%. Por otra parte, la curva corta el eje de abscisas en los puntos 0 y 200%. La curva S 3 presenta bastante similitud con la distribución normal, aunque se diferencia de ésta en que las colas no son de carácter asintótico. Sin embargo, los retiros antes del 45% de la edad media, o después del 155% de la edad media, son insignificantes.

En los siguientes apartados de este documento se incluirán ejercicios de estimación del *stock* de capital realizados con pautas de supervivencia basadas en la función Winfrey-S3. En ellos se ha tomado la decisión de truncar la distribución a partir del punto en el que el porcentaje de supervivencia es inferior al 1% (porcentaje de retiro superior al 99%).

- *Weibul*

La función de distribución Weibull es adoptada por Holanda y Finlandia para algunos activos. Su forma funcional viene dada por la expresión siguiente:

$$f(x) = \alpha\lambda * (\lambda x)^{\alpha-1} * \exp(-(\lambda x)^{\alpha}) \tag{2.9}$$

Siendo x el número de años desde que el activo fue instalado, y α y λ parámetros que determinan conjuntamente la asimetría y la kurtosis. *Statistics Netherlands* ha estimado funciones Weibull utilizando la información proporcionada por encuestas sobre pautas de retiro para distintos activos. De acuerdo con sus estimaciones, el valor del parámetro λ se encontraría en un rango entre 0,015 y 0,033, mientras que el de α estaría entre 1 y 2 para la mayoría de activos.

- *Lognormal*

La distribución de frecuencia lognormal viene dada por la expresión

$$f_x = \frac{1}{\sqrt{2\pi} * \sigma} * \frac{1}{x} * \exp(-(\ln x - \mu)^2 / 2\sigma^2 \qquad (2.10)$$

Donde x son los años *1, 2, 3,* ... σ es la desviación típica de la distribución, y viene dada por la expresión:

$$\sigma = \sqrt{\ln(1 + \frac{1}{(T/s)^2})} \qquad (2.11)$$

T es la vida media estimada, y s toma valores entre $T/2$ y $T/4$. Por último, μ es la media de la distribución lognormal y viene dada por:

$$\mu = \ln T - 0.5\sigma^2 \qquad (2.12)$$

2.1.3. Un ejemplo

Siguiendo el procedimiento expositivo de los dos Manuales de la OCDE, se presenta aquí un ejemplo que ilustra el cálculo del *stock* de capital bruto. El mismo ejemplo será utilizado posteriormente para la obtención de las dos series restantes de capital [el *capital productivo* y el *capital neto (riqueza)*].

Supongamos que deseamos calcular el *stock* de capital bruto de un activo existente en un año determinado con una vida media de tres años [8]. Para dotar de mayor realismo al ejemplo, se

[8] Se ha seleccionado un periodo corto de tiempo con el fin de facilitar la exposición.

van a considerar datos relativos al *software* de la economía española. El detalle de la obtención de las series relevantes se describe en la parte II de este libro. En el cuadro 2.1 aparecen, en primer lugar, los flujos anuales de inversión en términos nominales en este activo (IN_t) correspondientes a los cinco primeros años para los que se dispone de información, el periodo 1960-1964. En la tercera columna se recoge la evolución de los precios (p_t), tomando como año base 1995. A partir de estos datos se calculan las series de inversión a precios constantes (IR_t), así como la tasa de crecimiento anual de los precios (q_t).

CUADRO 2.1: **Formación Bruta de Capital Fijo (inversión).** ***Software***
(millones de euros)

Año	Inversión nominal ($IN_{i,t}$)	Precios ($P_{i,t}$) (1995 = 1)	Inversión real ($IR_{i,t}$)	Tasa de crecimiento de precios ($q_{i,t}$)
1960	3,49	0,2410	14,50	
1961	4,31	0,2380	18,11	–1,22
1962	5,03	0,2377	21,16	–0,13
1963	5,81	0,2439	23,81	2,61
1964	7,13	0,2602	27,41	6,65

Una vez se dispone de las series de FBCF y de la evolución de los precios del activo, el siguiente paso en la estimación del *stock* de capital es la determinación de la vida media y la selección de la función de supervivencia más adecuada. En el caso del *software,* la vida media ha sido fijada en tres años y se ha mantenido la función Winfrey S-3 como función de supervivencia. Esta ha sido truncada cuando sobrevive menos del 1% de la inversión inicial. La combinación de una vida media de tres años y la función Winfrey S-3 truncada implica que la vida máxima es de cinco años. En el cuadro 2.2 aparece el perfil de esta función para el *software.* Puesto que la vida máxima es de cinco años y 1960 es el primer año para el que se dispone de información relativa a la FBCF, la primera estimación del *stock* de capital en *software* que puede proporcionarse es la correspondiente al año 1964, pues estimaciones para años anteriores estarían infravalo-

CUADRO 2.2: **Pautas de retiro-supervivencia. *Software***
(función Winfrey S-3 para vida media de 3 años)

Periodo	Participación de la inversión que permanece
1	0,99998
2	0,98212
3	0,74348
4	0,25652
5	0,01788

Nota: La FBCF se imputa a mitad del año y el *stock* de capital a final del año.

radas al no incorporar las inversiones realizadas con anterioridad a 1960 y todavía vivas.

La ecuación (2.1) resumía el procedimiento de obtención del *stock* de capital bruto. El cuadro 2.3 detalla los pasos a seguir con el fin de calcular el dato correspondiente a 1964. En la primera fila aparece el valor del *stock* generado por la inversión realizada en el primer año, 1960, que todavía permanece en los cinco años sucesivos. Éste se obtiene multiplicando la inversión, en términos reales, realizada en dicho año por los sucesivos valores de la función de supervivencia. La segunda fila realiza los mismos cálculos pero referidos a la FBCF del año 1961, y así sucesivamente. En la última columna aparece el valor de la inversión realizada en los cinco años considerados que todavía sobrevive en el año 1964. La suma de los valores de esta columna indica el valor del *stock* de capital bruto, a precios constantes, en *software* en 1964. El *stock* de capital bruto a precios corrientes, que aparece en la última fila de dicho cuadro, se obtiene multiplicando el *stock* a precios constantes por el correspondiente índice de precios.

2.1.4. Análisis de sensibilidad

Para la obtención de las series de *stock* de capital bruto se han realizado dos elecciones que afectan de forma significativa a los resultados. La primera de ellas es la elección de la vida media, y la segunda la forma de la función de retiros/superviviencia. En el caso del *software* existe acuerdo en suponer vidas medias de tres

CUADRO 2.3: **Estimación del *stock* de capital bruto. *Software***
(millones de euros de 1995)

Año	Inversión superviviente en cada año				
	1960	**1961**	**1962**	**1963**	**1964**
1960	14,50	14,24	10,78	3,72	0,26
1961		18,11	17,78	13,46	4,65
1962			21,16	20,78	15,73
1963				23,81	23,38
1964					27,41
			***Stock* de capital bruto a precios constantes:**		71,43
			***Stock* de capital bruto a precios corrientes:**		18,58

años. Sin embargo, resulta de interés computar qué hubiera ocurrido si se hubieran supuesto otras vidas medias. El gráfico 2.1 presenta, en el panel *a)* el perfil de las series de *stock* en *software* con cuatro supuestos alternativos: dos, tres, cuatro y cinco años de vida media. El panel *b)* completa la información proporcionando las tasas de crecimiento.

El cuadro 2.4 computa, en el panel *a)* las diferencias porcentuales que generarían, en el *stock* de capital bruto en *niveles,* suponer estas cuatro vidas medias alternativas a la elegida de tres años. El mismo cuadro también presenta, en el panel *b),* la diferencia en puntos porcentuales en las *tasas de crecimiento.* De acuerdo con esta información, si la vida media fuera de dos años, el *stock* correspondiente al año 2002 sería el 69% del correspondiente a la vida media seleccionada de tres años. Ampliar ésta a cuatro años supone aumentar el *stock* en un 26,56%, y ampliarla a 5 años, el 49,50% de aumento. En lo que respecta a las tasas de crecimiento, el supuesto de una vida media de cinco años se traduciría en una tasa de crecimiento del *stock* mayor: 0,06 puntos porcentuales en el periodo 1968-2002. Obsérvese además, en el panel *b)* del gráfico 2.1 las diferencias existentes en las tasas anuales de crecimiento dependiendo de las vidas medias supuestas, especialmente notables a partir de comienzos de los años noventa.

GRÁFICO 2.1: ***Stock* bruto de capital. *Software*. Diferentes vidas medias**

a) Niveles

Millones de euros de 1995

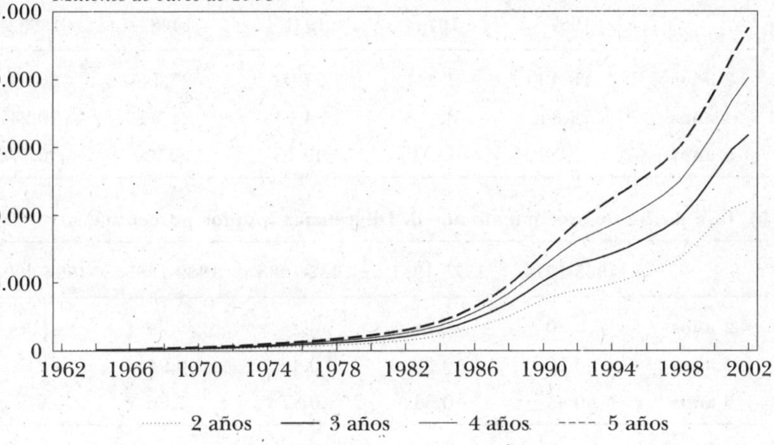

b) Tasas de crecimiento

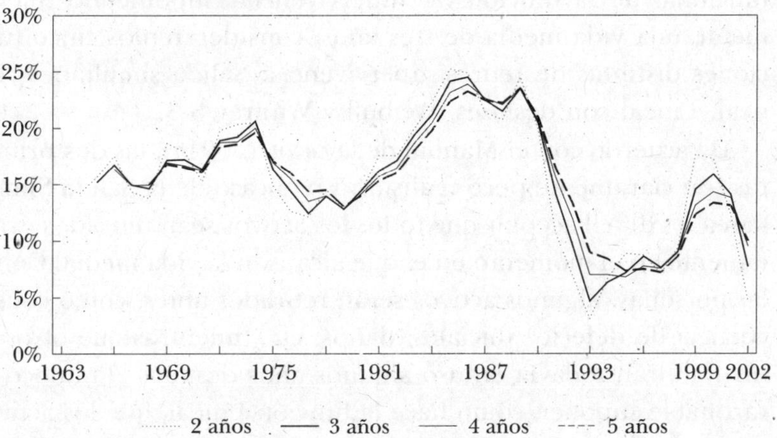

En consecuencia, la duración de la vida del activo resulta ser una decisión muy relevante que afecta tanto a los niveles como a las tasas de crecimiento. Sin embargo, este ejemplo puede considerarse un caso extremo, ya que pasar de tres a cinco años supone prácticamente doblar la vida media del activo, hipótesis que difícilmente se aceptaría para activos de más larga duración.

CUADRO 2.4: **Capital Bruto en *Software*.**
Diferencias respecto a la estimación con vida media de 3 años

a) Niveles (%)

	1967	1974	1981	1988	1995	2002
2 años	–28,49	–27,24	–27,92	–27,14	–30,54	–31,00
4 años	24,34	22,52	24,01	21,75	29,24	26,56
5 años	45,56	41,76	45,15	39,28	56,77	49,50

b) Tasa media de crecimiento anual. Diferencias (puntos porcentuales)

	1968-1974	1975-1981	1982-1988	1989-1995	1996-2002	1968-2002
2 años	0,30	–0,21	0,26	–0,74	–0,06	–0,09
4 años	–0,25	0,29	–0,42	0,94	–0,35	0,04
5 años	–0,45	0,54	–0,87	1,86	–0,77	0,06

La segunda elección relevante se refiere a la especificación funcional de la función de supervivencia. Suponiendo nuevamente una vida media de tres años, consideraremos cinco funciones distintas de retiros/supervivencia: Salida simultánea, Lineal, Lineal con desfases, Weibull y Winfrey S-3.

De acuerdo con el Manual de la OCDE (2001*a*), las dos primeras son claramente poco realistas. En el caso de la Salida Simultánea, es difícil aceptar que todos los activos sean retirados exactamente en el momento en el que alcanzan la vida media. Como las personas, algunos activos serán retirados antes, como consecuencia de defectos iniciales, daños, etc., mientras que otros se mantendrán todavía en uso algunos años después. Tampoco es razonable suponer, como hace la función Lineal, que los activos son retirados en cantidades constantes desde que son inicialmente instalados. En este sentido, parece más ajustado a los hechos la pauta supuesta por la función Lineal con Desfases. Es decir, que al comienzo no se retira ningún activo, y que cuando comienzan los retiros se realizan a tasas constantes. Sin embargo, el Manual se inclina por suponer que este perfil tampoco es una buena descripción de las pautas de supervivencia de los activos, inclinándose por cualquiera con «forma de campana» (Winfrey S-3, Weibull o lognormal).

En la parte superior del gráfico 2.2 aparece la estimación del *stock* de capital bruto en *software* suponiendo las cinco pautas distintas de retiros anteriormente mencionada: salida simultánea, lineal, lineal con desfases, Weibull y Winfrey S-3. De acuerdo con este gráfico, para el caso del *software* la función Winfrey S-3 y la salida simultánea proporcionan prácticamente los mismos resultados [9], estimando un *stock* de capital bruto superior al que generarían las otras tres pautas de retiro. La parte inferior del gráfico presenta las tasas de crecimiento del *stock* de capital bruto que generarían las distintas pautas de retiro supuestas. En este caso también se ven afectadas las tasas anuales de crecimiento, pero con una intensidad muy inferior a cuando se consideran distintas vidas medias.

Por su parte, el panel *a)* del cuadro 2.5 computa las diferencias porcentuales del *stock* de capital bruto, en niveles, de las cuatro funciones alternativas de retiro respecto a la seleccionada, la Winfrey S-3, confirmando que no existen prácticamente diferencias, en el caso del *software,* entre ésta y la salida simultánea. Si se hubiera utilizado una función lineal, el *stock* estimado hubiera sido en 2002 un 19% inferior, un 14,64% en el caso de la función lineal con desfases, y un 11,66% si se utilizara la Weibull.

El panel inferior del cuadro 2.5 ilustra las diferencias en las tasas de crecimiento que se habrían obtenido en el caso de utilizar las cuatro funciones de retiro/supervivencia anteriores en lugar de la Winfrey S-3 seleccionada. La conclusión general es que no hubiera tenido efectos significativos en el periodo completo, 1966-2002, pero sí para algunos subperiodos, confirmando los resultados que ya ilustraba el panel *b)* del gráfico 2.2.

---

[9] El origen no se encuentra en la corta vida media de este activo. Realizando el análisis de sensibilidad para infraestructuras con una vida media mayor se obtiene el mismo resultado.

GRÁFICO 2.2: ***Stock* bruto de capital. *Software*. Diferentes pautas de supervivencia**

a) Niveles

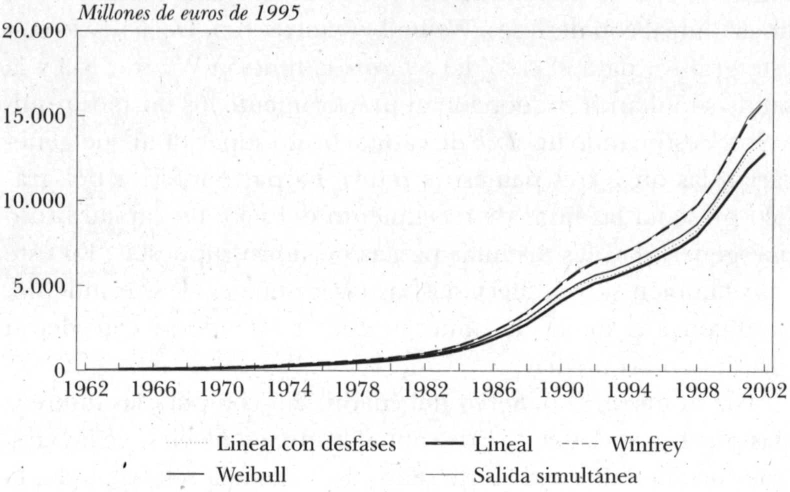

b) Tasas de crecimiento

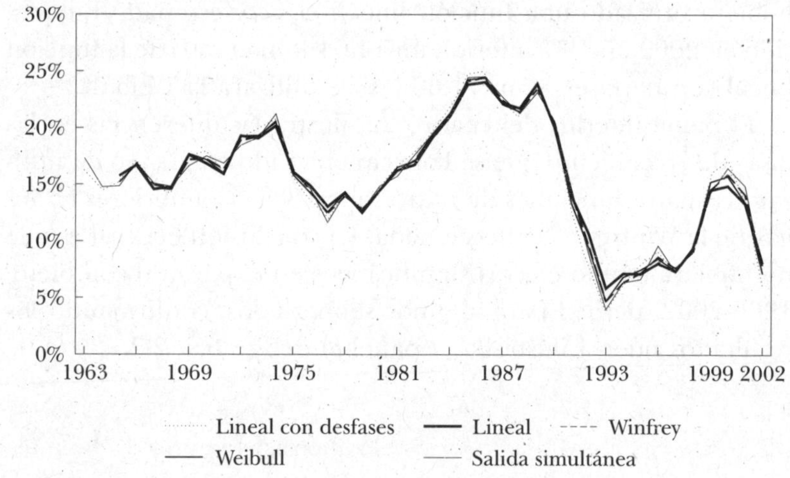

CUADRO 2.5: ***Stock* de Capital Bruto. *Software*. Diferencias respecto a la estimación con función de retiros Winfrey S-3**

a) Niveles (%)

	1965	1974	1981	1988	1995	2002
Salida Simultánea	1,03	1,65	0,86	1,64	0,08	1,21
Lineal con desfases	–13,44	–12,38	–13,27	–12,31	–14,92	–14,64
Lineal	–18,77	–19,37	–18,68	–19,66	–17,51	–18,98
Weibull	–10,90	–10,74	–10,72	–10,84	–10,90	–11,66

b) Tasas media de crecimiento anual. Diferencias (puntos porcentuales)

	1966-1970	1971-1978	1979-1986	1987-1994	1995-2002	1966-2002
Salida Simultánea	0,03	–0,01	0,07	–0,12	0,09	0,01
Lineal con desfases	0,18	–0,15	0,35	–0,62	0,16	–0,03
Lineal	–0,06	0,08	–0,22	0,37	–0,26	–0,02
Weibull	0,04	–0,02	0,06	–0,10	–0,08	–0,03

2.2. *Stock* de capital productivo o indicador de volumen de los servicios del capital

El *stock* de capital productivo es un indicador de las cantidades de servicios proporcionados por los distintos activos. El *stock* de capital productivo de un activo se mide, normalmente, a precios de un año base cuando se expresa a precios constantes. Si todos los activos fueran homogéneos, la cantidad de servicios vendría dada en las unidades físicas en las que se mide el activo. Como esto no ocurre, la medida se expresa en índices de volumen, o cantidad.

El *stock* de capital productivo a *precios corrientes* expresa la medida anterior pero a los precios del año considerado. Debe interpretarse como el gasto en nuevos bienes de capital que sería necesario para producir la misma cantidad de servicios de capital que proporciona el *stock* considerado.

Cada activo proporciona un flujo de servicios productivos a partir del *stock* acumulado de inversiones pasadas. Como este flujo no es directamente observable, se supone que es directamente proporcional al *stock* de capital productivo, o a los *Indica-*

dores de volumen de los Servicios del Capital. Ambos términos se utilizan habitualmente de forma indistinta.

La estimación del capital productivo se realiza convirtiendo las inversiones en cada tipo de activo en *unidades estándar de eficiencia,* mediante la utilización de funciones edad-eficiencia. Los indicadores de volumen de los servicios del capital no forman parte del *Sistema de Cuentas Nacionales* de ningún país, ni tampoco se contemplan en el nuevo *Sistema de Cuentas Nacionales* 1993 (SCN-93). Sin embargo, existe amplio acuerdo acerca de que este indicador es el apropiado en los estudios de productividad, ocupando, por esta razón, un lugar destacado en los dos Manuales de la OCDE [10].

Una vez se han obtenido los indicadores de volumen para cada tipo de activo, la agregación de los mismos con el fin de obtener un índice global del *stock* de capital productivo se realiza utilizando como ponderadores los correspondientes costes de uso del capital. Al producto del capital productivo por el coste de uso se le denominará *Valor de los Servicios del Capital.* El procedimiento de agregación de los distintos activos se describe en el capítulo 3 de esta primera parte.

2.2.1. Funciones de edad-eficiencia

Para la obtención del *stock* de capital productivo correspondiente a un activo se utilizan unos coeficientes derivados de las funciones edad-eficiencia que se consideran más apropiadas para cada tipo de activo. Estos coeficientes recogen la cada vez menor capacidad de proporcionar servicios de capital de un activo que envejece.

Blades (2000) proporciona un ejemplo muy ilustrativo del significado de estas funciones. Considérese un *stock* de camiones con una capacidad de transporte determinada. Los servicios de capital producidos por los camiones se miden en toneladas transportadas por kilómetro y unidad de tiempo. Para una cantidad dada de *inputs* —gasóleo, piezas de repuesto, servicios de reparación— es de esperar que los camiones nuevos produzcan

---

[10] La contribución pionera en este campo se debe a Jorgenson y Griliches (1967).

más toneladas-kilómetro por unidad de tiempo que los viejos. Es probable que los camiones de mayor antigüedad necesiten un mantenimiento más frecuente, consuman más gasóleo y piezas de repuesto, y permanezcan periodos más largos fuera de circulación mientras son reparados. Supóngase, por ejemplo, que un camión dura ocho años y que su perfil de edad eficiencia es lineal. Esto significa que su eficiencia, en términos de las toneladas-kilómetro producidas por una cantidad dada de *inputs,* puede expresarse por la serie de coeficientes 1,0, 0,9, 0,8, ..., 0,3. Por lo tanto, la eficiencia inicial del camión de 1,0 declina en una décima cada año, hasta el 0,3 en su último año de vida en servicio.

Si hay un *stock* de tres camiones con edades de dos, cuatro y cinco años, pueden utilizarse los coeficientes anteriores para calcular el *stock* de camiones en unidades estándar de eficiencia como 0,9 + 0,7 + 0,6 = 2,2. Los tres camiones producen conjuntamente un flujo de toneladas-kilómetro en un año que podrían ser también producidas por 2,2 camiones nuevos. En otras palabras, 2,2 es una medida de los servicios de capital proporcionados por los tres camiones con las edades indicadas.

Llegados a este punto es interesante preguntarse por las razones que determinan la pérdida de eficiencia de un activo conforme se va haciendo más viejo. Tres conceptos resultan pertinentes a este respecto:

a) La mayoría de los activos experimentan lo que se denomina *deterioro de los inputs* (*input decay,* en la terminología inglesa). Esta expresión denota que se requiere más trabajo o más *inputs* materiales para mantenerlos en funcionamiento. Por ejemplo, un tractor puede consumir más gasóleo (*input* material) conforme envejece, o requerir más trabajo de mantenimiento (*input* de trabajo). Este deterioro se traduciría en un perfil edad-eficiencia decreciente.

b) Por otra parte, también pueden experimentar *deterioro de los outputs* (*output decay* en la terminología inglesa). Este deterioro puede presentar formas distintas. Por ejemplo, los activos más viejos pueden producir más bienes defectuosos, o su capacidad productiva puede ser menor porque necesitan más tiempo para ser reparados y, por lo tanto, estar menos tiempo produciendo bienes. Esta razón también implica que el perfil edad-eficiencia sea decreciente.

c) Por el contrario, algunos activos pueden requerir un periodo previo de aprendizaje por parte de los trabajadores, o de ajustes técnicos hasta alcanzar el nivel óptimo de funcionamiento. En este caso, el perfil edad-eficiencia sería creciente al comienzo de la vida del activo.

Un aspecto que resulta muy relevante es la especificación funcional de los perfiles edad-eficiencia de los distintos activos. El Manual de la OCDE (2001*a*) menciona la posibilidad de que éstos sigan cinco pautas distintas.

- *Edad-eficiencia constante.* Este perfil se aplicaría a los activos que mantienen constante su eficiencia a lo largo de su vida, es decir, aquellos que no experimentan ningún tipo de deterioro de los *inputs* ni de los *outputs*. Para este perfil, los coeficientes de la función edad-eficiencia serían iguales a la unidad a lo largo de su vida activa. En principio, es difícil identificar activos que puedan seguir una pauta como ésta. El ejemplo típico son las bombillas, que proporcionan un flujo constante de luz, hasta que se funden. Sin embargo, las bombillas no pueden considerarse bienes de capital, dada su corta vida. En general, en el mundo real pueden identificarse muy pocos activos para los que esta pauta de comportamiento pueda ser considerada como realista.
- *Reducción a tasas constantes.* A este perfil se le conoce normalmente como geométrico. De acuerdo con el mismo, las reducciones más intensas, en valor absoluto, se producen al comienzo de la vida activa, haciéndose menores paulatinamente conforme el bien de capital envejece. Esta pauta parece también poco realista para aquellos activos en los que el deterioro, en términos absolutos, de los *inputs* y los *outputs* es más probable que ocurra cuanto más tiempo lleven instalados.

- *Reducción en cantidades constantes.* Este perfil, denominado también lineal, implica que la eficiencia se reduce a una tasa más elevada para los activos más antiguos. El Manual de la OCDE (2001*a*) lo considera como una solución de compromiso entre el perfil geométrico y el hiperbólico.
- *Reducción hiperbólica.* En este caso, la eficiencia se reduce lentamente al comienzo de la vida activa, acelerándose posteriormente hacia el final de la vida del bien de capital. Parece existir evidencia en Estados Unidos de que este perfil se aplica a una gama importante de activos, tanto de estructuras como de bienes de equipo. La expresión general para la función hiperbólica viene dada por:

$$h_\tau = (T - \tau)/(T - \beta\tau) \qquad (2.13)$$

Siendo β la pendiente de la función hiperbólica y T la vida máxima del activo. En la mayoría de los trabajos β toma el valor 0,5 para la maquinaria y los bienes de equipo, y de 0,75 para las estructuras.

- *En dos etapas.* Se trata de una aproximación más elaborada. Parte de suponer que, en las economías desarrolladas, la producción se desarrolla de forma integrada. En esta forma de trabajo la producción funciona mientras lo hagan todas las piezas que integran el sistema, pero si una de ellas falla también lo hace el conjunto de la línea de producción. La imagen más ilustrativa de esta forma de operar es la producción robotizada, en la que el grueso de la actividad la desarrollan las máquinas, con escasa intervención humana. En este caso, el perfil más probable para la edad-eficiencia será aquél en el que ésta: *a)* aumenta al comienzo del periodo, cuando está recién instalada, conforme se supera el periodo de aprendizaje (deterioro del *output* negativo); *b)* se mantiene constante durante algunos años, mientras funciona el sistema integrado (edad-eficiencia constante); y *c)* se reduce bruscamente cuando el bien de capital es retirado del sistema integrado de producción pasando a proporcionar servicios auxiliares de apoyo. Este perfil puede ser muy adecuado para un número no despreciable de bienes de equipo.

La valoración general que hace el Manual de la OCDE (2001*a*) sobre las formas de la función de edad-eficiencia es descartar, por poco plausible, el primero de ellos (edad-eficiencia constante) pero considera que no hay razones para descartar ninguno de los cuatro restantes. De hecho, encuentra difícil que uno sólo de ellos sea una buena representación para el conjunto de los activos, sugiriendo la posibilidad de encontrar infinitas combinaciones que generen perfiles compatibles con la información proporcionada por los mercados de activos de segundo mano.

En la práctica, la experiencia en los países más adelantados se decanta por dos tipos de funciones. El Bureau of Economic Analysis (BEA) de Estados Unidos utiliza una función edad-eficiencia geométrica. Éste es también el procedimiento seguido por Jorgenson (1989). Por su parte, el Australian Bureau of Statistics (ABS), el Bureau of Labour Statistics (BLS) y la base de datos de Servicios de Capital de la OCDE se inclinan por una función hiperbólica, con valores para la pendiente de la función, el parámetro b de la expresión (2.13), comprendidos entre 0,5 para los bienes de equipo, 0,75 para las estructuras y 1 para la exploración mineral. La ventaja de utilizar una función geométrica radica en su simplicidad y en que facilita el cálculo del consumo de capital fijo (depreciación). Además, tiene una ventaja adicional. Como se verá más adelante al exponer el procedimiento seguido por el BEA, con un perfil edad-eficiencia geométrico y en ausencia de retiros, el *stock* de capital productivo y el riqueza son coincidentes [11].

Una vez se ha seleccionado la función edad-eficiencia más adecuada, el cálculo del *stock* de capital productivo a precios constantes se obtiene de la expresión siguiente:

$$KP_{j,t} = \sum_{\tau=0}^{T_j} IR_{j,t-\tau} \times F_{j,\tau} \times h_{j,\tau} \qquad (2.14)$$

Siendo $KP_{j,t}$ el *stock* de capital productivo del activo j en el periodo t a precios constantes, $h_{j,\tau}$ es la función edad-eficiencia de un activo con τ años de antigüedad, y $F_{j,\tau}$ es, como en el capital

[11] Sólo son estrictamente iguales en el caso en que la vida del activo sea infinita. En los restantes casos son aproximadamente iguales.

bruto, la función de supervivencia. Obsérvese que la combinación de los retiros con la pérdida de eficiencia está reflejando el deterioro que experimenta el activo como consecuencia del uso y del paso del tiempo. El concepto de deterioro se asocia con el capital productivo, mientras que el de depreciación, entendido como pérdida de valor, se refiere al capital riqueza, que se analizará en el apartado 2.3.

Una vez se ha obtenido el *stock* de capital productivo a precios constantes, su valor a precios corrientes se deriva de la expresión anterior, multiplicándola por el nivel de precios correspondiente al activo en cuestión. Es decir,

$$KP_{j,t}^{C} = KP_{j,t} \times p_{j,t} \tag{2.15}$$

siendo $KP_{j,t}^{C}$ el *stock* de capital productivo del activo j en el periodo t a precios corrientes.

Llegados a este punto resulta interesante destacar la relación existente entre el *stock* de capital bruto y el productivo. El primero es el valor acumulado de los flujos de inversión, una vez se han descontado los retiros mediante la función de supervivencia. Por lo tanto, es el punto de partida en la estimación del capital productivo. Tiene en cuenta que algunos activos serán retirados del sistema, pero no considera la pérdida de capacidad productiva que éstos experimentan. Alternativamente, el *stock* de capital bruto puede considerarse como un caso particular del capital productivo, aquél en el que la eficiencia se mantiene intacta a lo largo de la vida del activo (eficiencia constante).

2.2.2. Un ejemplo

Continuando con el procedimiento expositivo desarrollado en la estimación del *stock* de capital bruto (apartado 2.1.3) consideramos además de los supuestos anteriores, que el perfil edad-eficiencia del activo *software* se ajusta a la forma hiperbólica con un valor del coeficiente β igual a 0,5. Si esto es así, los coeficientes de la función $h_{j,\tau}$ tomarán los valores que aparecen en el cuadro 2.6: la eficiencia del *software* se mantendrá íntegra en el primer año, reduciéndose paulatinamente hasta que, en el último año de vida activa, sea del 33% de su eficiencia inicial. En el caso de este activo, la pérdida de eficiencia tendría como ori-

CUADRO 2.6: **Perfiles edad-eficiencia. *Software***

Periodo	Eficiencia que permanece
1	1,00000
2	0,88889
3	0,75000
4	0,57143
5	0,33333

gen más probable las distorsiones introducidas por su incompatibilidad con versiones más nuevas del mismo activo.

Una vez se ha optado por una especificación funcional para el perfil edad-eficiencia como la proporcionada por el cuadro 2.6, la estimación del *stock* de capital productivo en *software* para el año 1985 se obtendría siguiendo los pasos que ilustra el cuadro 2.7. El *stock* correspondiente al año inicial, 1960, sería el resultado de multiplicar la inversión a precios constantes de ese año por el coeficiente de retiros y por el de edad-eficiencia. Como en el año inicial el retiro ha sido mínimo (coeficiente de supervivencia igual a 0,99998, cuadro 2.2), el valor del *stock* prácticamente coincide con la inversión real del año 1960 [12]. En el año siguiente, 1961, la inversión que se realizó en 1960 ha perdido 11 puntos porcentuales de eficiencia (1-0,89), y además, una parte de la misma ha sido retirada. La función de retiros del cuadro 2.2 indica que en ese año permanece el 98,21% de la FBCF realizada en 1960.

Procediendo de forma similar para todos los años, la última columna del cuadro 2.7 refleja lo que queda de la capacidad productiva de la inversión realizada a lo largo del periodo 1960-1964, después de considerar los activos que han sido retirados y la pérdida de eficiencia de los instalados en las fechas más lejanas. La suma de la última columna recoge pues, el *stock* de capital productivo en *software* correspondiente al año 1964, a precios constantes. La obtención de la misma serie a precios co-

[12] Recuérdese que el valor del *stock* en el año 1960 es un valor ficticio puesto que no se dispone de información estadística relativa a la inversión realizada en los cuatro años previos y ésta era, previsiblemente, distinta de cero. Por la misma razón, los *stocks* de los años 1961 a 1963 también están infravalorados.

CUADRO 2.7: **Estimación del *stock* de capital productivo. *Software***
(millones de euros de 1995)

Año	Capacidad superviviente en cada año				
	1960	**1961**	**1962**	**1963**	**1964**
1960	14,50	12,66	8,09	2,13	0,09
1961		18,11	15,81	10,10	2,65
1962			21,16	18,47	11,80
1963				23,81	20,79
1964					27,41
***Stock* de capital productivo a precios constantes:**					62,74
***Stock* de capital productivo a precios corrientes:**					16,32

rrientes se deriva de la anterior, multiplicándola por el índice de precios correspondiente a cada año. Este dato, para el año 1964, aparece en la última línea del cuadro 2.7. Para los años sucesivos se seguiría el mismo procedimiento.

2.2.3. Análisis de sensibilidad

Los valores estimados para el capital productivo dependen crucialmente de la forma supuesta para la función edad-eficiencia. Siguiendo al ABS, el BLS y a Schreyer (2001), en el ejemplo anterior, y también en los resultados que se presentan en la parte III de esta obra, se ha supuesto que esta función toma la forma hiperbólica, con un valor de β igual a 0,5 para el activo *software*. Sin embargo, resulta de interés analizar la sensibilidad de los resultados obtenidos mediante este procedimiento al realizar cambios en la función de edad-eficiencia.

En el gráfico 2.3 se comparan cinco funciones distintas. De acuerdo con la función de eficiencia constante, el valor del parámetro $h_{j,\tau}$ tomaría el valor unitario a lo largo del periodo. En el ejemplo se ha supuesto que la pérdida de eficiencia geométrica se produce a una tasa del 10% anual, por lo que $h_{j,\tau}$ tomaría los valores 1, 0,90, 0,81, ... Por su parte, para el caso de pérdida lineal se ha supuesto que ésta tiene lugar en 0,1 unidades al año (el perfil de $h_{j,\tau}$ tomaría los valores 1, 0,9, 0,8, 0,7 y 0,6). Por úl-

GRÁFICO 2.3: *Stock* de capital productivo. *Software*. Diferentes funciones edad-eficiencia

a) Niveles

Millones de euros de 1995

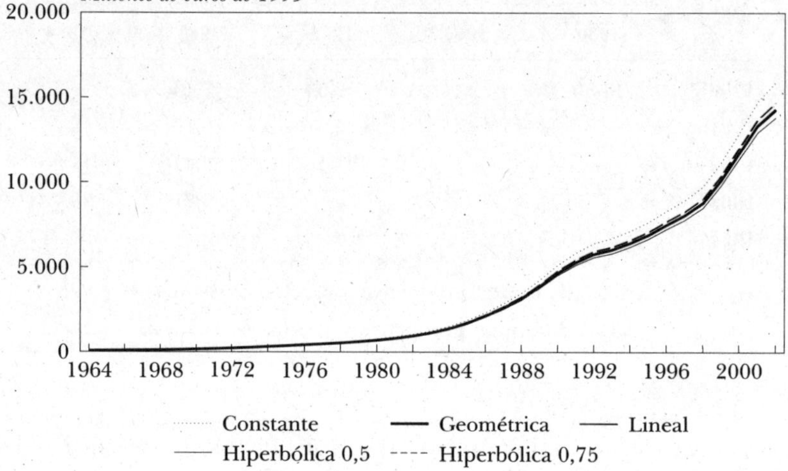

b) Tasas de crecimiento

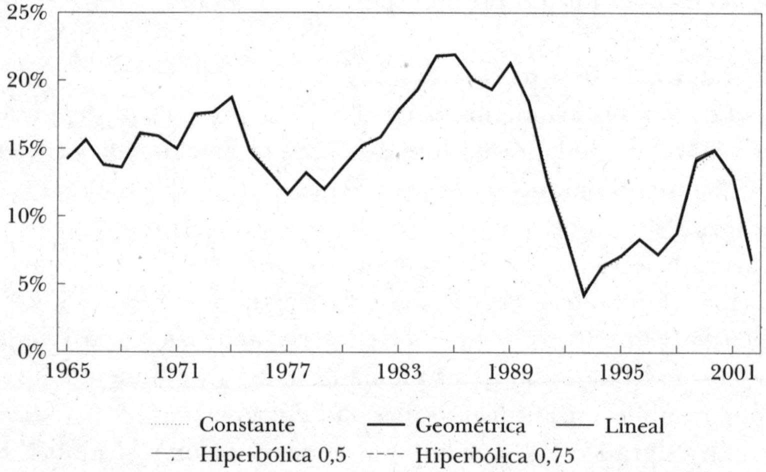

timo, se presentan también los perfiles para dos valores distintos del parámetro β en la función hiperbólica, 0,5 y 0,75.

Tanto el gráfico 2.3 como el cuadro 2.8 indican que, desde el punto de vista cuantitativo, las diferencias en los *stocks* de capital productivo estimados según las cinco especificaciones funcionales pueden ser consideradas poco importantes. El panel *a)* del gráfico 2.3 indica que la función hiperbólica seleccionada (con una pendiente β = 0,5), es la que genera un menor valor del *stock* de capital. De hecho, en el año 2002 la utilización de una función hiperbólica con β = 0,75 hubiera incrementado el *stock* estimado en un 6,3%, la geométrica en un 3,5%, y la lineal en un 2,9%. La mayor discrepancia, un 14,97%, la hubiera generado la utilización de una función de eficiencia constante, la menos realista de las cinco consideradas.

En términos de tasas de crecimiento, el panel *b)* del gráfico 2.3 y del cuadro 2.8 indican que las diferencias entre las distintas especificaciones funcionales no son relevantes. Por lo tanto, de acuerdo con estos cálculos, la elección de una función de edad-eficiencia determinada no tiene efectos importantes en el cálculo del *stock* de capital en *software*, salvo en el caso poco realista de una función de eficiencia constante.

CUADRO 2.8: **Diferencias (porcentaje) respecto a la estimación con función hiperbólica β = 0,5**

a) Niveles (%)

	1964	**1975**	**1984**	**1993**	**2002**
Constante	13,86	13,61	12,95	15,42	14,97
Geométrica	3,22	3,11	2,97	3,68	3,51
Lineal	2,73	2,65	2,52	3,11	2,97
Hiperbólica con β=0,75	5,86	5,77	5,49	6,47	6,32

b) Tasa media de crecimiento anual. Diferencias (puntos porcentuales)

	1965-1974	**1975-1981**	**1982-1988**	**1989-1995**	**1996-2002**	**1965-2002**
Constante	–0,070	0,066	–0,072	0,226	0,019	0,026
Geométrica	–0,023	0,025	–0,028	0,080	–0,005	0,007
Lineal	–0,019	0,021	–0,023	0,066	–0,004	0,006
Hiperbólica con β=0,75	–0,030	0,026	–0,028	0,093	0,014	0,011

2.3. El *stock* de capital riqueza y el consumo de capital fijo

El *stock* de capital neto (riqueza) a *precios corrientes* es el valor de mercado del activo en un año determinado, expresado a precios de ese año. El supuesto habitual es que el valor de mercado es el valor presente descontado de los ingresos que se espera genere dicho activo a lo largo de su vida en servicio.

El *stock* de capital neto (riqueza) a *precios constantes* es igual al valor de mercado del activo expresado a precios de un año base. De las definiciones anteriores se desprende que el *stock* de capital neto es el valor de mercado del *stock* de capital productivo.

Uno de los propósitos en la estimación del capital riqueza es el cálculo de la tasa de depreciación y del consumo de capital fijo. La depreciación económica mide la pérdida de valor que experimenta un activo como consecuencia del envejecimiento. La depreciación total del conjunto de cohortes de un activo existente en la economía es la cantidad en la que se reduce el valor del capital neto como consecuencia del transcurso del tiempo.

Es importante llamar nuevamente la atención sobre la diferencia entre depreciación y pérdida de eficiencia. La depreciación se refiere a la caída en el *valor* de un activo, estando por tanto asociado al concepto de capital neto (riqueza). Por su parte, el deterioro *(decay)* o pérdida de eficacia se refiere a la reducción en la *capacidad* de proporcionar servicios de capital, y es la única considerada por el capital productivo. En cambio, en el capital riqueza se consideran otras fuentes de pérdida de valor y que se traducen en cambios en los precios de los activos entre dos momentos del tiempo *(time series depreciation)*. Las pautas de depreciación se refieren al perfil que presenta el precio de los activos conforme envejecen, mientras que las de deterioro se reflejan en los coeficientes de edad-eficiencia. Estos sólo reflejan la depreciación en el corte transversal *(cross-section depreciation)*, es decir, la diferencia de eficiencia entre un activo nuevo y uno con 1 o más años de antigüedad, pero todavía disponible en el mismo momento del tiempo.

La pérdida de valor que experimenta un bien de capital cuando envejece *(cross-section depreciation)* se refleja en el *perfil edad-precio*. La intensidad con la que se reduce el precio de un activo depende de distintos factores, entre los que se encuentran la pérdida de eficiencia y los años que le restan de vida útil. Otra fuente de pérdida de valor es la obsolescencia anticipada, ya que los nuevos activos suelen incorporar mejoras que contribuyen a aumentar su productividad. Sin embargo, hay que destacar que la obsolescencia afecta al valor de un activo, pero no necesariamente a sus características productivas. Un ordenador con un año de antigüedad tiene un valor de mercado muy inferior a uno nuevo, aunque siga proporcionando exactamente los mismos servicios que cuando se adquirió. Su pérdida de valor está, en este caso, originada en que los nuevos ordenadores disfrutan de unas características nuevas que mejoran sus prestaciones, contribuyendo a reducir el precio de los activos que se han convertido en obsoletos, aunque su eficiencia técnica se mantenga intacta (Triplett, 1998).

Por consiguiente, es importante destacar que los perfiles edad-eficiencia y edad-precio no son necesariamente idénticos, aunque están relacionados y, por esta razón, no es posible determinarlos de forma independiente. Sobre este tema se volverá en el siguiente apartado.

2.3.1. Funciones edad-precio

La función edad-precio de un activo refleja la evolución del valor de mercado con el transcurso del tiempo. Éste depende, fundamentalmente, del valor de los servicios que se espera proporcione durante su vida activa (por ejemplo, en el caso de un camión la cantidad de toneladas transportadas por kilómetro multiplicada por su precio unitario), pero no solo de ellos pues también será influido por el valor que se pueda obtener al vender el activo tras su uso.

Como los ingresos que genera el activo se percibirán a lo largo de toda su vida activa, deben ser descontados para calcular el valor del activo en el momento del tiempo considerado. La actualización del valor del activo se realiza aplicando una tasa de descuento.

Cuando se retira un activo al final de su vida activa puede tener un valor residual. Éste puede ser positivo, si el valor de mercado de las partes supera al coste de desmantelamiento, pero también negativo si ocurre lo contrario. Por ejemplo, en el caso de las centrales nucleares los costes de desmantelamiento pueden ser enormes, generando valores residuales negativos muy elevados.

Estas tres variables —los servicios que proporciona el bien de capital, la tasa de descuento y el valor residual— determinan el valor de un activo, tanto cuando es nuevo como a lo largo de su vida. Si suponemos que el valor residual es despreciable, la expresión que recoge el valor de un activo; viene dada por [13]:

$$Z_{j,\tau} = \sum_{\tau=0}^{T_j} [h_{j,\tau} / (1+r)^{\tau+1}] \tag{2.16}$$

donde $Z_{j,\tau}$ es el valor de mercado en términos reales del activo j en el momento t, $h_{j,\tau}$ son los servicios que proporciona este activo (es decir, la función edad-eficiencia), T_j es la vida máxima (en años) del activo j, y r es la tasa de descuento utilizada para actualizar los valores futuros. La expresión anterior supone que los alquileres, o ingresos derivados de la utilización del bien de capital, se perciben al final de año en aras de la simplicidad expositiva, pero puede modificarse con facilidad con el fin de aproximarla a la realidad (por ejemplo, que se reciban de manera uniforme a lo largo del año). Las modificaciones afectarían a los cálculos pero no a las conclusiones.

La ecuación (2.16) es fundamental en el nuevo enfoque conceptual de los dos Manuales de la OCDE. Se ha introducido tardíamente porque, desde nuestro punto de vista, la compresión del papel que juega en las nuevas estimaciones de *stock* de capital riqueza recomendaba la presentación previa de los conceptos de capital bruto y capital productivo. Proporciona el nexo de unión entre los tres conceptos, así como con el de consumo de capital fijo, la tasa de depreciación y el coste de uso del capital.

---

[13] Schreyer (2002) proporciona una expresión más elaborada para el perfil edad-precio. Sin embargo, las diferencias con ésta no tiene consecuencias desde el punto de vista práctico.

Este último, como se verá en el apartado siguiente, se utiliza en la agregación de activos y puede considerarse también como el valor de los servicios de capital que un activo determinado proporciona al sistema productivo.

La expresión anterior refleja los determinantes del valor de un activo. Al considerar si se adquiere, o no, un bien de capital determinado, los productores compararán el valor presente descontado de los flujos de beneficios futuros que esperan obtener con su compra y su coste de adquisición. Si el valor de $Z_{j,\tau}$ supera el precio de compra la adquisición será rentable. Alternativamente, $Z_{j,\tau}$ puede interpretarse como el precio de venta del activo (de compra para el productor). En este caso, el productor comparará la tasa de retorno implícita, r, dada por (2.16) con el tipo de interés de mercado [14]. Sólo en el caso en que el primer valor supere al segundo le será rentable tomar la decisión de adquirir el activo.

A partir de la ecuación (2.16), y dado un valor para la tasa interna de retorno (r), es posible calcular el perfil temporal para el precio de cada activo, $Z_{j,\tau}$. Esta pauta temporal se conoce con el nombre del perfil edad-precio del activo. Muestra la trayectoria en el tiempo del precio de un activo, desde que es inicialmente adquirido hasta que es retirado del mercado.

El aspecto importante a destacar es que el precio del activo, el perfil edad-precio, $Z_{j,\tau}$, depende de los flujos de servicios que se espera obtener de los bienes de capital a lo largo de su vida activa, los $h_{j,\tau}$, es decir, del perfil edad-eficiencia. Por lo tanto, ambos conceptos están interrelacionados. No es posible, si se pretende una estimación consistente de los tres conceptos de capital (bruto, productivo y riqueza), calcular uno de forma independiente del otro.

No obstante, es conveniente insistir en que el perfil edad-eficiencia de un activo no será, en general, idéntico a su perfil edad-precio. En el gráfico 2.4 aparece el perfil de ambos de

---

[14] En este punto es interesante destacar que r en (2.16) es el tipo de interés real. Sin embargo, la ecuación fundamental de determinación del *precio* del activo debe expresarse en términos *nominales*. En el Anexo de Schreyer (2001) puede encontrarse la obtención de (2.16) a partir de valores nominales.

GRÁFICO 2.4: **Perfiles edad-eficiencia y edad-precio. *Software***

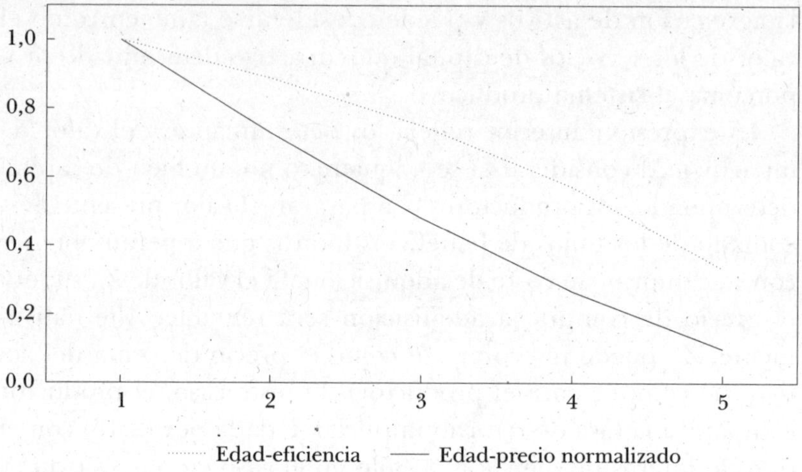

acuerdo con las estimaciones FBBVA-Ivie que aquí se presentan. Sólo en el caso de que el perfil edad-eficiencia experimente caídas geométricas ambos perfiles coincidirán. Éste es el supuesto en el que descansan las estimaciones del Bureau of Economic Analysis (BEA). Sin embargo, no es fácil de aceptar que determinados activos experimenten tasas de deterioro geométricas que, como se apuntó anteriormente, significarían que las mayores pérdidas de eficiencia se producirían al comienzo de la vida de un activo. Como contrapartida, los estudios de Wyckoff (1989) y Hulten (1990) para la economía americana señalan que, aunque este supuesto sea poco realista para el comportamiento de un activo individual, no lo es para una cohorte de ellos que no sean, como es habitual, estrictamente homogéneos entre sí.

El procedimiento descrito de obtención del perfil edad-precio a partir del de edad-eficiencia es el seguido por los dos Manuales de la OCDE. Sin embargo, no es el único posible. Existen al menos dos alternativas más. La primera de ellas consiste en inferir los perfiles edad-precio tomando como referencia el precio de los activos en los mercados de segunda mano. El problema con el que se enfrenta este enfoque es que los mercados de segunda mano sólo funcionan de forma fluida y ofrecen información sobre los precios de intercambio para un grupo reducido de activos, por ejemplo los automóviles. El segundo problema es que sólo en un grupo muy reducido de países [de hecho sólo en Estados Unidos gracias a los trabajos de Wyckoff y Hulten (1980)] se han realizado investigaciones detalladas sobre los perfiles edad-precio de los activos.

La segunda alternativa consiste en suponer un determinado perfil edad-precio y, a partir de éste, obtener el correspondiente perfil edad-eficiencia. Es decir, el procedimiento inverso al explicado anteriormente. En cualquiera de las tres opciones disponibles, los dos perfiles son interdependientes. En el caso de un perfil edad-precio estrictamente geométrico, el edad-eficiencia también lo será. En los restantes casos, la relación no es tan directa, ya que dependerá del tipo de descuento que se utilice. Debido al vínculo existente entre ambas, las estimaciones deben asegurar su consistencia. Por ejemplo un perfil edad-precio lineal, o depreciación lineal, no es consistente con una función edad-eficiencia lineal (ni tampoco, por supuesto, la recíproca). Por otra parte, es posible encontrar combinaciones de funciones que sí resultan consistentes. Así, el INSEE (Instituto de Estadística de Francia) combina una función de retiros lognormal con pautas de depreciación lineales, obteniendo una estimación que sería consistente con unas pautas de depreciación geométricas para el conjunto de activos.

En las estimaciones que se presentan a continuación se ha seguido el procedimiento utilizando en los dos Manuales y también en las series homogéneas de *Servicios del capital* de la OCDE. Es decir, comenzar haciendo supuestos sobre la función edad-eficiencia (hiperbólica) y deducir, a partir de ella, la función edad-precio.

A partir de la ecuación (2.16) y una vez se dispone de los valores anuales correspondientes al precio de un activo a lo largo del tiempo [los $Z_{j,\tau}$] se procede a su normalización, fijando como valor unitario el correspondiente al del primer año de vida en servicio. Es decir,

$$z_{j,\tau} = Z_{j,\tau} \;/\; Z_{j,0} \qquad (2.17)$$

siendo $z_{j,\tau}$ el perfil edad precio normalizado del activo j de τ años de antigüedad respecto al primer año de servicio. Si denominamos $KW_{j,t}$ al *stock* de capital neto (riqueza) a precios constantes, éste se obtiene a partir de la expresión (2.18)

$$KW_{j,t} = \sum_{\tau=0}^{T_j} IR_{j,t-\tau} \times F_{j,\tau} \times z_{j,\tau} \qquad (2.18)$$

que nos dice que el *stock* de capital riqueza se obtiene multiplicando los componentes del *stock* de capital bruto (la FBCF menos los retiros, recogidos por la función de supervivencia, $F_{j,\tau}$) por el perfil edad-precio correspondiente a cada activo.

En este punto conviene recordar que, de acuerdo con la ecuación (2.14), el *stock* de capital productivo se obtenía multiplicando los mismos elementos por la función edad-eficiencia. Puesto que ambos perfiles están interrelacionados, los tres conceptos de capital también lo están.

Una vez obtenido el *stock* de capital riqueza a precios constantes, el cálculo a precios corrientes se realiza «reflactándolos», es decir, multiplicándolos por el nivel de precios correspondiente a cada año:

$$KW_{j,t}^{C} = KW_{j,t} \times p_{j,t} \qquad (2.19)$$

Siendo $K_{j,t}^{C}$ el *stock* de capital riqueza a precios corrientes.

2.3.2. Depreciación y consumo de capital fijo

Las variaciones interanuales en el *stock* de capital riqueza a precios constantes tiene dos componentes. Por una parte, el *stock* aumenta como resultado de la adición de nuevas inversiones pero, por otra, se reduce como consecuencia de la depreciación, o pérdida de valor del activo con el transcurso del tiempo. Como se computa en términos reales, la depreciación sólo recoge las variaciones originadas por el envejecimiento del activo, sin tener en cuenta las consecuencias de variaciones en precios *(cross-section depreciation).* La ratio entre la cantidad destinada a consumo de capital fijo (depreciación) y el *stock* de capital riqueza puede utilizarse, por lo tanto, como una estimación de la tasa de depreciación del activo, $d_{j,t}$ [15].

---

[15] Este valor estimado para $d_{j,t}$ es el que debe entrar en el cálculo de la expresión del coste de uso que se analiza en el capítulo 3 de esta parte I.

Es decir, si denominamos $D_{j,t}$ a la depreciación a precios constantes del activo j en t, entonces,

$$D_{j,t} = IR_{j,t} - (KW_{j,t} - KW_{j,t-1}) \qquad (2.20)$$

y

$$d_{j,t} = D_{j,t} / KW_{j,t-1} \qquad (2.21)$$

Siendo $d_{j,t}$ la tasa de depreciación del activo j en t.

Por último, también podemos calcular el *consumo de capital fijo* ($CF_{j,t}$) que es el concepto que ligaría las cuentas de producción y riqueza, de acuerdo con el nuevo *Sistema de Cuentas Nacionales* (1993). Así, a partir de la inversión nominal (IN) y la estimación del capital riqueza a precios constantes reflactada, puede obtenerse el consumo de capital fijo como

$$CF_{j,t} = IN_{j,t} - p_{j,t} (KW_{j,t} - KW_{j,t-1}) \qquad (2.22)$$

2.3.3. Un ejemplo

El primer paso para la obtención del *stock* de capital neto (riqueza) en el activo *software,* nuestro ejemplo de referencia, consiste en el cálculo del perfil edad-precio a partir del de edad-eficiencia. Para ello, es necesario determinar previamente el valor de la tasa de descuento, r, que va a aplicarse. Supongamos, que esta tasa está fijada en el 4% anual [16].

El cuadro 2.9 reproduce los cálculos necesarios para obtener el perfil edad-precio. El primer número que aparece en la primera columna recoge el valor al comienzo del año de los servicios de un bien de capital que, de acuerdo con el perfil edad-eficiencia del cuadro 2.6, será de una unidad, actualizado a una tasa de retorno del 4% (0,96 = 1/1,04) [17]. El segundo valor en la misma columna indica el valor, al comienzo del año, de los servicios que proporcionará un activo con una eficiencia menor (la que indica el perfil edad-eficiencia del cuadro 2.6), que se gene-

[16] Ésta es la utilizada en OCDE (2001*c*), en Schreyer (2001, 2002) y también por Diewert (2001).

[17] Recordemos que se ha supuesto, por simplicidad, que los servicios del capital se generan a final de año.

rarán dentro de dos años (0,82 = 0,89/(1,04)^2) y así sucesivamente. Por lo tanto, al comienzo del periodo se espera que el activo genere servicios cada vez en menor cuantía, por un periodo de cinco años. La suma total del valor actualizado de estos servicios que se espera percibir hasta el quinto año asciende, en el ejemplo, a 3,21.

En el segundo año ya no se percibirán los servicios del primer año, pero todavía quedan cuatro años de vida del activo. En consecuencia, los valores presentes descontados que se esperan percibir en el segundo año son los que aparecen en la segunda columna del cuadro 2.9. El primer valor, 0,85, es el resultado de actualizar unos servicios del capital de 0,89 que se espera recibir dentro de un año (0,85 = 0,89/1,04). Los valores restantes se calculan de forma similar.

CUADRO 2.9: **Perfil edad-precio. *Software***

Periodo	Valor al comienzo del año				
	1	**2**	**3**	**4**	**5**
1	0,96154				
2	0,82183	0,85470			
3	0,66675	0,69342	0,72115		
4	0,48846	0,50800	0,52832	0,54945	
5	0,27398	0,28493	0,29633	0,30819	0,32051
Perfil edad-precio:	3,21255	2,34105	1,54580	0,85764	0,32051

La última línea del cuadro 2.9 recoge el perfil temporal del precio del activo a lo largo de los cinco años de vida máxima que se han supuesto. Este perfil puede normalizarse tomando como referencia el precio en el año inicial. De acuerdo con este cálculo, el perfil edad-precio del activo será el que aparece en el cuadro 2.10.

Una vez se dispone de la pauta edad-precio es posible calcular el *stock* de capital neto (riqueza), la tasa de depreciación y el consumo de capital fijo. En el cuadro 2.11 se resumen los pasos a seguir. Como indicaba la ecuación (2.18), el valor del capital ri-

CUADRO 2.10: **Perfil edad-precio normalizado. *Software***

Periodo	
1	1,00000
2	0,72872
3	0,48118
4	0,26696
5	0,09977

CUADRO 2.11: **Estimación del *stock* de capital neto (riqueza). *Software***

(millones de euros de 1995)

Año	**1960**	**1961**	**1962**	**1963**	**1964**	**1965**
1960	14,50	10,38	5,19	0,99	0,03	
1961		18,11	12,96	6,48	1,24	0,03
1962			21,16	15,14	7,57	1,45
1963				23,81	17,04	8,52
1964					27,41	19,62
1965						31,90
				***Stock* de capital neto a precios constantes:**	53,29	61,52
				Cambio entre años adyacentes:	—	8,23
				Inversión a precios constantes:	27,41	31,90
				Depreciación a precios constantes:	—	23,67
				Tasa de depreciación:	—	44,42%
				***Stock* de capital neto a precios corrientes:**	13,86	16,72
				***Stock* de capital neto a precios de 1965:**	14,49	16,72
				Cambio entre años adyacentes:	—	2,24
				Inversión a precios nominales:	7,13	8,67
				Consumo de capital fijo:	—	6,43

queza correspondiente al año 1960 se obtendría como resultado de multiplicar la inversión en términos reales realizada ese año por el coeficiente de la función de supervivencia y por el de la función edad-precio normalizado. Como se ha supuesto que en el primer año el retiro es prácticamente nulo (su coeficiente es igual a 0,99998), y la función edad-precio ha sido normalizada para que tome el valor unidad en el primer año, el valor del capital correspondiente al año 1960 es prácticamente el mismo que la inversión real en ese año.

En el año 1961, de la inversión realizada en el año anterior se ha retirado el porcentaje que indica la función de retiros/supervivencia y, además, el precio del activo se ha reducido en la cuantía que determine la función edad-precio. El resultado es que de la inversión inicial en el año 1960, 14,50 millones de euros (base 1995), en el año 1961 perduran en el *stock* 10,38 millones de euros, tanto como consecuencia de los retiros como de la reducción de valor del activo como consecuencia del envejecimiento. Como en el año 1961 también se realizaron inversiones que ascendieron en términos reales a 18,11 millones de euros (véase cuadro 2.1), esta cifra debe sumarse a la anterior, con el fin de calcular el *stock* correspondiente a ese año [18]. Continuando con este procedimiento, a partir de 1964 se obtiene la estimación del *stock* de capital neto (riqueza) a precios constantes que aparece en la parte inferior del cuadro 2.11.

El siguiente paso consiste en calcular la tasa de depreciación anual experimentada por el activo *software*. Para ello, en la línea siguiente se consignan los cambios experimentados por el *stock* entre dos años consecutivos. Entre los años 1965 y 1964 ese incremento ascendió a 8,23 millones de euros constantes (base 1995). Puesto que en ese año se produjeron inversiones en términos reales iguales a 31,90 millones, la diferencia se destinó a cubrir la depreciación. La ratio entre esa cuantía (23,67 millones) y el *stock* de capital riqueza, proporciona la tasa de depreciación correspondiente al año 1965 (44,4%) [19].

Para finalizar, la parte inferior del cuadro reproduce cálculos similares a los anteriores pero referidos ahora a las series en tér-

---

[18] Para que esa cifra correspondiera efectivamente con el *stock* de *software* de la economía española en 1961 no debería haber habido ninguna inversión en los años anteriores a 1960, lo que no es el caso. Por esta razón, como ya se indicó, sólo puede proporcionarse información sobre el *stock* a partir del año 1964, cuando ya se dispone de datos para un periodo de cinco años, la vida máxima del activo.

[19] Un valor tan elevado para esta tasa se explica por la corta vida media del activo *software*.

minos nominales. En este caso lo que se obtiene son las estimaciones de Consumo de Capital Fijo compatibles con el *Sistema de Cuentas Nacionales,* de acuerdo con la expresión (2.22).

Con este paso se completa la presentación del nuevo procedimiento de estimación del *stock* de capital acumulado en un activo determinado. Lo más importante es destacar la consistencia entre todos los conceptos expuestos y, también, con los conceptos contables del nuevo *Sistema de Cuentas Nacionales* que ligan las cuentas de producción y riqueza.

2.3.4. Análisis de sensibilidad

El cálculo de la función edad-precio a partir de la de edad-eficiencia descansa en dos supuestos. En primer lugar, en la función edad-eficiencia seleccionada y, en segundo lugar, en la tasa de retorno utilizada. Si continuamos suponiendo que la función edad-eficiencia toma la forma hiperbólica, con un valor para el coeficiente β igual a 0,5, el análisis de sensibilidad se centra ahora en considerar la importancia de seleccionar una u otra tasa de retorno para las estimaciones de capital obtenidas.

En el ejemplo anterior, y también en las estimaciones que se presentan en la parte III de este Informe, se ha supuesto un valor para *r* del 4%. La elección de este valor ha tomado como referencia el utilizado por la OCDE en las estimaciones internacionales. Sin embargo, resulta de interés analizar la sensibilidad de los resultados a distintos valores de *r* alternativos. En el panel *a)* del gráfico 2.5 aparecen los perfiles de las series de capital neto (riqueza) para los siguientes valores de *r:* 3, 4, 5 y 8,5%, mientras que el panel *b)* presenta las tasas de crecimiento. El 5% se toma como referencia en el Manual de la OCDE sobre Medición del *Stock* de Capital (OCDE, 2001*a*), mientras que el 4% es utilizado en el Manual sobre Medición de la Productividad (OCDE, 2001*b*). El último de ellos, el 8,5%, es la media del tipo de interés nominal a largo plazo en la economía española durante el periodo 1990-2000.

Los resultados que aparecen en el cuadro 2.12 indican que no existen prácticamente diferencias en la estimación del *stock* de capital neto (riqueza) cuando se utiliza distintas tasas de retorno. En el gráfico 2.5, las diferencias son inapreciables. Como era de

GRÁFICO 2.5: ***Stock* neto (riqueza) de capital. *Software*. Diferentes tasas de retorno (*r*)**

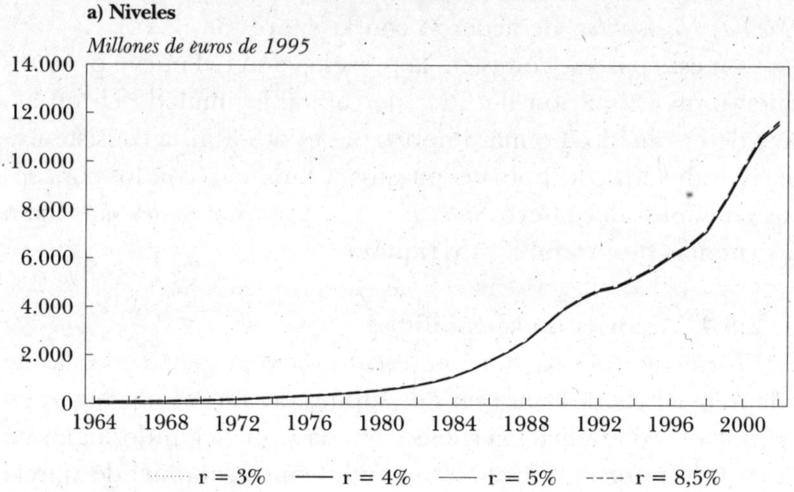

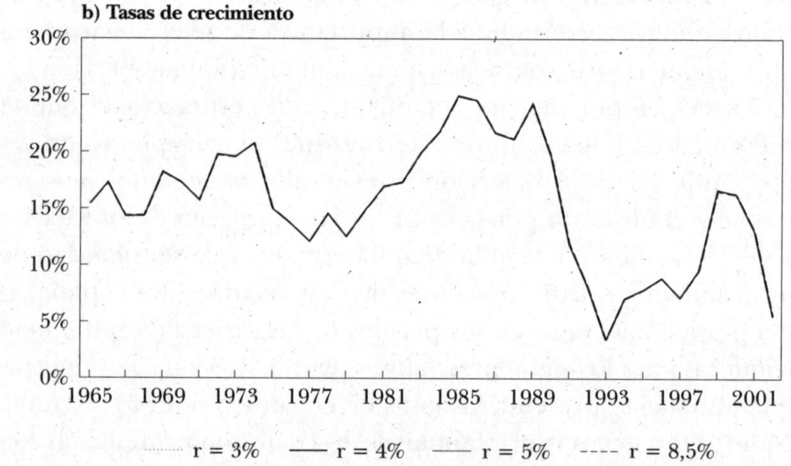

esperar, la utilización de un valor para *r* menor (el 3%) generaría un valor del *stock* también menor, cifrado en –0,26%, para el año 2002, respecto al que se obtendría con el valor finalmente seleccionado del 4%. La diferencia mayor se produce cuando se utiliza un valor de *r* del 8,5%. Sin embargo, obsérvese que también en este caso puede considerarse que la diferencia es prácticamente irrelevante, tan sólo el 1,13% en el año 2002.

CUADRO 2.12: **Diferencias (porcentaje) respecto a la estimación con tasa de retorno del 4%. *Software***

a) Niveles (%)

	1964	**1975**	**1984**	**1993**	**2002**
r = 3%	–0,24	–0,24	–0,23	–0,27	–0,26
r = 5%	0,24	0,24	0,22	0,26	0,26
r = 8,5%	1,04	1,04	0,98	1,15	1,13

b) Tasa media de crecimiento anual. Diferencias (puntos porcentuales)

	1965-1974	**1975-1981**	**1982-1988**	**1989-1995**	**1996-2002**	**1965-2002**
r = 3%	0,001	–0,001	0,001	–0,004	–0,001	0,000
r = 5%	–0,001	0,001	–0,001	0,004	0,001	0,000
r = 8,5%	–0,006	0,004	–0,005	0,017	0,005	0,002

En definitiva, los ejercicios de sensibilidad presentados a lo largo de este segundo apartado, dedicado a la estimación de un único activo, confirman que el factor más relevante en la estimación de los distintos tipos de *stocks* es *la elección de las vidas medias.* Como indicaba el cuadro 2.4, distintas vidas medias supuestas pueden llegar a producir discrepancias de hasta el 50%. Sin embargo, téngase en cuenta que se está utilizando en el ejemplo, por razones de sencillez expositiva, un activo con una vida media muy corta. Aumentarla de tres a cinco años supone prácticamente doblar la vida en servicio del bien de capital. En los ejercicios de sensibilidad realizados por *Statistics Netherlands* se consideran discrepancias razonables en los análisis de sensibilidad, variaciones de hasta el 10% en torno a la vida media. No se pretende con este comentario minimizar la importancia de la selección de la vida media más adecuada. Sin embargo, desgraciadamente, para el caso español no se han llevado todavía a cabo los estudios detallados realizados en otros países que permitan fundamentar con mayor rigor las elecciones que se han realizado en este trabajo.

Comparada con la importancia que tiene la selección de una vida media determinada, las restantes decisiones que deben adoptarse en el proceso de estimación de las distintas formas de capital resultan de menor importancia. La elección de distintas pautas de pérdida de eficiencia (cuadro 2.8), sólo resulta relevante, en este ejemplo, cuando se utiliza una función de edad-eficiencia constante. Pero esta especificación funcional es la menos realista de todas las consideradas. Por último, la información contenida en el cuadro 2.12 indica que la elección de una tasa de retorno determinada tiene consecuencias prácticamente despreciables en la estimación del *stock* de capital neto.

3. Agregación de activos

EL capítulo anterior se ha destinado a desarrollar la metodología de estimación de los tres conceptos de capital, bruto, neto (riqueza) y productivo *de un único activo*. El paso siguiente consiste en estimar las dotaciones agregadas de capital correspondiente a un conjunto de activos heterogéneos.

En el caso del *stock* de capital bruto y neto (riqueza) el procedimiento de agregación es simple. Puesto que los valores correspondientes a cada activo están expresados en unidades monetarias y el agregado también, el valor agregado se obtiene sumando los valores de cada uno de los activos (por ejemplo, en euros o dólares), corrientes o constantes.

Este procedimiento no es aplicable al capital productivo, que es empleado en los análisis de productividad. La metodología supone que los *servicios del capital* (que son los que afectan a la cantidad de *output* producido) son proporcionales al *stock* de capital físico (el capital productivo a precios constantes) pero el parámetro de proporcionalidad, distinto para los diferentes activos, no coincide con el precio (relativo) del *stock* sino con el del flujo de servicios. La razón ya se ha mencionado anteriormente: dos activos con un mismo *valor en unidades monetarias* (un ordenador y una máquina de tejer en el ejemplo anterior) proporcionarán distintos servicios a la producción dependiendo de sus vidas medias, así como de la evolución del precio de los mismos. Acudiendo a la teoría de la producción, los servicios proporcionados por los distintos activos vendrán medidos por sus respectivos *costes de uso,* que serán las variables a utilizar en la agregación de los servicios del capital productivo.

Jorgenson (1963) y Jorgenson y Griliches (1967) fueron los primeros en desarrollar medidas para los servicios de capital agregados que tuvieran en cuenta la heterogeneidad existente entre los activos. Comenzaron, como se ha hecho en el capítulo anterior, calculando el capital productivo de un activo determinado. Una vez obtenidas las series para todos los tipos de activos, se procede a su agregación utilizando como ponderadores los costes de uso de capital de cada uno de ellos. Los costes de uso son los precios de los servicios del capital y, en el caso en el que los mercados sean competitivos y los agentes optimizadores, son iguales a la productividad marginal de cada uno de ellos. Por lo tanto, los costes de uso proporcionan el mecanismo a partir del cual se incorporan las diferencias en la contribución a la productividad agregada por parte de activos heterogéneos. En consecuencia, los servicios de capital proporcionados por un activo en un año determinado se obtienen multiplicando el *stock* de capital por su correspondiente coste de uso. Al resultado de la agregación se le denomina *valor de los servicios del capital* (SC^C).

Por su parte, las series de capital bruto y neto (riqueza) utiliza los precios de mercado de los activos individuales como ponderadores. Por lo tanto, a la hora de agregar, la diferencia entre estos dos conceptos y el de capital productivo radica en las ponderaciones que se asignan a los distintos componentes, precios de mercado en el caso de los dos primeros y costes de uso en el del último.

Habitualmente, la agregación a precios constantes se ha realizado sumando los *stocks* de los activos individuales valorados a los precios de un año base. A lo largo del tiempo, la tasa de crecimiento del *stock* de capital suele venir dada por un índice del tipo Laspeyres, con ponderaciones fijas. Aunque ésta es la forma habitual de proceder, la literatura económica recomienda la utilización de ponderaciones flexibles (Diewert, 1987). Esta familia de índices incluye el índice ideal de Fisher y el de Törnqvist. El Nuevo *Sistema de Cuentas Nacionales* (1993) recomienda que se utilicen índices de Laspeyres *encadenados*. Éstos actualizan anualmente los precios utilizados como ponderadores, proporcionando resultados próximos a los de los índices de Fisher y Törnqvist.

La ventaja de utilizar fórmulas flexibles es que, al aplicar ponderaciones (coste de uso o precios de mercado) que son continuamente actualizadas, reflejan mejor los precios relativos en los que se basan las decisiones de los productores. La diferencia entre ambas formas de proceder, ponderaciones fijas *versus* flexibles, es importante en épocas en las que los precios relativos cambian con rapidez, convirtiendo en obsoletas las ponderaciones fijas. Ahora bien, las ponderaciones flexibles combinan en realidad cambios en precios y en cantidades que pueden hacer que, en algunos casos, los índices de precios de un agregado no evolucionen dentro de los limites de los índices de precios de sus componentes.

Un problema adicional se plantea cuando se producen cambios en la calidad de unos bienes aparentemente homogéneos. Piénsese en el caso de los ordenadores. Aunque su apariencia física puede que no haya cambiado considerablemente en el tiempo (un ordenador del año 1995 tiene un aspecto externo similar a uno del año 2002), por lo que pueden seguir denominándose *ordenador,* sus características (velocidad de proceso, almacenamiento en memoria, etc.) son radicalmente distintas. En estos casos, acudir al precio de mercado del activo *ordenador,* sin más cualificaciones, proporcionaría una visión distorsionada de lo que ha ocurrido realmente con su precio. Lo que observamos es que éste ha caído de forma espectacular. Pero si tenemos en cuenta la mejora experimentada en la calidad de esas máquinas, la caída sería muy superior. Para solucionar este problema, y tener en cuenta los cambios en la calidad o características de los activos, se utilizan los denominados *precios hedónicos.*

En nuestro caso, el Instituto Nacional de Estadística (INE) no proporciona información de índices de precios encadenados, ni tampoco calcula de forma oficial precios hedónicos. La referencia es siempre a un año base (1995 en las estimaciones más recientes). Por esta razón, las series agregadas se referirán, cuando se proporcionen en términos constantes, a los precios vigentes en el año base de referencia. Sin embargo, como se describe en la parte II, para los precios de los activos TIC (*software,* maquinaria de oficina y equipo informático y telecomunicaciones) sí se han tenido en cuenta implícitamente los cambios en la calidad al tomar como referencia la evolución de los *precios hedónicos* calculados para Estados Unidos. Además, al calcular las tasas de crecimiento sí es posible tener en cuenta los cambios que se producen en la composición de los activos. Sobre este segundo tema volveremos más adelante, en el apartado 3.6 de esta parte I.

3.1. El coste de uso del capital

Como ya se ha mencionado, el capital productivo es una magnitud que representa cantidades. Adicionalmente se supone que el flujo de servicios que proporciona al proceso productivo es proporcional al *stock* existente. A este concepto de cantidades se encuentra asociado el correspondiente concepto de precio. Este precio es denominado *coste de uso de capital* (Jorgenson, 1963). En su versión estándar, el coste de uso viene dado por la siguiente expresión:

$$\mu_{j,t} = p_{j,t}\,(r_t + \pi_t + d_{j,t} - q_{j,t}) \qquad (3.1)$$

En esta expresión, el coste de uso de un activo j en el año t, $\mu_{j,t}$, es el coste anual (por periodo) de utilizar los servicios de un activo; r_t es la tasa real de retorno y π_t la tasa de inflación, por lo tanto, $r_t + \pi_t = i_t$ es la tasa de retorno en términos nominales. $d_{i,t}$ es, como antes, la tasa de depreciación. Por último, $q_{j,t}$ mide las ganancias o pérdidas de capital derivadas de la variación en el precio del activo j.

La relación entre el coste de uso del capital y los servicios que se obtienen de su utilización puede establecerse de forma intuitiva si se tiene en cuenta que ésta es similar a la que existe en el mercado de trabajo entre el salario y la productividad del mismo. En el caso del trabajo, si suponemos competencia perfecta y agentes optimizadores, el precio del mismo (el salario) es igual a su productividad marginal. De la misma forma el precio de los servicios del capital (el coste de uso) es igual a la productividad marginal de este factor.

El término i_t refleja los pagos por intereses si el activo se compra acudiendo a financiación externa o, alternativamente, el coste de oportunidad si la adquisición se hace con cargo a fondos propios. A este coste financiero debe añadirse la tasa de depreciación experimentada por el activo como resultado del envejecimiento. El último término, $q_{j,t}$, mide las ganancias, o pérdidas, de capital como resultado de las variaciones experimentadas por el precio del activo distintas de las debidas al envejecimiento. De hecho, mide la variación en el precio entre dos momentos del tiempo de los bienes de capital nuevos. Por lo tanto, cualquier diferencia observada en estos precios no puede tener como origen el uso, sino otras causas, como por ejemplo, cambios en los gustos de los agentes, en el nivel general de precios, en la obsolescencia o en las mejoras tecnológicas.

Habitualmente se introducen en la expresión del coste de uso componentes adicionales con el fin de tener en cuenta el tratamiento fiscal de los bienes de capital. Por ejemplo, el Australian Bureau of Statistics (ABS) y el Bureau of Labor Statistics (BLS) incorporan los efectos del impuesto sobre el beneficio de sociedades, desgravaciones por amortización, subsidios a la inversión e impuestos indirectos. En las estimaciones que se presentan a continuación no se ha tenido en cuenta el tratamiento fiscal de los activos.

3.2. La tasa de retorno (*i*)

No existe un acuerdo generalizado sobre cuál ha de ser el valor de la tasa de retorno, *i*, que debe utilizarse en el cálculo del coste de uso del capital. La teoría económica no proporciona ninguna guía específica, salvo si se añaden supuestos adicionales (especialmente rendimientos constantes a escala y competencia perfecta). Puede aproximarse como el tipo de interés aplicable a los fondos externos que utilizan las empresas, aunque éste se encuentre lejos de ser el mismo para todas ellas. Alternativamente, puede utilizarse el rendimiento de los bonos del Tesoro, normalmente a largo plazo, o cualquier tipo de interés que se considere representativo del tipo de interés de mercado.

En líneas generales, y desde un punto de vista práctico, se utilizan dos tipos de enfoques. El primero de ellos consiste en acudir a un tipo de interés *exógeno,* como el tipo a largo de los bonos públicos o un promedio de los tipos aplicados a los préstamos y a la remuneración del pasivo de los productores. Alternativamente, puede obtenerse i_t a partir de suponer un tipo de interés real, *r,* constante en el tiempo al que se le suma la tasa de inflación (normalmente como media móvil de los últimos años). Éste es el procedimiento seguido por OCDE (2001*b*) y Schreyer (2001 y 2002).

El segundo enfoque consiste en la determinación *endógena* de *i*. Su origen se encuentra en la aportación de Hall y Jorgenson (1967) y parte de utilizar, como variable macroeconómica de referencia, el Excedente Bruto de Explotación (EBE). Su punto de partida es que el EBE refleja la contribución del capital al proceso productivo [20]. A continuación se resumen brevemente ambas alternativas.

a) Cálculo exógeno de i

En este caso, el valor de *i* puede obtenerse mediante dos procedimientos alternativos. El primero parte de valores observados para algún tipo de rendimiento que se considere relevante. El segundo supone un valor para el tipo de interés real a largo y construye el nominal añadiendo al mismo la tasa de crecimiento del nivel general de precios, medida generalmente por el IPC. Obsérvese que en cualquier de los dos casos no se impone la condición de que la tecnología presente rendimientos constantes a escala.

La primera alternativa puede materializarse en el uso de distintos tipos de rendimiento disponibles como, por ejemplo, el rendimiento de los títulos de la Deuda Pública a largo plazo (Morrinson y Shwartz, 1996); de los bonos Aaa (Coen, 1968; Evans, 1967; Grunfeld, 1960; y Miller y Modigliani, 1966); de los bonos Baa (Holland y Myers, 1979). Hall y Jorgenson (1967) y Caballero y Lyons (1991) utilizan el rendimiento medio del Standard and Poors 500 y Hsieh (2002) hasta diez versiones diferentes de tipos de interés nominales en su estudio de cuatro países asiáticos.

La segunda alternativa, utilizada por Coen (1975), Diewert (1980) y el *Manual de Productividad* de la OCDE (2001*b*) se inclinan por construir el término *i* a partir de un valor estimado promedio para el rendimiento real (3,5% en los estudios de Hall y Jorgenson y 4% en el Manual de la OCDE), al que se añade la tasa de crecimiento del nivel general de precios medido por el IPC.

---

[20] En el sistema SEC-70/79 se incluían en el EBE las rentas mixtas. En cambio, en el SEC-95, que ha comenzado a aplicarse en 1995 en todos los países de la UE, no se incluyen dichas rentas.

b) Cálculo endógeno de i

Esta aproximación ha sido defendida desde sus inicios por Jorgenson (véanse sus dos volúmenes sobre *Productividad* (1995, 1996), donde aparecen recopilados sus trabajos más importantes sobre el tema), y más recientemente por van Ark *et al.* (2002) en su Informe para la Comisión Europea, así como por *Statistics Canada* (véase Harchaoui y Tarkhani, 2002). A diferencia de la aproximación anterior, el cálculo endógeno sí *impone* la condición de que la tecnología presente rendimientos constantes a escala por lo que, al menos en principio, incorpora más *teoría* que el cálculo exógeno.

En síntesis, esta aproximación parte de la identidad contable dada por (3.2):

$$P_t y_t - W_t L_t = EBE_t = \mu_{j,t} KP_{j,t-1} = \sum_j (i_t + d_{j,t} - q_{j,t}) p_{j,t} KP_{j,t-1} =$$
$$= \sum_j (i_t + d_{j,t} - q_{j,t}) KP^C_{j,t-1} \tag{3.2}$$

siendo EBE el Excedente Bruto de Explotación y WL la remuneración del trabajo. Los datos de EBE proceden de la *Contabilidad Nacional* y sobre los mismos han de realizarse dos correcciones. En primer lugar, hay que proceder al reparto de las rentas mixtas entre remuneración del capital y del trabajo. En segundo lugar, deben excluirse los alquileres, puesto que el *stock* de capital en viviendas está excluido de la función de producción y por lo tanto también de *KP* en (3.2).

En (3.2) todas las variables son conocidas, excepto *i*, que debe interpretarse como el rendimiento interno *ex post* de los activos de capital. El valor de *i* obtenido tras despejar en (3.2) permite calcular el coste de uso de acuerdo con (3.1). Obsérvese que al proceder de esta forma se está suponiendo implícitamente que la función de producción presenta rendimientos constantes a escala, de acuerdo con el teorema de Euler, es decir, que el producto se agota.

El término *i* no es el único que plantea problemas en el cálculo del coste de uso. Harper, Berndt y Wood (1989) señalan al menos tres alternativas en el cálculo de $q_{j,t}$ en (3.1). La primera consiste en utilizar valores contemporáneos para el crecimiento del precio de los activos, lo que equivale a suponer expectativas perfectamente anticipadas *(perfect foresight expectations)*. La segunda considera variaciones *esperadas* a partir de valores pasados, corrientes y futuros de los crecimientos en precios. Y la tercera, no tiene en cuenta el término de revaluación ($q_{j,t} = 0$). Obsérvese que en este último caso el supuesto implícito es que los precios de todos los activos varían a la misma tasa, una hipótesis poco plausible.

En definitiva, la especificación del coste de uso del capital plantea problemas no resueltos hasta el momento.

Las críticas más habituales al cálculo endógeno son las siguientes: 1) *suponer* la presencia de rendimientos constantes a escala en la función de producción; 2) *suponer* competencia perfecta y comportamientos optimizadores por parte de todos los agentes; 3) *suponer* la ausencia de beneficios residuales derivados de la existencia de poder de mercado; 4) *suponer* que el conjunto de activos *K* es completo, en el sentido de que *todos* los activos son observados por los responsables de las *Cuentas Nacionales;* y 5) *suponer* que la tasa *ex post* de retorno de cada activo (implícitamente observada por los contables nacionales como parte del Excendente Bruto de Explotación) es igual a la tasa de retorno *ex ante,* que es la relevante desde el punto de vista económico en el coste de uso del capital.

La utilización de una tasa exógena de retorno, común para todos los activos, tampoco está exenta de problemas. Harchaoui y Tarkhani (2002) enumeran las siguientes: 1) *suponer* que tanto los propietarios del capital como los gestores operan con información perfecta; 2) *suponer* que el *stock* de capital físico es perfectamente maleable y divisible; 3) *suponer* que las decisiones de inversión equivocadas son fácilmente reversibles; 4) *suponer* que los mercados de activos de segunda mano funcionan de forma eficiente; y 5) *suponer* que los intereses de los propietarios del capital y los gestores son compartidos. A estas críticas hay que añadir las dificultades que, desde el punto de vista práctico, se plantean a la hora de seleccionar la tasa de retorno exógena más adecuada.

Diewert (1980) resume con precisión la falta de consenso existente: «¿Qué *r* debería utilizarse? Si la empresa es prestataria neta, entonces *r* debería ser el coste marginal de pedir prestado un dólar adicional en un periodo de tiempo, mientras que si es prestamista neta entonces *r* debería ser el tipo de interés que percibe en su último préstamo. En la práctica, se considera que *r* puede ser *a)* el tipo de interés exógeno de los bonos, tipo que puede ser aplicable —o no— a una empresa determinada, o *b)* una tasa interna de retorno. Yo tiendo a utilizar la primera alternativa, mientras (...) Jorgenson y sus co-autores utilizan la segunda. Como es frecuente, ninguna de las dos alternativas parece ser la correcta desde un punto de vista teórico. Por lo tanto, analistas igualmente razonables pueden diferir en la elección del *r* utilizado en la construcción del *stock* de capital agregado».

Ante esta situación, las estimaciones de la Fundación BBVA y el Ivie que se presentan en la parte III de este trabajo han optado por la utilización de un *r* exógeno en el cálculo del coste de uso del capital. Dicho *r* ha sido fijado en el 4%. Con respecto al término de variación de precios de los activos ($q_{j,t}$) se ha optado por una media móvil centrada de tres años. La razón estriba en que estos dos supuestos son los utilizados actualmente por la OCDE en la construcción de la base de datos sobre *Servicios del Capital*. Más adelante se realiza un ejercicio de sensibilidad para valorar las consecuencias que, desde el punto de vista práctico, tienen las distintas alternativas.

3.3. Bienes de propiedad pública

Un problema adicional se plantea al considerar los bienes proporcionados por el sector público. Las preguntas en este caso son las siguientes: ¿debe aplicarse un coste de uso, de los servicios del capital a los bienes propiedad del sector público? Si la respuesta es afirmativa ¿cuál es la tasa de retorno más apropiada para este tipo de bienes?

Harrison (2003) plantea ambas cuestiones considerando tres grupos distintos de activos propiedad del sector público: 1) los utilizados en el desarrollo normal de sus actividades, tales como edificios, ordenadores o vehículos; 2) activos que, como las infraestructuras, contribuyen a incrementar la productividad agregada de la economía; y 3) activos que, como los parques públicos, tienen un valor para la comunidad pero cuya relación con el proceso productivo es tenue.

La opinión mayoritaria es aceptar que los activos pertenecientes a los grupos 1) y 2) proporcionan servicios de capital al proceso productivo. Para el último grupo el acuerdo es menor pero, dada la dificultad de identificarlos con claridad en las fuentes estadísticas, se acepta que todos ellos reciban el mismo tratamiento. Respecto a la segunda cuestión, ¿cuál es la tasa de retorno más adecuada para este tipo de bienes?, la contestación está implícita en el acuerdo anterior: la misma que se utiliza para los activos privados.

En las estimaciones que se presentan a continuación se han aceptado las recomendaciones del *Grupo de Canberra II,* por lo que se les ha otorgado a los activos pertenecientes al sector público un tratamiento simétrico al de los activos privados, con una tasa real de retorno del 4%.

3.4. Valor de los servicios del capital

Los criterios anteriores permiten definir la variable agregada de los servicios del capital proporcionado por el capital productivo:

El *valor de los servicios del capital a precios corrientes* del activo j en el año t viene dado por

$$\begin{aligned} SC^{C}_{j,t} &= \mu_{j,t} \times KP_{j,t-1} = p_{j,t-1}\,(i_t + d_{j,t} - q_{j,t})\,KP_{j,t-1} = \\ &= (i_t + d_{j,t} - q_{j,t})\,KP^{C}_{j,t-1} \end{aligned} \quad (3.3)$$

Y el *valor agregado de los servicios del capital* (SC^{C}_{t}) por

$$\begin{aligned} & SC^{C}_{t} = \sum\nolimits_{j}^{M} SC^{C}_{j,t} = \sum\nolimits_{j}^{M} \mu_{j,t} \times KP_{j,t-1} = \\ & \sum\nolimits_{j}^{M} p_{j,t-1}(i_t + d_{j,t} - q_{j,t})KP_{j,t-1} = \sum\nolimits_{j}^{M} (i_t + d_{j,t} - q_{j,t})KP^{C}_{j,t-1} \end{aligned} \quad (3.4)$$

Siendo M el número total de activos de la economía.

3.5. Análisis de sensibilidad

En el apartado 3.2 se han planteado las dificultades existentes para alcanzar acuerdos compartidos respecto a la medición de la tasa de retorno y, por lo tanto, del coste de uso y los servicios del capital. Por esta razón, resulta de interés evaluar las consecuencias que, desde el punto de vista práctico, tiene la elección de una determinada alternativa. Con este objetivo se han construido cuatro medidas alternativas del coste de uso de los activos. Dos de ellas utilizan en el cálculo de i el procedimiento exógeno y las otras dos el endógeno. El cuadro 3.1 resume las principales características de los cuatro procedimientos. Las denominaciones se corresponden con las acuñadas por el artículo clásico de Harper, Berndt y Wood (1989) [21].

El gráfico 3.1 ofrece los perfiles de la tasa nominal de retorno, i_t, considerada común para todos los activos de la economía, construida de acuerdo con las especificaciones detalladas en el cuadro 3.1. El rasgo más destacado es la similar evolución de las tasas de retorno endógenas, aunque M4 es menos volátil que M1. El segundo hecho es que las tasas de retorno calculadas de forma endógena son siempre superiores a las dos exógenas. Este hecho es indicativo de la presencia potencial de rendimientos decrecientes a escala y/o de la existencia de *mark-ups* o beneficios extraordinarios.

También resulta de interés valorar la evolución seguida por los servicios del capital en el caso del activo que se ha tomado de referencia a lo largo de esta parte I, el *software*. Esta información aparece en el gráfico 3.2. En el mismo puede observarse que la selección entre un tipo nominal de retorno u otro no parece tener implicaciones prácticas significativas en esta variable.

---

[21] Se ha excluido la denominada M2 en la notación de Harper, Berndt y Wood (1989), desestimada también por estos autores. M2 supone el cálculo endógeno de i pero considera que no existen ganancias de capital ($q_{j,t} = 0$).

CUADRO 3.1: Cuatro procedimientos de cálculo del coste de uso

Denominación	Tasa de retorno (i)	Ganancias de capital (q)
M1	Endógena a partir de I.24	Variaciones contemporáneas en precios $q_{jt} = \frac{p_{j,t} - p_{j,t-1}}{p_{j,t-1}}$
M3	Exógena r = 4% $i_t = r + \pi_t^e$ $\pi \equiv$ inflación (IPC) $\pi_t^e = \frac{\pi_{t-1} + \pi_t + \pi_{t+1}}{3}$	Variaciones esperadas $(q_{j,t}^e)$ $q_{j,t}^e$ (esperado) = $\frac{q_{j,t-1} + q_{j,t} + q_{j,t+1}}{3}$
M4	Endógena a partir de I.24	Variaciones esperadas $(q_{j,t}^e)$ como M3
M5	Exógena Rendimiento Deuda Pública a Largo	Variaciones esperadas $(q_{j,t}^e)$ como M3

GRÁFICO 3.1: Tasa nominal de retorno
(porcentajes)

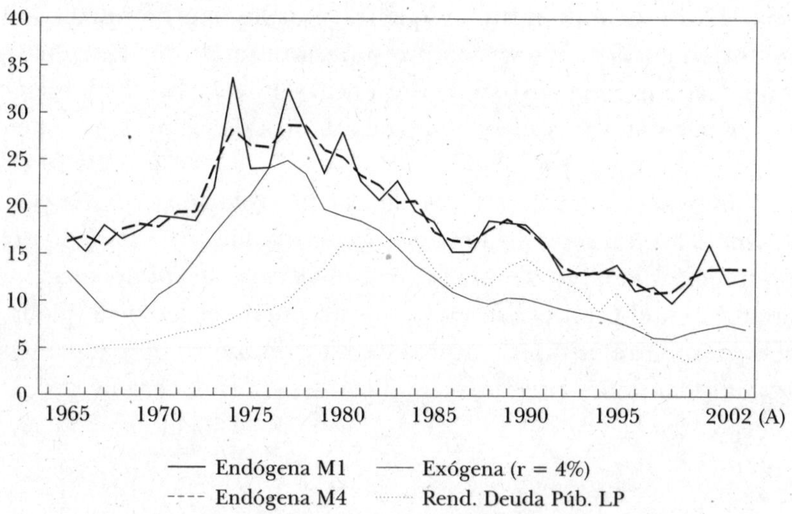

GRÁFICO 3.2: **Servicios del capital. *Software***

(millones de euros)

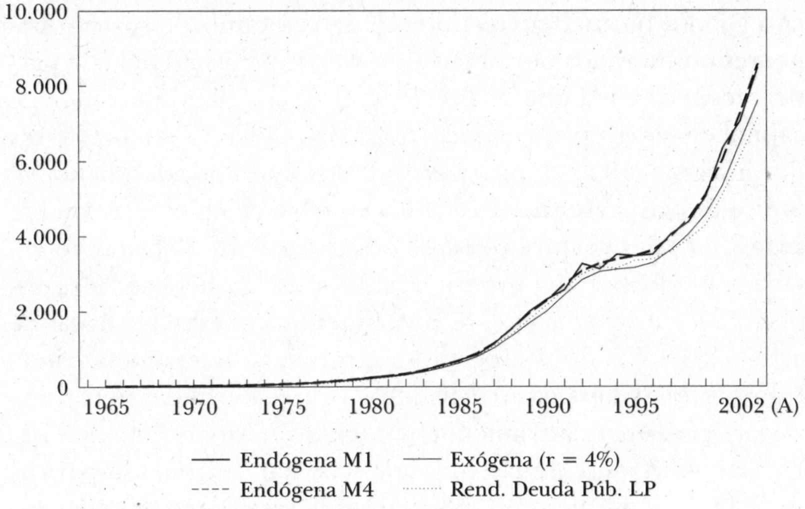

3.6. Tasas de crecimiento

En la mayoría de los análisis que utilizan las estimaciones de *stock* de capital es de gran relevancia el cálculo de su tasa de variación, por ejemplo, en los ejercicios de contabilidad del crecimiento. Sin embargo, pese a su relevancia práctica, pocas veces se hace explícita la forma en la que las tasas de crecimiento son calculadas. Para el *stock* bruto y el neto (riqueza) se utilizan habitualmente las tasas de crecimiento que se derivan de los índices de Laspeyres.

La expresión del índice de Laspeyres (IL) *entre años adyacentes* viene dada por:

$$IL(KG_t) = \frac{\sum_{j=1}^{M} KG_{j,t}}{\sum_{j=1}^{M} KG_{j,t-1}} \tag{3.5}$$

Obsérvese que el índice de Laspeyres dado por (3.5) puede también escribirse como

$$IL(KG_t) = \sum_{j=1}^{M} \phi_{j,t-1} \times \frac{KG_{j,t}}{KG_{j,t-1}} \quad \text{siendo} \quad \phi_{j,t-1} = \frac{KG_{j,t-1}}{\sum_{j=1}^{M} KG_{j,t-1}} \tag{3.6}$$

Por lo tanto, el índice de Laspeyres aplicado a variables expresadas en términos constantes calcula la tasa de crecimiento agregado a partir del crecimiento de cada uno de sus componentes ponderados por el término ϕ_i, siendo éste igual a la participación de cada uno de los elementos que integran el *stock* de capital en el agregado, *medidos todos ellos en precios constantes* (los del año base, 1995 en nuestro caso). Así pues, por definición, el índice de Laspeyres no tiene en cuenta los cambios experimentados por la estructura del *stock* como resultado del cambio experimentado por los precios relativos de los activos. Este aspecto es muy relevante, especialmente cuando se trata de activos que, como los asociados a las nuevas Tecnologías de la Información y las Comunicaciones (TIC), experimentan bruscas variaciones en relativamente reducidos periodos de tiempo. Por supuesto, aunque las ecuaciones se han formulado para el *stock* de capital bruto, *KG,* podrían utilizarse para cualquier variable.

Una forma de evitar el problema que plantea no considerar el cambio en la composición como consecuencia de las variaciones en los precios relativos de los activos es utilizando índices con ponderaciones flexibles. El índice de Törnqvist es el más frecuentemente utilizado, y recomendado por los dos Manuales de la OCDE para calcular la tasa de crecimiento del *stock* de capital agregado.

Si denominamos *IT* al índice de Törnqvist entre años adyacentes, utilizando como referencia el *stock* de capital productivo —aunque ha sido también utilizada en el cálculo de las tasas de crecimiento de *KG* y *KW*— éste vendrá dado por la ecuación (3.7)

$$
\begin{aligned}
IT(KP_{t,t-1}) &= \prod_{j}^{M}\left[\frac{KP_{j,t}}{KP_{j,t-1}}\right]^{\overline{v}_j} \\
\overline{v}_j &= 0{,}5\ (v_{j,t} + v_{j,t-1}) \\
v_{j,t} &= \frac{\mu_{j,t}\ KP_{j,t}}{\sum_{j=1}^{M}\mu_{j,t}\ KP_{j,t}} \\
\mu_{j,t} &= p_{j,t-1}(i_t + d_{j,t} - q_{j,t}) = p_{j,t-1}(r + \pi_t + d_{j,t} - q_{j,t})
\end{aligned}
\qquad (3.7)
$$

La expresión (3.7) proporciona un indicador de la evolución del volumen de los servicios del capital. Para su cálculo se utilizan como ponderadores los valores de los servicios de capital relativos (v_{jt}), obtenidos a partir de (3.3).

A partir de la expresión (3.7) puede obtenerse la *tasa de crecimiento* del *Indicador de volumen de los servicios del capital* como diferencia logarítmica:

$$\begin{aligned} \ln (KP_t) - \ln (KP_{t-1}) = \\ = \textstyle\sum_j 0{,}5\ [v_{j,t} + v_{j,t-1}]\ [\ln (KP_{j,t}) - \ln (KP_{j,t-1})] \end{aligned} \qquad (3.8)$$

Por tanto, la tasa de crecimiento del capital productivo agregado a precios constantes, o *indicador de volumen de los servicios del capital,* se calcula como la media ponderada de las tasas de crecimiento del capital productivo de los activos individuales, siendo las ponderaciones las participaciones de los servicios del capital proporcionados por cada activo sobre el valor total de los servicios del capital (valorado a precios corrientes). Obsérvese que de esta forma sí se están teniendo en cuenta las modificaciones que se producen en la composición del agregado como consecuencia de las variaciones en los precios relativos de los activos. Como ya se ha mencionado, el mismo procedimiento ha sido aplicado posteriormente en el cálculo de las tasas de crecimiento reales de los agregados FBCF, *KG* y *KW.* En estos casos, las ponderaciones $\overline{v}_j$ vienen dadas por el cociente entre el *stock* de un activo y el *stock* agregado, *expresados ambos en términos nominales.* Es decir,

$$v_{FBCF,j,t} = \frac{FBCF^c_{j,t}}{\sum_j FBCF^c_{j,t}};\ v_{KG,j,t} = \frac{KG^c_{j,t}}{\sum_j KG^c_{j,t}};\ v_{KW,j,t} = \frac{KW^c_{j,t}}{\sum_j KW^c_{j,t}}$$

en donde los supraíndices *c* indican que las variables están expresadas en *términos nominales.*

Un aspecto adicional que debe destacarse es que la utilización de índices de Törnqvist (referido al agregado) lleva implícito el uso de diferencias logarítmicas cuando se calculan las tasas de crecimiento referido a un único activo [véase ecuación (3.8)]. Por esta razón, en los resultados que se presentan en la parte III de este libro, se utilizarán índices de Törnqvist en el cómputo de las tasas de crecimiento de las magnitudes agregadas, y diferencias logarítmicas para los activos individuales. Este mismo procedimiento se utilizará también en las tasas de crecimiento de todas las magnitudes expresadas en términos reales (FBCF, *stock* bruto y *stock* neto, además del *stock* productivo).

4. Procedimiento del BEA

EL Bureau of Economic Analysis (BEA) de Estados Unidos utiliza, desde 1997, un procedimiento de estimación del *stock* de capital parcialmente diferente del propugnado por la OCDE en sus dos Manuales. Este procedimiento puede presentarse de dos formas distintas que, como se comprobará, proporcionan los mismos resultados. Se exponen ambas con el fin de ilustrar cómo pueden realizarse las estimaciones cuando se utiliza una hoja de cálculo.

El planteamiento del BEA puede considerarse como un caso particular del de la OCDE. Existen dos diferencias clave entre la forma de abordar el problema por parte de ambas instituciones. La primera es que el BEA no utiliza ninguna función de retiros. Esto implica que los coeficientes de la función de supervivencia del cuadro 2.2 son iguales a la unidad para todos los años.

La segunda diferencia radica en el perfil de la función edad-eficiencia. Mientras el Bureau of Labor Statistics (BLS), el Australian Bureau of Statistics (ABS), los dos Manuales de la OCDE (2001*a* y *b*) y la base de datos de *Servicios del Capital* de esta última institución se inclinan por especificaciones funcionales hiperbólicas, el BEA adopta un perfil estrictamente geométrico para la mayoría de los activos. El BEA argumenta que bajo estas dos hipótesis no existe diferencia entre el *stock* de capital neto (riqueza) y el productivo, pues ambas estimaciones son coincidentes (Fraumeni, 1997, 1999*a* y 1999*b*) [22]. Sin embargo, como destaca el Manual sobre *Medición del Capital* (OCDE, 2001*a*), esto sólo es cierto cuando, además, la vida de los activos es infinita.

La justificación que aduce el BEA para no seguir el procedimiento general de la OCDE es que, en Estados Unidos, existe abundante evidencia empírica obtenida a partir de la informa-

---

[22] Véase también Jorgenson (1980) y Harper (1982) para una discusión de la equivalencia entre capital productivo y riqueza en la metodología del BEA.

ción proporcionada por los mercados de segunda mano para justificar un perfil edad-eficiencia geométrico. Además, puesto que los estudios empíricos tienen en cuenta los retiros de los activos, los perfiles geométricos estimados los incorporan implícitamente.

La decisión de suponer una tasa de depreciación geométrica no es más que una versión revisada del procedimiento frecuentemente utilizado por los contables de las empresas. De acuerdo con éste, la reducción en el valor de un activo se produce a tasas constantes a lo largo de su vida. El factor de depreciación es igual a R/T, donde T es la vida del activo y R se conoce con el nombre de *declining balance rate*.

En el caso en que R sea igual a la unidad nos encontraríamos con un sistema de depreciación lineal, es decir, una situación en la que el valor de mercado del activo se reduce cada año en cantidades constantes. Sin embargo, es más frecuente fijar el valor de $R = 2$. Este procedimiento se conoce como el *double declining balance rate* en la terminología inglesa y, según el mismo, los activos se deprecian en el primer año el doble que si se utilizara una depreciación lineal.

La novedad de la aproximación del BEA es que los estudios empíricos le permiten elegir distintos valores de R, dependiendo del tipo de activo del que se trate. Estos valores, así como las vidas medias supuestas para cada uno de los activos, aparecen tabulados en Fraumeni (1997) así como en el Anexo 2 del Manual de la OCDE (2001*a*). Fijados R y T según los valores determinados en las tablas, la tasa de depreciación será igual a R/T. Los valores de R oscilan entre 0,8892, para la mayoría de las oficinas y locales comerciales, hasta 2,2664 para los vehículos oficiales. Para la práctica generalidad de la maquinaria y equipo industrial se utiliza un valor de 1,6500, mientras que en el caso de las viviendas residenciales se utiliza un valor de R de 0,91.

4.1. Procedimientos de estimación

En las líneas anteriores se ha indicado que una forma de estimar el *stock* de capital con los criterios del BEA es seguir los mismos pasos que especifican los Manuales de la OCDE, pero igualando a la unidad los coeficientes de la función de supervivencia y utilizando una función edad-eficiencia geométrica (con las tasas de depreciación calculadas a partir de las tablas que proporciona esta institución).

Alternativamente, en el Anexo 2 del Manual sobre medición del *stock* de capital se ofrece un procedimiento alternativo, más directo que el anterior y aplicable en las condiciones asociadas a las hipótesis particulares del BEA. El procedimiento consiste, básicamente, en multiplicar la inversión en términos constantes que se realiza en cada periodo por el factor $(1 - \delta)$, siendo $\delta = R/T$, es decir, la tasa de depreciación. Transcurridos n años, el valor en el *stock* de esa inversión ascenderá a $IR_0\,(1 - \delta)^n$, siendo IR_0 el valor de la inversión inicial. En general,

$$KP_t = IB_t + (1 - \delta)\, KP_{t-1} \qquad (4.1)$$

Dado que el primer procedimiento no es sino el general ya expuesto, a continuación se ilustra con un ejemplo el procedimiento de cálculo más directo.

4.2. Un ejemplo

Aunque para la gran mayoría de activos se utiliza una tasa de depreciación geométrica obtenida a partir de valores tabulados de R y T, existen algunas excepciones entre las que se encuentra el *software* [23] y a ellas no es aplicable el procedimiento *directo*. Por esta razón, en este caso se va a presentar el ejemplo del *hardware*. Para este activo, las tablas del BEA proporcionan una vida media estimada de siete años.

Con el fin de simplificar la exposición se va a proceder a estimar el dato de *stock* de capital correspondiente al año 1960. Para ello se necesita la información correspondiente a los siete años anteriores (desde 1954). El cuadro 4.1 presenta, en su parte superior, los datos básicos de la Formación Bruta de Capital en

[23] Las excepciones, además del *software*, son las conducciones de energía nuclear, los mísiles, y los automóviles.

CUADRO 4.1: **Cálculo del *stock* de capital según el procedimiento del BEA. *Hardware***

(millones de euros)

	Inversión nominal	Precios (1995=1)	Inversión real	Tasa de crecimiento de los precios
1954	6,57	1,4795	4,44	
1955	7,87	1,5551	5,06	14,04%
1956	9,67	1,6517	5,86	15,64%
1957	12,70	1,8732	6,78	15,82%
1958	15,62	2,0268	7,71	13,62%
1959	15,07	2,1228	7,10	–7,86%
1960	19,25	2,1354	9,01	26,96%

Inversión real

	1954	1955	1956	1957	1958	1959	1960
1954	4,44						
1955		5,06					
1956			5,86				
1957				6,78			
1958					7,71		
1959						7,10	
1960							9,01

Factor de depreciación

Primer año (1–d/2)	0,8441	0,8441	0,8441	0,8441	0,8441	0,8441	0,8441
Segundo año y sucesivos (1–d)	0,6881	0,6881	0,6881	0,6881	0,6881	0,6881	0,6881

***Stock* de capital de los activos adquiridos en:**

	1954	1955	1956	1957	1958	1959	1960
1954	3,75	2,58	1,77	1,22	0,84	0,58	0,40
1955		4,27	2,94	2,02	1,39	0,96	0,66
1956			4,94	3,40	2,34	1,61	1,11
1957				5,72	3,94	2,71	1,87
1958					6,50	4,48	3,08
1959						5,99	4,12
1960							7,61
Total	—	—	—	—	—	—	**18,84**

hardware durante el periodo 1954-1960. El segundo recuadro reproduce la información correspondiente a la inversión real en forma matricial, con los datos de inversión ocupando la diagonal principal. Esta presentación facilita el cómputo cuando se utiliza una hoja de cálculo.

La matriz va acompañada, en un tercer recuadro, por dos tasas de depreciación distintas. Para calcularlas, las tablas del BEA recogen un valor para *R* de 2,1832 y de siete años para *T*. Por lo tanto, el factor de depreciación será igual a 0,6881 (1 – (2,1832/7)). Esta cifra es la que aparece en el cuadro como correspondiente al segundo y sucesivos años. El hecho de que el factor de depreciación del primer año difiera tiene su origen en que se supone que la inversión se realiza a mitad de año. En este caso, el factor de depreciación será igual a 0,8441 ((1 – (2,1832/14)).

En la parte inferior del cuadro 4.1 aparece el resultado del cálculo del *stock* de capital. El primer valor, 3,75, representa lo que resta al final del año 1954 de la inversión realizada (a mediados de) ese año (3,75 = 4,44 × 0,8441). A finales de 1955, sólo quedará, de esa inversión inicial, 2,58 (= 3,75 × 0,6881), y así sucesivamente. En la última columna aparece el valor que, en 1960, tienen las inversiones realizadas en cada uno de los años previos. Por lo tanto, la suma de esta columna proporciona el valor del *stock* de capital en *hardware* en el año 1960 según el procedimiento del BEA.

5. Comparación de medidas y métodos. El ejemplo del *hardware*

A lo largo de los capítulos anteriores se ha señalado que existen tres medidas distintas del *stock* de capital de un activo (bruto, productivo y neto (riqueza)). Por otra parte, también se ha destacado que hay, al menos, dos procedimientos de estimación. El primero de ellos, que será el adoptado en las estimaciones que se presentan en la parte III de esta obra, es el propugnado por los dos Manuales de la OCDE y ha sido utilizado en las estimaciones del Australian Bureau of Statistics (ABS), el Bureau of Labor Statistics (BLS), y la base de datos de *Servicios del Capital* de la OCDE. Esta metodología ha sido descrita con detalle en esta primera parte. El segundo procedimiento es el defendido por el Bureau of Economic Analysis (BEA) y ha sido expuesto en el capítulo anterior.

Hasta la actualidad, la Fundación BBVA y el Ivie han seguido en sus estimaciones del *stock* de capital en España el procedimiento recomendado por la OCDE (1992) con anterioridad a la publicación de los dos nuevos Manuales. Aunque en las estimaciones publicadas no se tenía en cuenta el desglose por tipo de activo, es posible aplicar el mismo procedimiento que se ha seguido hasta ahora para el caso de *un activo determinado* para el que se haya especificado el número de años de su vida en servicio. Es decir, es posible aplicar el procedimiento previo de la Fundación BBVA y el Ivie al caso del *hardware*, aunque éste no hubiera sido estimado con anterioridad. Este calculo se ofrece a continuación porque deseamos comparar los resultados que se obtienen para tres medidas distintas de *stock* de capital (bruto, productivo y riqueza) y tres métodos de estimación (OCDE, BEA y el previo de la Fundación BBVA/Ivie). Para ello se utilizan los datos, para la economía española, de la Formación Bruta de Capital Fijo en *hardware* durante el periodo 1954-2002. Los resultados de la comparación aparecen en el gráfico 3.2.

Respecto a la nueva metodología de la OCDE, que es la seguida en las nuevas estimaciones del capital bruto, producto y riqueza (neto) de la Fundación BBVA-Ivie, los resultados son los esperados: el *stock* de capital bruto es superior al productivo, y éste es superior al capital riqueza. Más interesante resulta comparar estas series con las que generarían los dos procedimientos alternativos: el del BEA y el previo de la Fundación BBVA y el Ivie. Respecto al primero, el procedimiento del BEA es el que genera un valor más bajo para el *stock* de capital (productivo y riqueza, puesto que en este caso son prácticamente coincidentes) de los cinco considerados.

Por otra parte, de acuerdo con los resultados proporcionados en este gráfico, el método de estimación seguido con anterioridad por BBVA-Ivie generaría un valor del *stock* en este activo inferior a cualquiera de las tres formas de capital que aconseja actualmente estimar la OCDE. El cuadro 5.1 recoge, en el panel *a)* las diferencias porcentuales de cada uno de los nuevos procedimientos de estimación, respecto al valor que se hubiera obtenido utilizando el procedimiento previo de la Fundación BBVA-Ivie. La desviación del *stock* de capital bruto, cuantificada en el 59,05% en el año 2002, no tiene relevancia puesto que este concepto no fue nunca considerado por las estimaciones españolas. El concepto más próximo es el de capital neto o riqueza, computado siguiendo el procedimiento de la OCDE. Para el año 2002, esta metodología hubiera proporcionado un valor estimado, para el *stock* de capital en *hardware,* superior en un 16,23% al que se hubiera obtenido con la metodología previa, que también estimaba el *stock* de capital neto. Por su parte, el *stock* de capital productivo, hubiera sido un 39% superior al estimado con el procedimiento FBBVA-Ivie, mientras que el capital estimado de acuerdo con el procedimiento del BEA hubiera sido un 26,9% inferior [24].

Por último, obsérvese que —tal como indica el panel *b)* del cuadro 5.1 y del gráfico 5.1— las diferencias entre las tasas de crecimiento del activo *hardware* que se obtendrían entre la meto-

---

[24] Recuérdese que en las estimaciones previas no se consideró la estimación de esta forma de capital, pero sí la metodología a aplicar en este caso.

CUADRO 5.1: **Diferencias respecto a la estimación previa de la Fundación BBVA e Ivie. *Hardware***

a) Niveles (%)

	1965	1970	1975	1980	1985	1990	1995	2002
Bruto (OCDE)	63,34	63,25	59,30	70,01	51,74	62,66	75,77	59,05
Productivo (OCDE)	40,92	40,70	38,75	44,51	34,15	40,99	47,23	39,00
Riqueza (OCDE)	16,57	16,46	16,02	17,45	14,75	16,72	18,00	16,23
BEA	–27,41	–26,81	–26,73	–27,91	–24,56	–27,53	–28,15	–26,96

b) Tasas de crecimiento (puntos porcentuales)

	1965-1970	1971-1976	1977-1982	1983-1988	1989-1994	1995-2002	1965-2002
Bruto	0,03	–0,19	0,53	–1,49	2,64	–1,83	–0,14
Productivo	–1,31	–1,86	–0,66	–3,84	0,85	–3,34	–1,78
Riqueza	0,01	–0,01	0,05	–0,22	0,48	0,33	–0,02
BEA	–1,22	–1,96	–0,86	–2,94	–1,37	–2,00	–1,74

dología previa y las cuatro alternativas no son muy llamativas. Esto es especialmente cierto en el caso del capital neto, donde las diferencias (en pesetas porcentuales son prácticamente despreciables en el conjunto del periodo.

Sin embargo, es importante tener en cuenta dos hechos. En primer lugar, que las diferencias no son constantes por subperiodos. Y, en segundo lugar, que en el ejemplo estamos hablando de un único activo. Como se ha señalado repetidamente, las dos notas características del nuevo procedimiento son la metodología de estimación de *un activo determinado* por una parte, y el *procedimiento de agregación,* por otra. De acuerdo con la metodología previa, la agregación se realizaba utilizando como ponderadores los precios de mercado, mientras que la nueva permite agregar utilizando como ponderadores los servicios que proporciona el capital. En consecuencia, ambas razones pueden explicar las diferencias entre las tasas de crecimiento del *stock* de capital estimadas de acuerdo con la metodología previa y la actual cuando se realizan análisis de productividad a nivel agregado.

GRÁFICO 5.1: **Diversas medidas del *stock* de capital. *Hardware***

a) Niveles

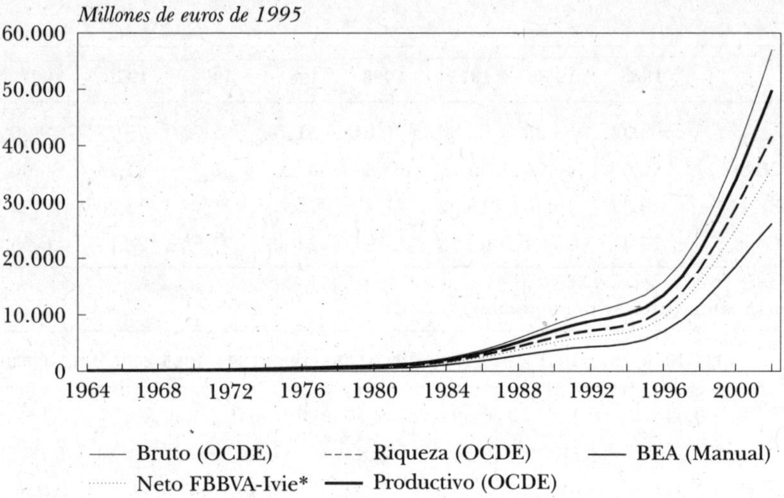

b) Tasas de crecimiento

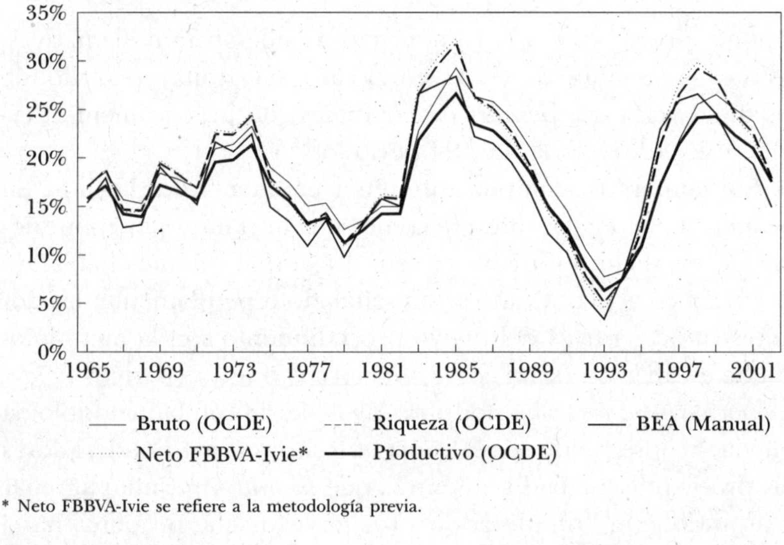

* Neto FBBVA-Ivie se refiere a la metodología previa.

6. Conclusiones

EN los capítulos anteriores se han revisado los procedimientos que actualmente conviven en la estimación del *stock* de capital: los recomendados por la OCDE en los dos Manuales (OCDE, 2001*a* y *b*) y el del Bureau of Economic Analysis (BEA). En resumen, los aspectos más importantes de ambos, comparados con las de las estimaciones previas de la Fundación BBVA y el Ivie, son los siguientes:

1) En las estimaciones previas de las series de *stock* de capital para la economía española, la Fundación BBVA y el Ivie, siguiendo las anteriores recomendaciones de la OCDE (1992) y Ward (1976), realizan los siguientes supuestos:

    - La función de retiros adopta la forma de una función Winfrey S-3.
    - La función geométrica de depreciación recoge, simultáneamente, la pérdida de eficiencia y de valor del activo. Por esta razón, al *stock* de capital estimado mediante este procedimiento se le denomina capital neto (riqueza).
    - La agregación a precios constantes entre activos heterogéneos se realiza utilizando los precios de mercado vigentes en el año base (1986 o 1990).

2) La nueva *recomendación de la* OCDE en los dos Manuales (OCDE, 2001*a* y *b*) se sintetiza en:

    - Función de retiros en *forma de campana* (Winfrey, Weibull o lognormal preferiblemente).
    - Función de pérdida de eficiencia hiperbólica.
    - Función de pérdida de valor de mercado del activo derivada de la anterior, a partir de su valor presente descontado.

- Agregación utilizando precios de mercado, corrientes o de un año base, en el caso del capital riqueza y el coste de uso en el caso de los servicios del capital.

3) El *procedimiento del BEA* se diferencia de los anteriores en que:

- No considera explícitamente una función de retiros.
- La función geométrica de depreciación, obtenida a partir de estudios empíricos, refleja simultáneamente los retiros, la pérdida de eficiencia (y también de valor).
- La agregación utiliza precios de mercado con ponderaciones flexibles (índices de precios encadenados) y corregidos por la calidad *(hedónicos)* para algunos activos.

Así pues, centrándose en los puntos 1) y 2) y las recomendaciones de la OCDE, los dos aspectos clave que distinguen la metodología previa y la nueva se refieren a: *a)* la forma de cálculo del *stock* correspondiente a un único activo, y *b)* el procedimiento de agregación entre activos heterogéneos.

Con respecto a la primera diferencia, en las anteriores estimaciones se utilizaban funciones de depreciación geométricas y ahora funciones de pérdida de eficiencia hiperbólicas, pero este cambio no tiene apenas consecuencias desde el punto de vista práctico. Además, las funciones de supervivencia y depreciación se aplicaban a los sectores (en el sector privado) o a las funciones (en las estimaciones del capital público). En algunos casos, por ejemplo, en educación y sanidad, la estimación distinguía entre tipos de activos (edificios y bienes de equipo), aunque no se presentaban los resultados. Los nuevos procedimientos exigen disponer de información desagregada por tipo de activo, puesto que es a éstos, como se ha visto, a los que se aplican las funciones de supervivencia, de edad-eficiencia y de edad-precio.

En relación con la segunda diferencia clave, también es imprescindible acudir a la desagregación por tipos de activo cuando se utilizan los costes de uso del capital como ponderadores en la agregación del capital productivo y la obtención de los servicios del capital. La razón estriba en que este concepto sólo puede aplicarse a un activo determinado (o a un conjunto de ellos con características suficientemente parecidas entre sí) y no a un sector de la economía. Por lo tanto, para adoptar las nuevas metodologías (tanto de la OCDE como del BEA) en el cálculo del *stock* de capital en España, ha sido necesario realizar el importante esfuerzo estadístico adicional de estimar los flujos de Formación Bruta de Capital Fijo por tipo de activo, hasta ahora no disponibles, y que se describe con detalle en la parte II de este libro.

SEGUNDA PARTE

MEDICIÓN ESTADÍSTICA DEL *STOCK* DE CAPITAL

Introducción a la segunda parte

LA presente obra tiene por finalidad la elaboración de series de *stock* de capital por tipo de activos y por ramas de actividad. En investigaciones anteriores se había llevado a cabo el desglose por ramas de actividad. El objetivo de esta parte II es exponer los procedimientos empíricos que se han aplicado para la elaboración de series de *stock* de capital por tipos de activo.

Es importante destacar que las normas de medición de las magnitudes de Contabilidad Nacional en España se deben ajustar a las normas de la Unión Europea contenidas en el sistema SEC-95. Por ello, se analizan los procedimientos de este sistema para la medición de la Formación Bruta de Capital Fijo y del *stock* de capital. La primera de estas magnitudes es un flujo que se toma como base para el cálculo de la segunda. Así, en el capítulo 7 se exponen las normas del SEC-95 sobre Formación Bruta de Capital Fijo y sobre los balances. Conviene tener en cuenta que el *stock* de capital es un subconjunto del balance relativo a los *activos no financieros producidos fijos*. En todo caso, la exposición se refiere tanto a los balances en sí mismos como a las cuentas que se articulan en torno a los mismos para medir sus variaciones. En el epígrafe 7.3 se presenta la estimación que ha realizado el INE de la formación bruta de capital en la CNE-95, ya que constituye la primera base en la que se aplican las normas del SEC-95 en España. Así pues, en este capítulo 7, se ha establecido una conexión entre el concepto teórico de inversión y los métodos de medición según la normativa SEC-95 y su aplicación en España. De todas formas el lector que solamente esté interesado en los procedimientos de estimación de la Formación Bruta de Capital Fijo puede prescindir de su lectura.

El desglose por tipos de activos constituye una novedad del presente estudio. Por ello se han dedicado los capítulos 8, 9 y 10 a plantear los problemas metodológicos de la elaboración de series por tipo de activos. En el capítulo 8 se expone los criterios seguidos por el INE y por este estudio para realizar la desagregación.

La obtención de series de capital para un determinado periodo exige construir series de FBCF para un periodo mucho más amplio, lo que conlleva la utilización de fuentes muy diversas. El enlace de series implica, pues, un proceso de homogeneización muy complejo. En los capítulos 9 y 10 se expone, respectivamente, la metodología general aplicada y la metodología específica para algunos tipos de activos. Estos últimos corresponden a las nuevas tecnologías como *software, hardware* y comunicaciones.

En el capítulo 11 se expone la estimación de series enlazadas por tipos de activos y ramas de actividad. Finalmente en el capítulo 12 se indican los parámetros aplicados para pasar de la FBCF al *stock* de capital y otros conceptos relacionados.

7. La Formación Bruta de Capital Fijo y el *stock* de capital en el SEC-95

EL SEC-95 es el sistema de Contabilidad Nacional de los países de la Unión Europea y su aplicación es obligatoria en todos los países miembros a partir de la base 1995. Este sistema es totalmente coherente con la versión revisada del Sistema de Cuentas Nacionales (SCN-93), elaborado por las Naciones Unidas en colaboración con otros organismos internacionales. En todos los sistemas anteriores de Contabilidad Nacional que se habían aplicado en España solamente se ofrecía información sobre flujos. En el SEC-95 se incorpora por vez primera información sobre balances o *stocks*. Es importante señalar este punto, ya que los sistemas de Contabilidad Nacional anteriores al actual tenían esta diferencia esencial con la contabilidad empresarial: la contabilidad empresarial es impensable sin la existencia de balances; en cambio, hasta el sistema actual la Contabilidad Nacional, seguramente por problemas estadísticos de medición, no se ha incluido este tipo de información.

En el SEC-95 la cobertura sobre *stocks* se limita a los activos utilizados en la actividad económica y que están sujetos a derechos de propiedad. Por lo tanto, no se registran los *stocks* de activos tales como el capital humano y los recursos naturales que no tienen propietario. Dentro de sus límites, el sistema SEC-95 señala que es exhaustivo en lo que se refiere tanto a los flujos como a los *stocks*. Esto supone que todas las variaciones de los *stocks* pueden explicarse totalmente por medio de flujos registrados. Por ello, en el SEC-95 se han introducido los flujos de *Otras variaciones de activos,* que constituyen una innovación con respecto al sistema SEC-70/79, distinguiéndose dos tipos de flujos: variaciones del volumen de los activos y pasivos y ganancias y pérdidas de posesión.

En el SEC-95, se han introducido cambios metodológicos importantes en la Formación Bruta de Capital Fijo, que es la operación que registra la incorporación al *stock* de activos producidos fijos. Dada su relevancia en las investigaciones sobre *stock* de capital, dedicaremos un apartado a analizar este flujo. Un segundo apartado está dedicado a exponer cómo se articulan, en el SEC-95, los balances y las cuentas de flujos que les afectan.

7.1. La Formación Bruta de Capital Fijo en el SEC-95: cambios con respecto al SEC-70/79

En este apartado, en primer lugar, se analizará la definición y alcance de la Formación Bruta de Capital Fijo (FBCF) en el SEC-95, para examinar después los cambios que ha introducido este sistema, en la FBCF y en conceptos relacionados, con respecto al SEC-70/79.

7.1.1. La Formación Bruta de Capital Fijo en el SEC-95

Según el SEC-95, la FBCF comprende las adquisiciones menos las disposiciones o cesiones de activos fijos realizadas por los productores residentes durante un periodo determinado, más ciertos incrementos del valor de los activos no producidos, derivados de la actividad productiva de las unidades de producción, o de las unidades institucionales. Los activos fijos son activos materiales o inmateriales obtenidos a partir de procesos de producción y que son utilizados de forma repetida o continua en otros procesos de producción durante más de un año.

Como se desprende de la definición anterior, la FBCF consta de valores positivos y negativos.

Los valores positivos pueden corresponder a las siguientes clases de activos:

- activos fijos nuevos o existentes adquiridos;
- activos fijos producidos y conservados para uso propio de sus productores (incluida la producción por cuenta propia de activos fijos sin terminar o sin madurar);
- activos fijos nuevos o existentes adquiridos por medio de trueques;

— activos fijos nuevos o existentes recibidos como transferencias de capital en especie;
— activos fijos nuevos o existentes adquiridos por el usuario por medio de un arrendamiento financiero;
— grandes mejoras de los activos fijos y monumentos históricos existentes;
— crecimiento natural de activos cultivados de producción periódica.

Los valores negativos (es decir, las cesiones de activos fijos registradas como adquisiciones negativas) pueden corresponder a las siguientes circunstancias:

— activos fijos existentes vendidos;
— activos fijos existentes entregados en trueque;
— activos fijos existentes entregados como transferencias de capital en especie.

En cualquier caso, los valores negativos de la formación bruta de capital no comprenden:

— el consumo de capital fijo (en el que se incluyen los daños accidentales normales previstos);
— las pérdidas excepcionales, tales como las causadas por sequías u otras catástrofes naturales (que se registran como otras variaciones del volumen de los activos).

7.1.2. Cambios del SEC-95 en la FBCF con respecto al SEC-70/79

En el SEC-95 se han introducido importantes cambios del SEC-70/79, que han supuesto la inclusión de gastos no incluidos anteriormente como FBCF y, en algunos casos, una redefinición de magnitudes. Las nuevas inclusiones son las siguientes:

a) Soporte lógico informático (software) y grandes bases de datos. En el SEC-70/79 sus adquisiciones se consideraban como consumos intermedios excepto en el *software* preinstalado y suministrado conjuntamente con el correspondiente *hardware,* ya que en ese caso sí formaba parte de la FBCF.

b) *Originales literarios y artísticos* (creación literaria, composición musical, etc.). En consecuencia, esto implica que se ha ampliado la frontera de la producción para incluir la producción de los originales de este tipo y los pagos recibidos por el uso de los mismos. También se consideran como pagos de servicios las licencias para la utilización de activos inmateriales no producidos (patentes, marcas comerciales, franquicias, etc.). En el SEC-70/79 todos estos pagos tenían la consideración de rentas de la propiedad.

c) *Gastos en prospección minera.* En el SEC-70/79, recibían el tratamiento de consumos intermedios los gastos de prospección en los que se incurría previamente a la decisión de explotar el yacimiento.

d) *Inversión militar susceptible de uso civil.* En el SEC-95 se ha incluido en la FBCF de aquella parte de la inversión militar susceptible de uso civil (aeropuertos, puertos, hospitales, etc.). En el SEC-70/79 este tipo de gastos estaban considerados como consumos intermedios de las Administraciones públicas.

e) *Variaciones de la cabaña.* En el SEC-95 se deben considerar como FBCF las variaciones de la cabaña utilizada en la producción durante varios años y variaciones de las plantaciones permanentes.

f) *Valoración de la producción para uso final propio.*

En el SEC-95 ha cambiado el umbral para que un bien pueda considerarse que forma parte de la FBCF. En el SEC-70/79 estaban excluidos de la FBCF los gastos de pequeño valor, concretamente aquellos bienes cuyo valor fuera inferior a 100 ecus (en torno a unas 25.000 pesetas de 1995). Este tipo de gasto se incluía en consumos intermedios. En el SEC-95 este umbral se eleva a 500 euros, que a precios constantes (y también corrientes) está muy por encima del umbral anterior.

7.1.3. Otros cambios del SEC-95 relacionados con la formación bruta de capital

En el SEC-95, además de la introducción de los balances y de otros flujos relacionados con los balances, conviene señalar como novedades la incorporación de una nueva rúbrica en la formación bruta de capital (la adquisición de objetos valiosos) y la ampliación del cálculo de consumo de capital fijo.

a) Adquisición de objetos valiosos. En el SEC-70/79 se consideraban dos grandes rúbricas en la formación bruta de capital (FBC): la FBCF y la variación de existencias. En el SEC-95, junto a estas dos rúbricas, se incorpora una tercera rúbrica específica dentro de la formación bruta de capital: la adquisición y cesión de objetos valiosos. De todas formas, el INE no la incluye en la CNE-95, debido a que la Unión Europea ha concedido un periodo transitorio (hasta el año 2004) a España para la incorporación de esta novedad.

b) Extensión del cálculo del consumo de capital fijo. En el SEC-70/79 se consideraba que ciertas infraestructuras públicas, como carreteras, puentes, diques, presas, etc., tenían una vida ilimitada gracias a las obras destinadas a su conservación y mantenimiento. En el SEC-95 el consumo de capital fijo se debe calcular para todos los activos fijos materiales e inmateriales, incluidos estos tipos de infraestructuras. Esta modificación afecta al cálculo de la *producción no de mercado de las administraciones públicas* y, en consecuencia, al PIB.

7.2. Las cuentas del patrimonio y el *stock* de capital en el SEC-95

En el sistema de Contabilidad Nacional SEC-70/79, y en todos los anteriores que se han aplicado en España, solamente se ofrecía información sobre flujos. En el SEC-95 se incorpora por vez primera información sobre balances en general y sobre *stocks* de capital, en particular.

En el SEC-95 la cobertura sobre *stocks* se limita a los activos utilizados en la actividad económica y que están sujetos a derechos de propiedad.

A continuación se examinan, sucesivamente, la clasificación por tipos de activos, los balances y las cuentas de flujos que afectan a los *stocks*.

7.2.1. Clasificación por tipos de activos

La clasificación por tipos de activos, adoptada por el SEC-95, se presenta en el cuadro 7.1.

Los *activos fijos* se utilizan de forma repetida o continuada en el proceso productivo durante más de un año. Como puede verse en el cuadro 7.1, se distinguen dos grandes bloques: activos financieros (AF) y activos no financieros (AN). Dentro de estos últimos se diferencian dos grandes grupos: producidos (AN.1) y no producidos (AN.2).

El objeto de la presente investigación lo constituyen los activos fijos producidos (AN.11), que es una categoría de los activos no financieros producidos. Esta categoría se subdivide a su vez en activos fijos materiales (AN.111) y activos fijos inmateriales (AN.112).

Los *activos fijos materiales* (AN.111), según el SEC-95, deben registrarse a precios de mercado si es posible (o a precios básicos en caso de la producción de activos nuevos por cuenta propia). Si no pueden registrarse a precios de mercado, se deben utilizar los precios corrientes de adquisición, descontando el consumo de capital fijo acumulado. Los gastos de adquisición asociados a la transferencia de propiedad de estos activos, debidamente depreciados, se incluyen en el valor del balance.

Los *activos fijos inmateriales* (AN.112) deben valorarse a precios de adquisición, a precios básicos estimados o a costes de producción si no se dispone de tales precios. En todo caso, los activos adquiridos en los años previos deben revalorizarse a los precios y costes del periodo corriente.

Por otra parte, según el SEC-95, los *activos no producidos* (AN.2) son activos económicos que alcanzan su existencia por vías distintas de los procesos de producción. Se componen de activos materiales y activos inmateriales.

Esta clasificación está en función de la forma de afloración de los activos. Algunos de estos activos tienen su origen en la naturaleza y otros, que podrían denominarse configuraciones o estructuras ideadas por la sociedad, existen como resultado de acciones jurídicas o contables. A los primeros se les denomina materiales y a los segundos inmateriales. Dentro de los primeros figuran los terrenos (AN.211), cuya investigación está excluida del presente estudio, aunque podría ser conveniente hacerlo en el futuro, dado su interés para el análisis económico.

CUADRO 7.1: **Clasificación por tipos de activos en el SEC-95**

AN Activos no financieros

- **AN.1 Activos producidos**
  - **AN.11 Activos fijos**
    - AN.111 Activos fijos materiales
      - Viviendas
      - Otros edificios y construcciones
      - Maquinaria y bienes de equipo
      - Activos cultivados
    - AN.112 Activos fijos inmateriales
      - Prospección minera
      - *Software* informático
      - Originales obras artísticas
      - Otros activos fijos inmateriales
  - **AN.12 Existencias**
    - AN.121 Materias primas y suministros
    - AN.122 Trabajos en curso
    - AN.123 Bienes terminados
    - AN.124 Bienes para la reventa
  - **AN.13 Objetos valiosos**
    - AN.131 Piedras y metales preciosos
    - AN.132 Antigüedades y otros objetos artísticos
    - AN.139 Otros objetos valiosos
- **AN.2 Activos no producidos**
  - **AN.21 Activos materiales no producidos**
    - AN.211 Tierra (terrenos)
    - AN.212 Activos del subsuelo
    - AN.213 Recursos biológicos no cultivados
    - AN.214 Recursos hídricos
  - **AN.22 Activos inmateriales no producidos**
    - AN.221 Patentes
    - AN.221 Arrendamientos y otros contratos transferibles
      - Fondos de comercio
      - Otros activos inmateriales no producidos

AF Activos financieros

7.2.2. Los balances y el patrimonio neto

Según el SEC-95, los *balances* tienen por objeto describir los activos, los pasivos y el patrimonio neto de las unidades al principio y al final del periodo contable, así como las variaciones que tienen lugar durante dicho periodo. Así pues, un balance refleja el valor de los activos y pasivos en un momento concreto del tiempo. Los balances, que en el SEC-95 son las cuentas que aparecen numeradas como IV, muestran el total de los activos y los pasivos de las diversas unidades al principio y al final del periodo contable, así como su patrimonio neto.

El patrimonio es el saldo neto de un balance y se obtiene, genéricamente, de la siguiente forma:

Patrimonio neto =
Activos no financieros
+ *Activos financieros*
– *Pasivos financieros*

Debe tenerse en cuenta que un balance, a diferencia de las cuentas de flujo, refleja el valor de los activos y pasivos en un momento concreto del tiempo. Los balances deben elaborarse al comienzo y al final del periodo contable, debiendo coincidir el final de un periodo con el inicio del periodo siguiente. Dado que en Contabilidad Nacional el periodo contable es el año natural, los balances deben ir referidos a principio y a final de año, como ocurre por otra parte con la mayoría de los agentes económicos.

En el contexto de una unidad institucional, el balance de apertura y el balance de cierre del patrimonio de una unidad institucional, o de la economía en su conjunto, están ligados mediante la identidad contable:

Balance de apertura
+ *Adquisición neta de activos*
± *Variaciones de volumen activos*
± *Ganancias (o pérdidas) nominales*
= *Balance de cierre*

En el cuadro 7.2 se presenta el esquema para la obtención de balances siguiendo la nomenclatura del SEC-95. Como puede verse, tiene tres partes que se corresponden con el balance de apertura, las variaciones de balance y el balance de cierre.

CUADRO 7.2: **Balances**

Activos	**Pasivos**
IV.1 Balance de apertura	
AN Activos no financieros	
AF Activos financieros	AF Pasivos financieros
IV.2 Variaciones del balance	
	B.10 Variaciones del patrimonio neto totales
	B.10.1 Variaciones del patrimonio neto debidas al ahorro y a las transferencias de capital
	B.10.2 Variaciones del patrimonio neto debidas a variaciones del volumen de activos
	B.10.3 Variaciones del patrimonio neto debidas a ganancias y pérdidas de posesión nominales
IV.3 Balance de cierre	
AN Activos no financieros	
AF Activos financieros	AF Pasivos financieros

El balance de apertura registra el valor de los activos y pasivos que poseen las unidades al principio del periodo contable. Las variaciones del balance reflejan los cambios de valor de activo y pasivo durante el periodo contable. Finalmente, el balance de cierre registra el valor de dichos activos y pasivos al cierre del ejercicio.

Las cuentas de acumulación (III) analizan los diversos componentes de las variaciones de los activos y los pasivos de las distintas unidades y permiten registrar las variaciones del patrimonio neto (que es la diferencia entre los activos y los pasivos).

En primer lugar, las variaciones del patrimonio neto pueden ser debidas al *ahorro y a las transferencias de capital* (B.10.1). Estas variaciones, que se registran en la *cuenta del capital* (III.1), tienen su reflejo en la *cuenta financiera* (II.2). Las cuentas de capital y financiera ya figuraban en la secuencia propuesta por el SEC-70/79, si bien en el SEC-95 la cuenta de capital aparece desglosada en dos (la cuenta de variaciones del patrimonio neto debidas al ahorro y a las transferencias de capital, y la cuenta de adquisiciones de activos no financieros). Este desglose permite reflejar cómo se obtiene el saldo contable del *ahorro neto*.

En segundo lugar, las variaciones del patrimonio neto pueden ser debidas a *variaciones del volumen de activos* (B.10.2), tales como descubrimiento de yacimientos explotables, pérdidas debidas a catástrofes, etc. Estas variaciones se registran en la *cuenta de otras variaciones del volumen de activos* (III.3.1). Finalmente, las variaciones debidas a *ganancias o pérdidas de posesión nominales* (B.10.3), es decir, son variaciones derivadas de las modificaciones en los precios de los activos y pasivos financieros y no financieros. Este tercer tipo de variaciones se recogen en la *cuenta de revalorización* (II.3.2). En el SEC-70/79 no se investigaban las variaciones B.10.2 y B.10.3.

A continuación se examinan con más detalle las cuentas de capital, la cuenta de otras variaciones del volumen de activos y la cuenta de revalorización, pero relativa fundamentalmente a los *activos fijos productivos,* que son el objeto de la presente investigación. En la parte I se han analizado los procedimientos para el cálculo del *stock* de capital, siguiendo básicamente las directrices de la OCDE. Conviene tener en cuenta que en dichas normas no se desglosan los flujos relativos a las variaciones B.10.2 y B.10.3. con el nivel de detalle que se hace en el SEC-95. Sin embargo, se ha considerado conveniente realizar se exposición para que sirva de referencia.

7.2.3. Cuenta de capital

Como ya se ha indicado, la cuenta de capital (III.1) aparece desglosada en dos cuentas. La primera de estas cuentas se denomina *cuenta de variaciones del patrimonio neto debidas al ahorro y a las transferencias de capital* (III.1.1). Esta cuenta permite obtener las variaciones del patrimonio neto debidas al ahorro, al saldo de operaciones corrientes con el exterior (para el conjunto de la economía), a los impuestos sobre el capital a cobrar (en el sector de Administraciones Públicas) y a pagar (en el sector de hogares), a las ayudas de capital a cobrar y a pagar, y a las transferencias de capital a cobrar y pagar. En esta cuenta aparece un saldo neto —*ahorro neto*— en lugar de saldos brutos como ocurre en los recursos de las cuentas corrientes.

En la segunda de estas cuentas, que se denomina *cuenta de adquisiciones de activos no financieros* (III.1.2), se registran las adquisiciones menos las cesiones de activos no financieros (Formación Bruta de Capital Fijo, variación de existencias, adquisiciones menos cesiones de objetos valiosos y adquisiciones menos cesiones de activos financieros no producidos). También aparece el consumo de capital fijo con signo negativo (en variaciones de activos) para compensar el hecho de que se haya introducido el ahorro neto en la cuenta III.1.1. De esta forma se obtiene el saldo de capacidad o necesidad de financiación.

Como ya nos hemos referido en epígrafe anterior a la FBCF, aquí únicamente haremos referencia al consumo de capital fijo, que es un flujo que afecta a los activos productivos fijos.

El *consumo de capital fijo* (K.1), según el SEC-95, representa el montante de los activos fijos consumidos durante el periodo, considerado como resultado del desgaste normal y la obsolescencia previsible, incluida una provisión para las pérdidas de activos fijos como consecuencia de daños accidentales asegurables.

Dicho consumo debe calcularse para todos los activos fijos materiales (excepto los animales) e inmateriales. Debe estimarse basándose en los *stocks* de activos fijos y la vida económicamente media probable de las diferentes categorías de bienes, con independencia de la normativa fiscal. El SEC-95 recomienda que, cuando no se disponga de información directa sobre los *stocks* de activos fijos, se utilice el método del inventario permanente para su cálculo. En todo caso, los *stocks* de activos fijos deben valorarse a precios de adquisición del periodo corriente.

Por otra parte, según el SEC-95, en la aplicación del método del inventario permanente las pérdidas de activos fijos que sean consecuencia de daños accidentales asegurables se deben tener en cuenta para el cálculo de la vida útil media de dichos activos. Para la economía en su conjunto, cabe esperar que los daños accidentales normales realmente ocurridos durante un periodo contable sean iguales o próximos a la media. No obstante, cuando se trata de unidades individuales, o grupos de unidades, los mencionados daños accidentales normales pueden diferir de la media, en cuyo caso las diferencias se deben registrar, por sectores, como otras variaciones del volumen de los activos fijos.

También según SEC-95, se recomienda que el consumo de capital fijo se calcule según el método de la amortización lineal, con una tasa constante durante toda la vida útil de bien, aunque también y dependiendo de la forma en que un activo pierde valor pueda que sea necesario recurrir al método de la amortización geométrica.

7.2.4. Cuenta de otras variaciones del volumen de activos

Los flujos que aparecen en esta cuenta son variaciones que se caracterizan porque recogen variaciones de activos que proceden de operaciones excepcionales.

La SEC-95 divide estas variaciones en función del activo que los soporta. De este modo distingue entre:

— operaciones con activos producidos;
— operaciones con activos no producidos;
— operaciones con activos financieros.

Estas variaciones son flujos que cumplen diversas funciones. Una de las más importantes consiste en permitir que determinados activos entren o salgan del sistema en el curso normal de los acontecimientos. Esto resulta fundamental para registrar el descubrimiento, el agotamiento y la degradación de los activos naturales. Una segunda función consiste en registrar el efecto de acontecimientos excepcionales imprevistos que repercuten sobre los beneficios económicos que pueden obtenerse de los activos.

Los flujos que pueden afectar a los *activos producidos fijos* son los siguientes:

— aparición económica de activos producidos (K.4);
— pérdidas debidas a catástrofes (K.7);
— expropiaciones sin indemnizaciones (K.8);

— otras variaciones del volumen de los activos no financieros n.c.o.p. (K.9);
— cambios de clasificación y estructura (K.12).

Vamos a examinar a continuación brevemente cada uno de estos flujos.

Aparición económica de activos producidos (K.4)

Según el SEC-95, la *aparición económica de activos producidos* (K.4), tiene lugar en el caso de bienes que aún no están registrados en los balances. Es el reconocimiento de un valor significativo o especial de dichos bienes lo que se considera una aparición económica a registrar en las otras variaciones del volumen.

Pérdidas debidas a catástrofes (K.7)

Según el SEC-95, las *pérdidas debidas a catástrofes* (K.7) son el resultado de sucesos de gran magnitud, puntuales y reconocibles, que pueden destruir activos pertenecientes a cualquiera de las categorías de los activos económicos.

Entre ellos, se incluyen los producidos por terremotos, erupciones volcánicas, tifones, huracanes, sequías, plagas, etcétera.

A nivel de la economía en su conjunto o de una rama de actividad, en el cálculo del *stock* de capital que se realizan en distintos países, estas pérdidas debidas a catástrofes están incorporadas implícitamente en la vida media y en la función de retiros adoptadas. Ahora bien, si el impacto a estos niveles fuera muy grande, se debería evaluar de forma específica estos daños.

Expropiaciones sin indemnización (K.8)

Según el SEC-95, las *expropiaciones sin indemnización* (K.8) tienen lugar cuando las administraciones públicas u otras unidades institucionales se apropian, por razones distintas del pago de impuestos, multas o tasas similares, de los activos de otras unidades institucionales, sin mediar a cambio una indemnización completa. La parte no indemnizada de tales expropiaciones unilaterales no constituye una transferencia de capital a registrar en la cuenta de capital.

Este flujo no afecta a la economía en su conjunto.

Otras variaciones del volumen de los activos no financieros n.c.o.p. (K.9)

En este epígrafe se registra, según el SEC-95, los efectos de sucesos inesperados sobre los beneficios económicos que pueden obtenerse de los activos.

Se incluyen en esta categoría conceptos como:

— la depreciación de activos por obsolescencia imprevista;
— las diferencias entre las provisiones por daños normales incluidas en el consumo de capital fijo y las pérdidas efectivamente producidas;
— la degradación de los activos fijos no contabilizada en el consumo de capital fijo;
— el abandono de instalaciones de producción antes de su terminación;
— las pérdidas excepcionales de existencias, debidas por ejemplo a incendios, robos, plagas, etcétera;
— las discrepancias estadísticas relativas a los activos no financieros que se dan entre el balance de cierre y el correspondiente balance de apertura.

También a nivel de la economía en su conjunto, este flujo está incorporado implícitamente en los procedimientos aplicados.

Cambios de clasificación y estructura (K.12)

Los cambios de clasificación y estructura (K.12) incluyen los cambios de clasificación sectorial y estructura (K.12.1) de las unidades institucionales y los cambios de clasificación de los activos y pasivos (K.12.2). A continuación analizamos cada una de estas categorías.

Cambios de clasificación sectorial y estructura (K.12.1)

La reclasificación sectorial de una unidad institucional supone transferir todo su balance de un sector a otro; por ejemplo, cuando una unidad institucional clasificada en el sector de los hogares se convierte en una cuasisociedad, debe reclasificarse en el sector de las sociedades.

Cambios de clasificación de los activos y pasivos (K.12.2)

La categoría K.12.2 incluye la monetización/desmonetización del oro (K.12.21) y los cambios de clasificación de los activos y pasivos distintos de la monetización/desmonetización del oro (K.12.22).

La *monetización/desmonetización del oro* (K.12.21) se registra en la cuenta de otras variaciones del volumen de activos de las autoridades monetarias.

La monetización del oro tiene lugar cuando las autoridades monetarias reclasifican el oro, que pasa de los *stocks* de objetos valiosos a los activos de reserva que mantienen las autoridades monetarias. En la cuenta de otras variaciones del volumen de activos se registra, por lo tanto, una disminución de sus tenencias de objetos valiosos y un aumento de sus tenencias de oro monetario.

Los *cambios de clasificación de los activos y pasivos distintos de la monetización/desmonetización del oro* (K.12.22) comprenden, por ejemplo, los cambios de uso de los terrenos, o las transformaciones de viviendas en locales comerciales o viceversa. En el caso de los terrenos, ambas anotaciones —una negativa en la antigua categoría y una positiva en la nueva— deben tener el mismo valor y registrarse en la rúbrica K.12.22. La variación del valor de los terrenos resultante del citado cambio de uso se registra como aparición o desaparición económica de activos no producidos y se considera una variación del volumen.

Estos cambios pueden producirse entre los activos de vivienda y otras construcciones.

7.2.5. Cuenta de revalorización

Como se ha indicado, en la *cuenta de revalorización* registra el flujo *ganancias o pérdidas de posesión nominal* (K.11), obteniéndose como saldo las *variaciones del patrimonio neto debidas a ganancias y pérdidas de posesión nominales.*

Ganancias y pérdidas de posesión nominal (K.11)

Las ganancias de posesión nominales son las otras variaciones del valor de los activos, de los pasivos y, por lo tanto, del patrimonio neto que reflejan las variaciones del nivel y la estructura de sus precios. En el SEC-95 las ganancias de posesión nominales se desagregan en ganancias de posesión neutrales y ganancias de posesión reales.

Una ganancia de posesión nominal (K.11) relativa a una cantidad dada de un activo se define como la variación del valor, para el propietario de dicho activo, que se deriva de una variación de su precio. Una ganancia de posesión positiva se debe al aumento del valor de un activo dado. Una ganancia de posesión negativa —es decir, una pérdida de posesión— se debe a la reducción del valor de un activo dado.

Las ganancias de posesión nominales registradas en la cuenta de revalorización son las generadas por los activos, se hayan realizado o no. Se dice que una ganancia de posesión se ha realizado cuando el activo en cuestión se vende, se amortiza, se utiliza o se dispone de otra manera. Por lo tanto, una ganancia no realizada es la generada por un activo que todavía se posee. Una ganancia realizada se entiende, generalmente, que es la que se ha realizado durante el periodo completo en que se ha poseído el activo. No obstante, dado que las ganancias de posesión se registran en el sistema ateniéndose al principio del devengo, la distinción entre ganancias realizadas y no realizadas, aunque tiene su utilidad en algunos casos, no se refleja en las clasificaciones y las cuentas.

Las ganancias de posesión nominales pueden generarse por los activos que se poseen durante un cierto tiempo a lo largo del periodo contable y no sólo por los activos que aparecen en los balances de apertura y/o de cierre. La ganancia de posesión nominal acumulada por el propietario de un activo en particular, o de una cantidad determinada de una clase específica de activo, entre dos momentos del tiempo se define como:

— el valor corriente de dicho activo en el momento final,
— el valor corriente de dicho activo en el momento inicial,

suponiendo que, mientras tanto, el propio activo no cambie ni cuantitativa ni cualitativamente. La ganancia de posesión nominal G generada por una determinada cantidad q de un activo entre los momentos o y t puede expresarse como sigue:

$$G = (p_t - p_o) \times q$$

donde p_o y p_t son los precios del activo en los momentos *o* y *t* respectivamente.

Según el SEC-95, en el caso de los activos fijos, el valor de una adquisición es el importe abonado por el comprador al productor o vendedor, más los gastos asociados a la transferencia de propiedad en que ha incurrido el comprador. El valor de la cesión de un activo fijo existente es el importe que el vendedor recibe del comprador, menos los gastos asociados a la transferencia de propiedad en que ha incurrido el vendedor.

El SEC-95 distingue cuatro situaciones diferentes que dan lugar a ganancias de posesión nominales:

a) Un activo mantenido durante todo el periodo contable: la ganancia de posesión nominal acumulada durante el periodo contable es igual al valor en el balance de cierre menos el valor en el balance de apertura. Estos valores son los valores estimados de los activos si se adquirieran en el momento de la elaboración de los balances. La ganancia nominal es no realizada.

b) Un activo que se posee al inicio del periodo y que se vende durante éste: la ganancia de posesión nominal acumulada es igual al valor de cesión, efectivo o estimado, menos el valor en el balance de apertura. La ganancia nominal es realizada.

c) Un activo adquirido durante el periodo y que se mantiene todavía al final de éste: la ganancia de posesión nominal acumulada es igual al valor en el balance de cierre menos el valor de adquisición, efectivo o estimado, del activo. La ganancia nominal es no realizada.

d) Un activo adquirido y cedido durante el periodo contable: la ganancia de posesión nominal acumulada es igual al valor de cesión menos el valor de adquisición, efectivo o estimado. La ganancia nominal es realizada.

Las ganancias de posesión nominales que se incluyen son las que se generan por los activos y pasivos, sean realizadas o no. A su vez estas ganancias se desglosan en *ganancias y pérdidas de posesión neutrales,* que vienen determinadas por las variaciones del nivel general de precios y en *ganancias y pérdidas de posesión reales,* como resultado de haber aumentado o disminuido más por término medio que el nivel general de precios.

Ganancias y pérdidas de posesión neutrales (K.11.1)

La ganancia de posesión neutral (K.11.1) relativa a un activo se define como el valor de la ganancia de posesión que se generaría si el precio del activo variara en el tiempo en la misma proporción que el nivel general de precios.

Las ganancias de posesión neutrales se identifican para facilitar la obtención de las ganancias de posesión reales, las cuales permiten redistribuir el poder de compra real entre los sectores.

La ganancia de posesión neutral GN generada por una cantidad determinada q de un activo entre los momentos o y t viene dada por la expresión siguiente:

$$GN = p_o \times q \left[\frac{r_t}{r_o} - 1 \right]$$

donde $p_o \times q$ es el valor corriente del activo en el momento o, y r_t / r_o el factor de cambio de la variación del índice general de precios entre los momentos o y t. El mismo término r_t / r_o se aplica a todos los activos y pasivos.

No existe un índice general de precios ideal que sea apropiado para calcular las ganancias de posesión neutrales. Por convenio, en el SEC-95 el índice general de precios que se aplicará para el cálculo de las ganancias de posesión neutrales es el índice de precios de los empleos finales nacionales, excluida la variación de existencias.

Las ganancias de posesión neutrales se registran en la cuenta de ganancias y pérdidas de posesión neutrales —que es una subcuenta de la cuenta de revalorización— de los sectores, del total de la economía y del resto del mundo.

Ganancias y pérdidas de posesión reales (K.11.2)

Las ganancias de posesión reales (K.11.2) relativas a un activo se definen como la diferencia entre las ganancias de posesión nominales y las neutrales correspondientes a dicho activo.

La ganancia de posesión real *GR* generada por una cantidad determinada q de un activo entre los momentos o y t vienen dada por:

$$GR = G - GN$$

o bien

$$GR = \left[\frac{p_t}{p_o} - \frac{r_t}{r_o} \right] \times p_o \times q$$

Los valores de las ganancias de posesión reales acumuladas por los activos dependen, por lo tanto, de las variaciones de sus precios durante el periodo considerado, en relación con la variación media de los otros precios medida por el índice general de precios.

7.3. La estimación de la FBCF en la CNE-95

En la CNE-95 el INE ha incorporado todos los cambios del SEC-95 en lo que se refiere a la FBCF. En cambio, como ya se ha comentado, no ha incluido la valoración de la adquisición de objetos valiosos que forman parte de la FBC, pero en una rúbrica diferenciada de la FBCF. En el cuadro 7.3 se han reflejado el impacto de los cambios introducidos en el SEC-95.

CUADRO 7.3: **Impacto de los cambios del SEC-95 en la FBCF. Año 1995**

(miles de millones de euros)

1. Soporte lógico informático *(software)* y grandes bases de datos	2,79
2. Gastos en prospección minera y petrolera	0,13
3. Originales de obras recreativas, literarias o artísticas	0,45
4. Equipo y vehículos militares distintos del armamento	0,32
5. Valoración de la producción para uso final propio y la producción de las actividades de voluntariado	0,10
6. Umbral de valoración para los bienes de capital	—
Impacto total sobre la FBCF	**3,80**

Fuente: INE.

Como puede verse, y con gran diferencia con los restantes conceptos, el mayor impacto corresponde a los gastos en *software* y en bases de datos, ya que supone el 73,52% del impacto total de todos los cambios producidos sobre la FBCF. Por otra parte, según se indica en el cuadro 7.3 en la CNE-95 la variación del umbral en la valoración de los bienes de capital no ha tenido ningún tipo de impacto.

También es importante resaltar que el consumo de capital fijo en infraestructuras de la Administraciones Públicas está cifrado en 1,79 miles de millones de euros. Debe tenerse en cuenta que esto supone un incremento por el mismo importe del VAB de dicho sector institucional y en el PIB.

8. La FBCF por tipo de activos

EN la presente investigación es crucial la desagregación de la FBCF por tipo de activos. En este epígrafe vamos a proceder a examinar, antes de realizar la desagregación que hemos propuesto, las consideraciones que se hacen en el SEC-95 sobre este punto, así como la desagregación aplicada en la CNE-95.

8.1. La desagregación por tipo de activos en el SEC-95

En el SEC-95 se considera que la FBCF puede afectar a cuatro tipo de activos: activos fijos materiales, activos fijos inmateriales, grandes mejoras en activos no producidos y gastos asociados a las transferencias de propiedad de activos no producidos.

a) Adquisiciones menos cesiones de activos fijos materiales: Dentro de este concepto, en el SEC-95 se distinguen los mismos conceptos, que en la clasificación por tipos de activos materiales (véase cuadro 7.1): viviendas, otros edificios y construcciones, maquinaria y bienes de equipo y activos cultivados.

b) Adquisiciones menos cesiones de activos fijos inmateriales:
También en este caso el SEC-95 utiliza la misma clasificación que para los activos: prospección minera y petrolera, el *software* informático y las grandes bases de datos, los originales de obras literarias y artísticas, y otros activos fijos inmateriales.

c) Grandes mejoras de activos materiales no producidos.
Estas mejoras se refieren especialmente a las realizadas en terrenos, aunque en ningún caso se incluye la adquisición de activos no producidos. Por otra parte, al definir el acti-

vo no producido *terrenos* (AN.211) se indica que dichas mejoras deben registrase en una rúbrica distinta a la de los propios terrenos. Implícitamente esto parece significar que, aunque se diferencian entre los flujos de terrenos y mejoras, ambos flujos dan lugar a variaciones en el activo *terrenos*.

Como ejemplos de mejoras en el SEC-95 se incluyen los siguientes casos:

— la desecación de terrenos marítimos mediante la construcción de diques, rompeolas o represas;
— los trabajos de desmonte y acondicionamiento de terrenos para utilizarlos por primera vez en la producción;
— la desecación de zonas pantanosas y la irrigación de zonas desérticas por medio de diques, acequias y canales de riego;
— la prevención de inundaciones o de la erosión marina o fluvial mediante la construcción de rompeolas, diques o barreras de contención de aguas.

Estas actividades pueden conducir a la creación de nuevas y relevantes obras de ingeniería civil, tales como rompeolas, barreras de contención de aguas y represas, que sin embargo no se utilizan directamente para producir otros bienes y servicios como sucede con la mayor parte de las obras de ingeniería civil. Su construcción se realiza para obtener más tierra o mejorar su calidad, y lo que se necesita para la producción es la tierra, un activo no producido. Por ejemplo, las represas construidas para producir electricidad tienen una finalidad muy distinta de las construidas para contener el mar. Únicamente las represas del segundo tipo deben clasificarse como mejoras de los terrenos.

Desde el punto de vista de la medición pueden existir problemas para desglosar en otras construcciones el importe correspondiente a grandes mejoras.

d) Gastos asociados a las transferencias de propiedad de activos no producidos, como los terrenos y las patentes (aunque no se incluye la adquisición de los propios activos).

Estos gastos de FBCF inciden en los activos terrenos, así como también en otros activos no producidos. También se plantea aquí el problema de su desglose.

A la vista de lo anterior, se puede concluir que según las normas del SEC-95, la FBCF es un flujo *producido,* pero que puede afectar no sólo a activos *producidos,* sino también a activos *no producidos.*

8.2. La desagregación por tipos de activos en la CNE-95

En el cuadro 8.1 se presenta la clasificación que realiza el INE de la FBCF por productos en la CNE-95 y en la CNE-86, indicándose su correspondencia con las divisiones de la CNPA (Pi6 y Pi3). En

CUADRO 8.1: **Clasificación en la CNE-95 de la formación bruta de capital fijo por productos**

Correspondencia con CNPA (Pi6)	CNE-86	CNE-95
1. Productos de la agricultura, ganadería y pesca	01+02+05	01+02+05
2. Productos metálicos y maquinaria	28 a 33	28 a 33+36
2.1. Productos metálicos	28	28
2.2. Maquinaria y equipo mecánico	29	29
2.3. Maquinaria de oficina y equipo informático	30	30
2.4. Otra maquinaria y equipo	31 a 33	31 a 33 +36
3. Equipo de transporte	34+35	34+35
3.1. Vehículos de motor	34	34
3.2. Otro material de transporte	35	35
4. Viviendas	45(p)+70(p)+74(p)	45(p)
5. Otras construcciones	45(p)+70(p)+74(p)	45(p)
6. Otros productos	Divisiones restantes	Divisiones restantes
Correspondencia con CNPA (Pi3)	**CNE-86**	**CNE-95**
1. Bienes de equipo	Divisiones restantes	28 a 36
2. Construcción	45+70+74(p)	45
3. Otros productos	—	Divisiones restantes

el cuadro 8.2 se ha reflejado los conceptos que corresponden a los códigos de la CNPA que aparecen en el cuadro 8.1.

En la clasificación de la CNE-95 se introducen dos cambios con respecto a la CNE-86. En el primero de ellos el producto *Muebles; otros artículos manufacturados n.c.o.p.* que en la CNE-86 estaba clasificado en *Otros productos* pasa a incluirse en *Productos metálicos y maquinaria.* El segundo cambio, que es el más importante, los *Servicios inmobiliarios* y *Otros servicios empresariales* estaban integrados en *Viviendas* y *Otras construcciones* en la CNE-86, mientras que en la CNE-95 están desligados de los bienes a que aparecen asociados, incluyéndose en la división de *Otros productos.*

CUADRO 8.2: Clasificación nacional de productos por actividades (CNPA-96) relacionados con la FBCF

	Divisiones de la CNPA
01	Productos de la agricultura y ganadería
17	Productos textiles
19	Cuero preparado; artículos de marroquinería y viaje; artículos de guarnicionería, talabartería y zapatería
20	Madera y corcho y productos de madera y corcho (excepto muebles); artículos de cestería y espartería
25	Productos de caucho y plástico
26	Otros productos minerales no metálicos
28	Productos metálicos (excepto maquinaria y equipo)
29	Maquinaria y equipo mecánico
30	Maquinaria de oficina y equipo informático
31	Maquinaria y material eléctrico
32	Material electrónico; equipos y aparatos de radio, televisión y comunicaciones
33	Equipo e instrumentos médico-quirúrgicos, de precisión, óptica y relojería
34	Vehículos de motor, remolques y semirremolques
35	Otro material de transporte
36	Muebles; otros artículos manufacturados n.c.o.p.
45	Trabajos de construcción
70	Servicios inmobiliarios
72	Servicios de informática
74	Otros servicios empresariales
92	Servicios recreativos, culturales y deportivos

8.3. Clasificación propuesta por tipos de activos

En el cuadro 8.3 se ha reflejado la clasificación de la FBCF por tipos de activos que se propone en esta investigación. Como puede verse, está basada en clasificación de la CNE-95, pero mantiene con ella algunas diferencias, que responden a los objetivos del trabajo, la información disponible y los criterios aplicados en otros países.

CUADRO 8.3: **Clasificación propuesta de la FBCF por tipos de activos**

1. Viviendas
2. Otras construcciones
   - 2.1. Infraestructuras viarias
   - 2.2. Infraestructuras hidráulicas públicas
   - 2.3. Infraestructuras ferroviarias
   - 2.4. Infraestructuras aeroportuarias
   - 2.5. Infraestructuras portuarias
   - 2.6. Infraestructuras urbanas de CC. LL.
   - 2.7. Otras construcciones n.c.o.p
3. Equipo de transporte
   - 3.1. Vehículos de motor
   - 3.2. Otro material de transporte
4. Maquinaria, material de equipo, y otros productos
   - 4.1. Productos agricultura, ganadería y pesca
   - 4.2. Productos metálicos y maquinaria
     - 4.2.1. Productos metálicos
     - 4.2.2. Maquinaria y equipo mecánico
     - 4.2.3. Maquinaria de oficina y equipo informático
     - 4.2.4. Otra maquinaria y equipo
       - 4.2.4.1. Comunicaciones
       - 4.2.4.2. Otra maquinaria y equipo n.c.o.p.
   - 4.3. Otros productos
     - 4.3.1. *Software*
     - 4.3.2. Otros productos n.c.o.p.

Por una parte, en la clasificación propuesta se desglosan varias rúbricas por su especial interés. Así, en la rúbrica *Otra ma-*

quinaria y equipo se distingue entre *Comunicaciones* y *Otra maquinaria y equipo n.c.o.p.* De la misma forma, *Otros productos* se han desglosado en *Software* y en *Otros productos n.c.o.p.*

En las investigaciones anteriores sobre *stock* de capital que han realizado la Fundación BBVA y el Ivie, se ha hecho especial hincapié en el papel que juegan las infraestructuras públicas. Siguiendo en esa misma línea, dentro de *Otras construcciones* se ha realizado el siguiente desglose: *infraestructuras viarias, infraestructuras hidráulicas públicas, infraestructuras ferroviarias, infraestructuras aeroportuarias, infraestructuras portuarias, infraestructuras urbanas de* CC. LL. y *otras construcciones n.c.o.p.* En estas últimas se reúnen inversiones tanto públicas (las no incluidas en los desgloses anteriores) como privadas.

Finalmente, otra diferencia entre la clasificación propuesta y la adoptada en la CNE-95 es la relativa a la FBCF en servicios anexos, tales como los *Servicios inmobiliarios* y *Otros servicios empresariales,* para los que hemos seguido el criterio de la CNE-86, ya que desde el punto de vista del capital no tienen entidad propia tales servicios, debido a que no se pueden disociar de los bienes a que van adscritos.

Como consecuencia de esta discrepancia, ha sido necesario realizar la imputación de cada uno de los servicios al bien al que van adscritos, reduciendo de este modo la magnitud de *Otros productos* publicada en CNE-95 (cuadro 8.4). En algunos casos la operación ha sido directa porque el servicio es imputable a un único bien. Pero en la mayoría de los casos ha sido necesario distribuir el servicio entre varios bienes, adoptando como criterio de reparto el peso relativo de estos últimos en el total de FBCF (una vez deducidos los servicios), ajustado con el peso de los márgenes comerciales o de transporte, según servicios.

De este modo, se obtienen las magnitudes ajustadas de la FBCF del periodo 1995-1998, que son los cuatro años para los que se dispone de las tablas de origen y de destino, según la metodología del SEC-95. Durante el periodo 1999-2002 han sido enlazadas las magnitudes contenidas en CNE-95 con las ajustadas según el criterio expuesto para el periodo 1995-1998.

CUADRO 8.4: **La FBCF por tipos de activos en la CNE-95 y en la clasificación propuesta. Año 1995**

Tipos de activos	Datos CNE-95	Datos ajustados
Productos de la agricultura, selvicultura y pesca	27.200	28.167
Productos metálicos y maquinaria	3.248.600	3.529.499
Productos metálicos	344.900	368.187
Maquinaria y equipo mecánico	1.038.900	1.115.964
Maquinaria de oficina y equipo informático	438.400	456.539
Otra maquinaria y equipo	1.426.400	1.588.809
Medios de transporte	1.189.300	1.255.990
Vehículos de motor	960.300	1.015.284
Otro material de transporte	229.000	240.706
Viviendas	3.256.700	4.038.746
Otras construcciones	5.903.400	6.591.588
Otros productos	2.389.400	570.610
Formación Bruta de Capital Fijo	**16.014.600**	**16.014.600**

9. Estimación de series enlazadas por tipos de activos. Metodología general

EN este capítulo se expone la metodología general seguida en la construcción de series de FBCF, dejando para el capítulo 10 el análisis de los problemas específicos que plantean ciertos tipos de activos.

9.1. Planteamiento metodológico

La desagregación por tipos de activos adoptada no coincide con ninguna de las diferentes clasificaciones de la FBCF publicadas por la CNE. Estas diferencias son originadas por las modificaciones metodológicas introducidas en los sucesivos sistemas y bases de la CNE. Por ello, la tarea abordada no sólo supone el enlace de magnitudes de Contabilidad Nacional, sino que también incorpora la necesidad de realizar una homogeneización previa de dichas magnitudes a partir del minucioso análisis de los criterios metodológicos seguidos en cada una de las seis bases comprendidas en el estudio. Asimismo, la aplicación del detalle contenido en la clasificación propuesta obliga a disponer de información adicional. La consecución conjunta de ambos objetivos, homogeneización y desagregación, requiere el uso combinado de la información contenida en las diferentes publicaciones de la CNE, en las Tablas *Input-Output,* en las tablas de origen-destino, así como en la *Contabilidad Nacional de España. Series enlazadas 1954-1997* (CNEe-86) —en la que se enlazan a nivel muy agregado (cuatro tipos de activos), según los criterios de la base 1986— y en *El stock de capital en España y su distribución territorial* —de la que se obtiene el detalle de las inversiones públicas y privadas de la economía española.

Dadas las discrepancias existentes entre cada par de sistemas para el año que se tiene en común (1964 para CNE-58 y CNE-70; 1980 para CNE-70 y CNE-80; 1985 para CNE-80 y CNE-85; 1986 para CNE-85 y CNE-86; 1995 para CNE-86 y CNE-95), es necesario proceder al enlace tanto en términos nominales como reales. Si para el año en común hubieran coincidido las magnitudes a precios corrientes, habría sido necesario, en cualquier caso, enlazar las magnitudes a precios constantes con objeto de obtener series valoradas en precios de un mismo año base, y que en este caso es 1995. Pero debido a las discrepancias resultantes de los cambios metodológicos de cada sistema, el problema del enlace se presenta tanto en términos nominales como reales. Desde el punto de vista conceptual, la solución dada en uno y otro caso es del mismo tipo. El enlace de una serie individual es un problema muy simple. Sin embargo, cuando se enlaza un conjunto de series que están ligadas entre sí por múltiples identidades, es necesario establecer reglas adicionales, según se expone a continuación.

Sea X_j una magnitud individual a precios corrientes relativa al componente j. El valor que toma esta magnitud enlazada en la nueva base *(nb)* para un periodo calculado en la antigua base *(ab)* en el periodo t vendrá dado por la expresión:

$$X_{jt}^{nb} = \frac{X_{jc}^{nb}}{X_{jc}^{ab}} X_{jt}^{ab} \tag{9.1}$$

donde t hace referencia a los años para los que se ha calculado la antigua base y c es el año común para ambas bases.

Designemos por X a la agregación de R componentes X_j en pesetas corrientes. Para una base dada, por ejemplo para la base *(ab)*, y para un periodo t, debe cumplirse que

$$X_t^{ab} = \sum_{j=1}^{R} X_{jt}^{ab} \tag{9.2}$$

Existen dos formas alternativas de enlazar las magnitudes agregadas para dos bases consecutivas, bien mediante enlace directo de la magnitud agregada (X_t^{nb*}) o bien mediante agregación de las magnitudes enlazadas de cada uno de los componentes (X_t^{nb**}). Sus expresiones son las siguientes:

$$X_t^{nb*} = \frac{X_c^{nb}}{X_c^{ab}} X_t^{ab} \tag{9.3}$$

$$X_t^{nb**} = \sum_{j=1}^{R} X_{jt}^{nb} \tag{9.4}$$

En general, salvo accidente estadístico, ocurrirá que

$$X_t^{nb**} \neq X_t^{nb*} \tag{9.5}$$

Si se elige la alternativa (9.3), entonces se deberán ajustar cada uno de los componentes de forma que

$$X_t^{nb*} = \sum_{j=1}^{R} X_{jt}^{nb*} \tag{9.6}$$

donde

X_{jt}^{nb*} es el componente j-ésimo del agregado X_{jt}^{nb*}.

Cada uno de los componentes ajustados de (9.6) se puede obtener, para cada uno de los periodos correspondientes a la antigua base, a partir de la siguiente expresión:

$$X_{jt}^{nb*} = \frac{X_t^{nb*}}{\sum_{j=1}^{R} X_{jt}^{nb}} X_{jt}^{nb} = \frac{X_t^{nb*}}{\sum_{j=1}^{R} \frac{X_{jc}^{nb}}{X_{jc}^{ab}} X_{jt}^{ab}} \frac{X_{jc}^{nb}}{X_{jc}^{ab}} X_{jt}^{ab} \quad j = 1,2,\ldots,R \tag{9.7}$$

Sin embargo, puede ocurrir que alguno de los componentes de la antigua base se pueda estimar directamente y con precisión en la nueva base, por lo que sería inadecuado realizar cualquier ajuste posterior. Si se diera esta circunstancia, se propone el procedimiento que se describe a continuación.

Supongamos que los R componentes que integran la magnitud X se pueden agrupar en dos bloques, con un primer bloque formado, sin pérdida de generalidad, por los h primeros componentes. Supongamos también con respecto a estos componentes que se pueden estimar con una buena precisión en la nueva base, o bien que en la nueva base siguen siendo totalmente válidas las estimaciones de la antigua base.

El segundo bloque, del que forman parte el resto de los R componentes, sería el que debería ajustarse. Para cada uno de estos componentes la fórmula de ajuste a aplicar, en cada uno de los periodos correspondientes a la antigua base, es la siguiente:

$$X_{jt}^{nb*} = \frac{X_t^{nb*} - \sum_{g=1}^{h} X_{gt}^{nb}}{\sum_{j=h+1}^{R} X_{jt}^{nb}} X_{jt}^{nb} = \frac{X_t^{nb*} - \sum_{g=1}^{h} X_{gt}^{nb}}{\sum_{j=h+1}^{R} \frac{X_{jc}^{nb}}{X_{jc}^{ab}} X_{jt}^{ab}} \frac{X_{jc}^{nb}}{X_{jc}^{ab}} X_{jt}^{ab} \qquad (9.8)$$

$$j = h+1,\ h+2, \ldots, R$$

De esta forma se garantiza que se cumpla que

$$\sum_{j=h+1}^{R} X_{jt}^{nb*} = \frac{X_t^{nb*} - \sum_{g=1}^{h} X_{gt}^{nb}}{\sum_{j=h+1}^{R} X_{jt}^{nb}} \sum_{j=h+1}^{R} X_{jt}^{nb} = X_t^{nb*} - \sum_{g=1}^{h} X_{gt}^{nb} \qquad (9.9)$$

Se considera que los valores de los primeros h componentes en la nueva base, a los que se ha denominado X_{jt}, pueden coincidir en algunos casos con los valores de la base antigua. En otros casos, se han podido obtener mediante la aplicación de la metodología de la nueva base a los datos de la antigua base.

No es fácil decidir a priori, y de forma general, si se debe adoptar el procedimiento de enlace directo dado en (9.3) o el procedimiento de enlace por agregación dado en (9.4), ya que cada uno de ellos tiene sus ventajas y sus inconvenientes. En todo caso, si el procedimiento elegido es el (9.3) y se dispone de información precisa acerca de algunos componentes, es preferible adoptar el sistema de ajuste dado en (9.8).

Otro problema distinto que se plantea en la CNE-95 es que se han incluido algunos conceptos, como el *software,* que no figuraban en las bases anteriores. El procedimiento aplicado en este caso ha sido el siguiente.

Los FBCF total en la base 95 se puede desglosar de la siguiente forma:

$$FBCF_t = FBCF_t^A + FBCF_t^B \qquad t = 95, 96, ... \qquad (9.10)$$

donde

$FBCF_t^A$ es la agregación de los componentes que figuraban en bases anteriores a 1995,

$FBCF_t^B$ es la agregación de los componentes introducidos en la base de 1995.

La solución adoptada ha consistido en enlazar $FBCF_t^A$ con las bases de los sistemas anteriores, mientras que se han realizado estudios específicos, como se verá más adelante, para construir hacia atrás series de los componentes de $FBCF_t^B$.

9.2. El enlace de las series de FBCF por tipos de activos

9.2.1. Enlace de las series de activos en términos nominales: grandes componentes

A la hora de abordar el enlace de las series de FBCF en base 1995 ha servido de apoyo el enlace ya existente en base 1986 para el periodo 1954-1997. Esta información, publicada en CNEe-86, presenta la desagregación de la FBCF en cuatro componentes: *Viviendas, Otras construcciones, Equipo de transporte* y *Maquinaria y otro material de equipo.* Estas cuatro series se han utilizado como punto de partida para el enlace del periodo 1954-2002 en base 1995. El enlace se ha realizado distinguiendo dos subperiodos, en función de la diferente disponibilidad de fuentes estadísticas. En todo caso, y como ha sido indicado previamente, en el proceso de enlace no se han incluido los componentes de la FBCF introducidos como novedad en la CNE-95, reservándoles un tratamiento diferenciado, que será abordado posteriormente.

Periodo 1980-2002

Como valores de referencia de la base 1995, se han tomado los datos ajustados que aparecen en el cuadro 8.4. La agrupación correspondiente a estas magnitudes ha sido enlazada con las series procedentes de la CNEe-86. Con ello se obtiene el enlace de la desagregación de la FBCF a cuatro componentes desde 1980, que posteriormente se ha ajustado a la serie del total de la FBCF en base 1995 desde 1980, publicada en la CNEt-95.

Periodo 1954-1979

Las series por tipos de activos arrancan en el año 1954, que es el primer año con información de la CNEe-86, siguiendo el mismo criterio descrito en el periodo 1980-2002, pero sin ajuste posterior por la falta de información sobre la FBCF anterior a 1980 según las normas del SEC-95.

Con ello se obtiene el enlace de los cuatro componentes agregados de la FBCF en términos nominales del periodo 1954-2001.

9.2.2. Enlace de las series de activos en términos nominales: desagregación

La desagregación de las anteriores cuatro series enlazadas requiere el estudio minucioso de la información contenida en las diferentes bases de la CNE, complementada con el análisis de las dieciséis TIO existentes. La comparación de ambas fuentes en los años coincidentes permite identificar la composición de la FBCF, pese a las modificaciones efectuadas por los cambios metodológicos de los diferentes sistemas de Contabilidad Nacional. De este modo es posible alcanzar la desagregación de *Equipo de transporte* durante todo el periodo con el siguiente detalle:

— Vehículos de motor;
— Otro material de transporte.

Análogamente, *Maquinaria y otro material de equipo* se ha podido descomponer de la siguiente forma:

— Productos agricultura, ganadería y pesca;
— Productos metálicos y maquinaria;

- Productos metálicos;
- Maquinaria y equipo mecánico;
- Maquinaria de oficina y equipo informático;
- Otra maquinaria y equipo.

— Otros productos.

En los años con información procedente de una y otra fuente, ha sido calculado el peso porcentual que representa el producto sectorial (fuente TIO) sobre la correspondiente magnitud agregada de la FBCF (fuente CNE). Dichos pesos, más la interpolación de su evolución, junto al valor anual de las magnitudes agregadas en la CNE, permiten estimar la desagregación en cada año. El siguiente paso consiste en el enlace de las series correspondientes a diferentes bases del modo descrito anteriormente. Por último, se ha realizado el ajuste de las series desagregadas, en coherencia con los valores obtenidos para los cuatro grandes componentes de la FBCF.

9.2.3. Enlace de los índices de precios

La decisión adoptada con relación a los servicios anexos de la FBCF del periodo 1995-2002 supone no sólo una diferencia en la magnitud de las series utilizadas respecto a las publicadas en la CNE-95, sino que también implica la necesidad de recalcular los índices de precios teniendo en cuenta la nueva composición de dichas series. Con ello se obtienen unos índices ajustados que han sido enlazados con los obtenidos de las diferentes bases disponibles desde 1954. El enlace se ha realizado respetando la máxima desagregación disponible de las series, sirviéndose tan solo de los agregados en aquellos periodos en los que no existe desagregación en los índices de precios originales. Tal es el caso de los índices anteriores a 1980 de *Productos de la agricultura, ganadería y pesca, Productos metálicos y maquinaria* y *Otros productos.*

9.2.4. Enlace de las series de activos en términos reales

La elaboración de las series de FBCF en términos reales se ha basado en los procedimientos descritos en los apartados anteriores y, además, en un análisis específico realizado sobre la evolución de las magnitudes en términos nominales y en precios de *Maquinaria de oficina y equipo informático, Comunicaciones* y *Software*, que se expone en el epígrafe siguiente. De esta forma, se han obtenido las series de FBCF en términos reales con la desagregación propuesta en el cuadro 8.3, siendo calculados los agregados como suma de sus componentes.

Finalmente, la información contenida en Mas, Pérez y Uriel (2005) se ha utilizado como fuente estadística para la desagregación de la FBCF en *Otras construcciones*, tanto en términos nominales como reales.

10. Estimación de la FBCF en tipos de activos específicos

En este capítulo se analizan los problemas que se han planteado en la construcción de series de FBCF en activos específicos, tales como *software,* comunicaciones, maquinaria de oficina y equipo informático *(hardware).* Para los dos primeros de estos tipos de activos, se ha realizado una investigación específica para obtener series de FBCF a precios corrientes, dado que la obtención de la serie de maquinaria de oficina y equipo informático a precios corrientes no ha planteado ningún problema especial. Por otra parte, se ha hecho un estudio de la evolución de los precios en los tres tipos de activos citados.

10.1. Estimación de la FBCF en *software*

La estimación de la FBCF en *software* a precios corrientes se ha realizado en dos etapas. En la primera etapa se ha procedido a la estimación del *software* para un año base, 1995, que se ha tomado como referencia, y aplicando el mismo procedimiento para 1998. En la segunda etapa, a partir de estas estimaciones se ha obtenido la serie de FBCF de *software* para el periodo analizado.

10.1.1. Cálculo de la FBCF en 1995 y 1998

Los servicios de *software* pueden estar destinados a la FBCF o a otros usos. Por tanto, el primer problema que se debe resolver es la delimitación de los servicios informáticos que son susceptibles de formar parte de la FBCF.

La fuente estadística básica para la estimación de la FBCF en *software* en 1995 ha sido la *Encuesta de Servicios Informáticos* del INE. La población objeto de estudio está formada por todas aquellas empresas que tienen como actividad principal la división 72 de la CNAE-93 *(Actividades informáticas)*. Para contrastar la cobertura de esta encuesta se ha efectuado su comparación en aspectos específicos con otras dos fuentes estadísticas en 1995: el Marco *Input-Output* (MIO) y la Encuesta de Población Activa. En el cuadro 10.1 se presentan datos de diversas variables correspondientes a las tres fuentes mencionadas.

En la *Encuesta de Servicios Informáticos* se desglosa el volumen de negocio de las empresas de Actividades informáticas en los conceptos que se indican en el cuadro 10.2. De las rúbricas que aparecen en esta tabla se ha considerado que solamente las actividades marcadas en cursivas son susceptibles de formar parte de la FBCF. Se ha considerado que algunas de estas actividades están destinadas en su totalidad a la FBCF *(Desarrollo y suministro de paquetes completos, Desarrollo y suministro de paquetes personalizados,* la *Implantación e integración de sistemas, Proyectos llave en mano, Bases de datos* y *Outsourcing)* En cambio, en *Otros servicios informáticos* y en *Otras actividades informáticas no contempladas anteriormente* solamente una parte de los servicios producidos están destinados a la FBCF.

Respecto a las actividades que se han destinado en su totalidad a FBCF conviene hacer la siguientes puntualizaciones. La rúbrica *Proyectos llave en mano* se ha incluido como FBCF de *software,* debido a que en estos proyectos, al estar desarrollados por las empresas de actividades informáticas, el componente más importante será el *software* por encima de lo que puede representar el *hardware.* En cualquier caso, el volumen de negocios correspondiente a esta rúbrica es susceptible de dedicarse a la FBCF, bien en *software* bien en *hardware.* También se ha incluido la totalidad del *outsourcing,* ya que se ha supuesto que las empresas que contratan este tipo de servicio lo hacen para llevar a cabo desarrollo de *software.*

La rúbrica *Otros servicios informáticos* puede incluir conceptos muy dispares correspondientes tanto a *software* como a otros servicios informáticos. Por ello, se ha realizado una imputación en la que se ha adoptado el supuesto que la parte de estos *Otros servicios informáticos* susceptibles de formar parte de la FBCF es proporcional a resto de servicios de *software*. Así pues se ha calculado la siguiente ratio:

$$\alpha = \frac{PAQ + BD + PLLM + IIS}{TSIeosi}$$

donde

PAQ: Desarrollo y suministro de paquetes completos y personalizados;
D: Bases de datos;
OUTS: *Outsourcing;*
PLLM: Proyectos llave en mano;
IIS: Implantación e integración de sistemas;
TSIeosi: Total servicios informáticos, excluidos otros servicios informáticos.

El valor de la ratio anterior, aplicada a los datos de la *Encuesta de Servicios Informáticos* de 1995 ha sido de 0,5929.

Para la imputación de la parte de *Otras actividades informáticas no contempladas anteriormente* a incluir en *software* se ha adoptado una solución similar al caso anterior. Para justificar esta inclusión parcial debe tenerse en cuenta que, según la metodología de la encuesta, esta partida incluye «la venta al por menor de [...] y programas informáticos». En todo caso, se ha supuesto que la parte de *las otras actividades informáticas no contemplada anteriormente* a considerar como *software* es proporcional al volumen de negocio de *software* susceptible de ser destinado a la FBCF con respecto al total del volumen contemplado en la encuesta (excluyendo esta rúbrica de *Otras actividades informática no contempladas anteriormente)*. El valor obtenido para esta ratio ha sido de 0,5077.

En el cuadro 10.3 se ha reflejado en la parte *a)* el volumen de negocios total, desagregado por rúbricas, correspondiente a las empresas de Actividades informáticas, clasificadas según su tipo de actividad. Como puede verse el volumen de negocios total alcanza a 3.765 millones de euros. En la parte *b)* del cuadro se ha recogido el volumen de negocio correspondiente a *software* que es igual a 1.911 millones de euros, lo que supone un poco más del 50% del volumen total de negocios de estas empresas.

CUADRO 10.1: **Datos de *software* en el Marco *Input-Output*, en la EPA y en la Encuesta de Servicios Informáticos**

(millones de euros, 1995)

	Número de ocupados (miles)
Encuesta de servicios informáticos	63,06
Tabla *Input-output*	63,10
Encuesta de población activa	46,14

	Producción directa total
Encuesta de servicios informáticos	2.911
Tabla *Input-output*	3.540
Porcentaje Encuesta/TIO	82,22%

	Consumos intermedios
Encuesta de servicios informáticos	938
Tabla *Input-output*	1.009
Porcentaje Encuesta/TIO	93,05%
Suma de consumos intermedios de la Encuesta de servicios informáticos	
Otras compras	176
Gastos en servicios exteriores	762

	Consumos intermedios/producción directa total
Encuesta de servicios informáticos	32,24%
Tabla *Input-Output*	28,49%
Porcentaje Encuesta/TIO	113,17%

	Relación exportaciones/ producción directa
Encuesta de servicios informáticos	6,55%
Tabla *Input-Output*	17,32%
Porcentaje Encuesta/TIO	37,85%

	Distribución de las exportaciones		
	Unión Europea	**Resto de países**	**Total**
Exportaciones			
Encuesta de servicios informáticos	100	91	191
Tabla *Input-Output*	127	486	613
Porcentaje Encuesta/TIO	78,22%	18,75%	31,12%
Distribución porcentual			
Encuesta de servicios informáticos	52,27%	47,73%	1
Tabla *Input-Output*	20,79%	79,21%	1

CUADRO 10.2: **Desglose por conceptos de las actividades de las empresas de actividades informáticas**

Servicios informáticos	
	Consultoría y asesoría
	Desarrollo y suministro de paquetes completos
	Desarrollo y suministro de paquetes personalizados
	Implantación e integración de sistemas
	Mantenimiento de *software*
	Proyectos llave en mano
	Proceso de datos. Centro de cálculo
	Bases de datos
	Outsourcing
	Mantenimiento de *hardware*
	Servicios de valor añadido
	Formación
	Otros servicios informáticos (parte)
Otras actividades informáticas	
	Fabricación de equipos informáticos
	Comercialización de equipos informáticos
	Suministro de material auxiliar
	Otras actividades informáticas no contempladas anteriormente (parte)
Otras actividades y servicios	

Una vez delimitada el volumen de negocios de software de las empresas de actividades informáticas, se ha aplicado el esquema 10.1 para la obtención de la FBCF. Este esquema, que se aplicará también a comunicaciones, indica los pasos a seguir en el cálculo de la oferta destinada a FBCF de un producto hipotético *i*, que es producido por una actividad específica *i* pero que también puede ser producido por otras actividades.

En el caso concreto del software, la *Producción de las empresas de la rama de actividades informáticas en software* (e) se ha obtenido directamente sumando, al volumen de negocio de *software* de empresas de actividades informáticas que aparece en la parte *b)* del cuadro 10.3, los *trabajos realizados para el inmovilizado* por este tipo de empresas.

CUADRO 10.3: **Volumen de negocio según los servicios prestados (1995)**
(millones de euros)

a) Volumen de negocio total de las empresas de actividades informáticas

	Total	Consultoría en equipos y programas de informática	Proceso, tratamiento y bases de datos	Mantenimiento de equipos y otros servicios informáticos
Servicios informáticos	3.205	2.222	658	326
Consultoría y asesoría	244	235	5	3
Desarrollo y suministro de paquetes completos	398	394	2	2
Desarrollo y suministro de paquetes personalizados	576	527	45	4
Implantación e integración de sistemas	377	359	6	12
Mantenimiento de *software*	254	243	6	5
Proyectos llave en mano	140	122	7	11
Proceso de datos. Centro de cálculo	359	80	278	1
Bases de datos	73	38	36	0
Outsourcing	295	50	244	1
Mantenimiento de *hardware*	321	42	5	275
Servicios de valor añadido	49	37	11	1
Formación	50	41	3	7
Otros servicios informáticos	69	54	13	3
Otras actividades informáticas	445	361	15	69
Fabricación de equipos informáticos	15	4	1	10
Comercialización de equipos informáticos	377	327	11	39
Suministro de material auxiliar	33	17	1	15
Otras actividades informáticas	21	14	2	5
Otras actividades y servicios	114	86	8	20
Total	**3.765**	**2.669**	**681**	**415**

CUADRO 10.3 (*cont.*): **Volumen de negocio según los servicios prestados (1995)**
(millones de euros)

b) Volumen de negocio en *software* a integrar en la FBCF de las empresas de actividades informáticas

	Total
Desarrollo y suministro de paquetes completos	398
Desarrollo y suministro de paquetes personalizados	576
Implantación e integración de sistemas	377
Proyectos llave en mano	140
Bases de datos	73
Outsourcing	295
Otros servicios de informática	41
Otras actividades informáticas	11
Total	**1.911**

Fuente: Encuesta de Servicios Informáticos (INE).

ESQUEMA 10.1: Cálculo de la oferta destinada a FBCF del producto *i*

(a) *Volumen de negocio de las empresas de la rama i*
(b) + Trabajos realizados para el inmovilizado material de la rama *i*

(c) *Producción total de las empresas de la rama i*
(d) – Producción secundaria de la rama *i*

(e) *Producción de las empresas de la rama i en el producto i*
(f) + Producción secundaria de otras ramas del producto *i*

(g) *Producción total del producto i*
(h) +/– Variación de existencias

(i) *Oferta interior total*
(j) – Consumos intermedios

(k) *Oferta interior destinada a la demanda final*
(l) – Exportaciones
(m) + Importaciones

(n) *Oferta destinada a la demanda final interior*
(o) – Gasto en consumo final

(p) *FBCF*

Dado que no se dispone de la desagregación de los *trabajos realizados para el inmovilizado,* se ha aplicado la ratio entre el volumen de negocios de *software* y el volumen de negocios total de la encuesta para obtener la parte imputada a producción de *software.* Como puede verse en el cuadro 10.4, los trabajos realizados para el inmovilizado en *software* ascienden a 11 millones de euros.

Dado que el software no es susceptible de destinarse a variación de existencias, para la obtención de la *oferta interior destinada a demanda final* (i) es necesario añadir la producción de *software* realizada por las demás ramas de actividad, es decir, el *software* desarrollado como producción secundaria (f). En este concepto de producción secundaria se incluye tanto la producción no realizada como actividad principal por parte de la empresa y que se destina a la venta, como el desarrollo de *software* por cuenta propia *(own account software).* Para su estimación se ha utilizado la tabla de origen elaborada por el INE en el Marco *Input-Output.* En el cuadro 10.5 se ha reflejado la producción de servicios de informática de la tabla de origen realizados por cada una de las ramas de actividad. La mayor parte de la producción de servicios informáticos corresponde a la rama 56 (actividades informáticas) en la que constituye la producción principal (3.041 millones de euros), mientras que la producción de estos servicios por el resto de las ramas, en las que constituye una producción secundaria, asciende a 338 millones de euros. La ratio entre la producción secundaria de servicios informáticos del resto de ramas y la producción principal de la rama de actividades informáticas es 0,11.

La producción secundaria de *software* se ha obtenido multiplicando la ratio anterior por la suma del *Volumen de negocios* y los *Trabajos para el inmovilizado* de la *Encuesta de Servicios Informáticos.* Como puede verse en el cuadro 10.4, esta producción es de 421 millones de euros para 1995.

Por tanto, si añadimos esta producción secundaria a la producción principal de la rama de actividades informáticas se obtiene un valor de la oferta destinada a demanda final de 2.343 millones de euros.

CUADRO 10.4: **Estimación de la FBCF en *software* (1995)**

	Millones de euros
Volumen de negocios de *software* susceptible de ser FBCF de empresas de actividades informáticas (a)	1.911
Trabajos realizados por la empresa para el inmovilizado material (b)	11
Producción total de software de las empresas de actividades informáticas (e)	1.922
Producción secundaria de las empresas de actividades informáticas (f)	421
Oferta interior total (i)	**2.343**
Consumos intermedios (j)	0
Oferta interior destinada a la demanda final (k)	**2.343**
Exportaciones (l)	613
Importaciones (m)	946
Oferta destinada a demanda final interior (n)	**2.676**
Gastos en consumo de las familias (o)	0
FBCF en software (p)	**2.676**
FBCF en software *definitiva*	**2.777**

La *oferta destinada a demanda final interior* (n) se calcula añadiendo las importaciones (m) de la oferta interior y deduciendo los consumos intermedios (j) y las exportaciones (l). Los consumos intermedios en *software* se han considerado nulos, lo que implica que toda la oferta va destinada a la demanda final. Por otra parte, las importaciones y exportaciones se han tomado directamente de las Tablas *Input-Output*. Se hace el supuesto de que únicamente el *software* susceptible de ser destinado a la FBCF es exportable o importable, imputándose, por tanto, todo el importe que figura en las Tablas *Input-Output*. Las importaciones toman un valor de 946 millones de euros, mientras que las exportaciones ascienden a 613.

El volumen de exportaciones que ofrece el MIO, aunque ha sido el utilizado en este estudio, parece un tanto elevado por dos motivos. En primer lugar, el volumen de negocios que según la *Encuesta de Servicios Informáticos* se destinan a las exportaciones es tan sólo de 191 millones de euros. En segundo lugar, con los datos del MIO para 1995, la tasa de cobertura (exportaciones/importaciones) se sitúa en el 65%. En principio, este valor parece elevado para el caso español. Por las razones apuntadas, sería conveniente realizar una investigación específica sobre este punto en el futuro.

CUADRO 10.5 **Tabla de origen. Producción de servicios de informática por ramas de actividad (1995)**

(millones de euros)

	Código Marco I-O	Código CNAE-93	Producción de servicios de informática
Agricultura, ganadería y caza	1	01	0,02
Selvicultura	2	02	
Pesca y acuicultura	3	05	0,09
Extracción y aglomeración de antracita, hulla, lignito y turba	4	10	0,37
Extracción de crudos de petróleo y gas natural. Extracción de minerales de uranio y torio	5	11-12	0,10
Extracción de minerales metálicos	6	13	0,22
Extracción de minerales no metálicos ni energéticos	7	14	0,41
Coquerías, refino de petróleo y tratamiento de combustibles nucleares	8	23	0,49
Producción y distribución de energía eléctrica	9	401	10,69
Producción y distribución de combustibles gaseosos por conductos urbanos, excepto gaseoductos. Producción y distribución de vapor y agua caliente	10	402-403	0,10
Captación, depuración y distribución de agua	11	41	0,07
Industria cárnica	12	151	0,90
Industrias lácteas	13	155	0,11
Industrias de otros productos alimenticios	14	152-4,156-8	0,23
Elaboración de bebidas	15	159	4,99
Industria del tabaco	16	16	0,09
Industria textil	17	17	0,19
Industria de la confección y de la peletería	18	18	0,02
Preparación, curtido y acabado del cuero; fabricación de artículos de marroquinería y viaje; artículos de guarnicionería, talabartería y zapatería	19	19	0,11
Industria de la madera y del corcho, excepto muebles; cestería y espartería	20	20	0,31
Industria del papel	21	21	0,51
Edición, artes gráficas y reproducción de soportes grabados	22	22	2,82
Industria química	23	24	4,80
Fabricación de productos de caucho y materias plásticas	24	25	0,69

CUADRO 10.5 (*cont.*): **Tabla de origen. Producción de servicios de informática por ramas de actividad (1995)**

(millones de euros)

	Código Marco I-O	Código CNAE-93	Producción de servicios de informática
Fabricación de cemento, cal y yeso	25	265	0,07
Fabricación de vidrio y productos de vidrio	26	261	0,18
Fabricación de productos cerámicos	27	262-264	0,39
Fabricación de otros minerales no metálicos	28	266-268	0,80
Metalurgia	29	27	0,55
Fabricación de productos metálicos, excepto maquinaria y equipo	30	28	1,26
Industria de la construcción de maquinaria y equipo mecánico	31	29	2,54
Fabricación de maquinas de oficina y equipos informáticos	32	30	127,34
Fabricación de maquinaria y material eléctrico	33	31	0,60
Fabricación de material electrónico; fabricación de equipo y aparatos de radio, televisión y comunicaciones	34	32	1,34
Fabricación de equipo e instrumentos médico-quirúrgicos, de precisión, óptica y relojería	35	33	0,20
Fabricación de vehículos de motor, remolques y semirremolques	36	34	5,01
Fabricación de otro material de transporte	37	35	2,31
Fabricación de muebles; otras industrias manufactureras	38	36	0,82
Reciclaje	39	37	
Construcción	40	45	10,31
Venta, mantenimiento y reparación de vehículos de motor, motocicletas y ciclomotores; venta al por menor de combustible para vehículos de motor	41	50	0,22
Comercio al por mayor e intermediarios del comercio, excepto de vehículos de motor y motocicletas	42	51	0,64
Comercio al por menor, excepto el comercio de vehículos de motor, motocicletas y ciclomotores; reparación de efectos personales y enseres domésticos	43	52	16,41
Hostelería	44	55	0,52
Transporte por ferrocarril	45	601	0,27

CUADRO 10.5 (*cont.*): **Tabla de origen. Producción de servicios de informática por ramas de actividad (1995)**

(millones de euros)

	Código Marco I-O	Código CNAE-93	Producción de servicios de informática
Otros tipos de transporte terrestre; transporte por tubería	46	602-603	0,62
Transporte marítimo, de cabotaje y por vías de navegación interiores	47	61	0,16
Transporte aéreo y espacial	48	62	0,76
Actividades anexas a los transportes; actividades de agencias de viajes	49	63	0,38
Correos y telecomunicaciones	50	64	107,21
Intermediación financiera, excepto seguros y planes de pensiones	51	65	
Seguros y planes de pensiones, excepto seguridad social obligatoria	52	66	
Actividades auxiliares a la intermediación financiera	53	67	
Actividades inmobiliarias	54	70	0,09
Alquiler de maquinaria y equipo sin operario, de efectos personales y enseres domésticos	55	71	7,95
Investigación y desarrollo	57	73	
Otras actividades empresariales	58	74	20,27
Educación de mercado	59	80(p)	
Actividades sanitarias y veterinarias, servicios sociales de mercado	60	85(p)	
Actividades de saneamiento público de mercado	61	90(p)	
Actividades de organizaciones empresariales, profesionales y patronales	62	911	
Actividades recreativas, culturales y deportivas de mercado	63	92(p)	0,60
Actividades diversas de servicios personales	64	93	
Administración Pública, defensa y seguridad social obligatoria	65	75	
Educación de no mercado de las AA. PP.	66	80(p)	
Actividades sanitarias y veterinarias, servicios sociales de no mercado de AA. PP.	67	85(p)	
Actividades sanitarias y veterinarias, servicios sociales de no mercado de ISFLSH	68	85(p)	

CUADRO 10.5 (*cont.*): **Tabla de origen. Producción de servicios de informática por ramas de actividad (1995)**
(millones de euros)

	Código Marco I-O	Código CNAE-93	Producción de servicios de informática
Actividades de saneamiento público, servicios de no mercado de las AA. PP.	69	90(p)	
Actividades asociativas, recreativas, culturales y deportivas de no mercado de las ISFLSH	70	912,913,92(p)	
Actividades recreativas, culturales y deportivas, servicios de no mercado de las AA. PP.	71	92(p)	
Producción total servicios informáticos, excepto rama 72			**338,14**
Actividades informáticas	56	72	**3.041,43**
Producción total de servicios informáticos			**3.379,57**

Una vez que se dispone de la oferta de *software* destinada a demanda final se ha de deducir el consumo final de los hogares para obtener la oferta de *software* destinado a FBCF. En el caso del *software* se ha supuesto que el total de la oferta destinada a demanda final interior se dedica a FBCF.

Con todos los supuestos realizados anteriormente se llega a una cifra de FBCF de 2.676 millones de euros. El dato definitivo de FBCF que aparece en la última fila del cuadro es el dato MIO, una vez incorporados los impuestos netos sobre el *software*. El procedimiento seguido para llegar a la cifra de FBCF de 1995 se aplica también al año 1998.

En principio, a este volumen de FBCF habría que sumarle una parte adicional correspondiente a la *Reproducción de soportes informáticos grabados* (código 22330 de la CNPA96). Este concepto no se ha incluido en la FBCF, ya que según el SEC-95 los importes de los bienes que no sobrepasen un volumen de 500 euros (en precios de 1995) no deben ser incluidos como Formación Bruta de Capital Fijo, sino como consumos intermedios.

10.1.2. Obtención de la serie de FBCF en *software*

Para la obtención de la serie de FBCF se parte de los años 1995 y 1998. El hecho de utilizar estos años como punto de referencia viene motivado por disponer para 1995 del MIO y de la *Encuesta de Servicios Informáticos 1995*, publicación que recoge por primera y única vez información sobre las empresas de este sector. Para 1998 se dispone del MIO y de la *Encuesta Anual de Servicios 1998*, publicación con la que el INE inicia un nuevo camino en el estudio del sector servicios, quedando integrada en ésta la información sobre las empresas de actividades informáticas.

La estimación de la evolución de la FBCF en *software* se ha realizado a partir de las estimaciones de la oferta interior destinada a la demanda final y del volumen de importaciones y exportaciones.

Para la obtención de la serie de oferta interior destinada a la demanda final se ha utilizado información publicada por el SEDISI y *Computerworld*. En estas fuentes figuran dos rúbricas que son susceptibles de dedicarse a FBCF: *Software* y, parcialmente, *Servicios informáticos*. Dentro de esta última rúbrica se incluyen los siguientes conceptos: *Mantenimiento de hardware, Consultoría, Explotación, Desarrollo e implantación, Soporte, Formación* y *Otros servicios informáticos*. De todos estos conceptos solamente el *Desarrollo e implantación* y una parte proporcional de *Otros servicios informáticos* pueden considerarse susceptibles de ser utilizados en FBCF. Dado que la desagregación de los *Servicios informáticos* se encuentra disponible únicamente para el periodo 1999-2002, se ha calculado la proporción media para este periodo del importe de los conceptos de *Servicios informáticos* susceptibles de formar parte de la FBCF, y se ha aplicado para todos los años de los que se dispone información (1981-2002) sobre el total de *Servicios informáticos*.

Las tasas de variación de la serie integrada por *Software* y por la parte correspondiente de *Servicios informáticos* obtenidas con la información anterior se han aplicado a los datos de *Oferta interior destinada a la demanda final*, calculados para 1995 y 1998.

La información sobre importaciones y exportaciones en *software* se ha obtenido de las mismas fuentes citadas anteriormente. Los datos sobre exportaciones presentan un crecimiento anómalo en los años 1986 y 1987 [25], si se compara con el resto de los años. Por ello se ha han sustituido los valores de dichos años por los obtenidos por extrapolación. En concreto, se han realizado dos regresiones lineales para el periodo previo a dicha ruptura (1981-1985) y para el periodo posterior a la misma (1988-1991). Los valores estimados a 1986 y a 1987 se han obtenido como media aritmética de las predicciones calculadas con las dos regresiones anteriores. Las tasas de variación de la serie de exportaciones obtenida se han aplicado a la cifra de exportaciones estimada para los años 1995 y 1998.

El volumen de importaciones para el periodo 1995-1998 se ha tomado directamente de las Tablas *Input-Output*. Por otra parte, para el resto de los años del periodo 1993-2002 se han aplicado las tasas de variación correspondientes a la serie de importaciones ofrecida por el SEDISI. Para los años en los que no se dispone información (1981-1992) se ha estimado un modelo exponencial [26] para obtener predicciones. En este modelo, aplicado al periodo 1993-2002, se ha utilizado como variable explicativa la *oferta interior* [27]. La serie de FBCF en *software* se ha obtenido sumando la serie de importaciones y restando la de exportaciones a la serie de *oferta interior,* dado que el gasto en consumo final en *software* se ha considerado nulo.

Una vez obtenida la serie se aplican las tasas de crecimiento anuales a los datos definitivos del MIO (que incorporan los impuestos netos sobre los productos) del periodo 1995-1998. El periodo 1960-1980 se ha cubierto con una regresión exponencial, donde el tiempo aparece como variable independiente.

---

[25] Las tasas de crecimiento pasan del 30% en 1985 a un 77% en 1986 y a un 40% en 1987. En 1988 la tasa de crecimiento volvió a unos niveles menores del 22%.

[26] Asimismo, se ensayaron especificaciones lineales y cuadráticas, pero se descartaron porque para los primeros años se obtuvieron valores negativos predichos para el volumen de importaciones.

[27] La ecuación estimada ha sido la siguiente: $y = ae^{bx}$, donde y es el volumen de importaciones calculados anteriormente para el periodo 1993-2002 y x oferta interior destinada a demanda final.

10.2. Estimación de la FBCF en comunicaciones

La estimación de la FBCF en productos de comunicaciones, cuya delimitación se hace en un primer apartado de este epígrafe, se ha realizado en dos fases. En la primera, se ha obtenido la FBCF en comunicaciones para el año de referencia de 1995 y, aplicando el mismo procedimiento, para los años 1996, 1997 y 1998. Esta estimación constituye la base para la obtención, en una segunda fase, de la serie de FBCF para todo el periodo comprendido entre 1970 y 2002. El periodo 1942-1969 se cubre con los datos de inversión en instalaciones telefónicas de Telefónica. Posteriormente, en el apartado 10.3.3 se describe el proceso para el cálculo de los deflactores, lo que permite obtener la serie de FBCF a precios constantes.

10.2.1. Delimitación de las comunicaciones

Para la delimitación de los productos de comunicaciones se ha tomado la definición de la OCDE [28]. De acuerdo con esta definición, se han incluido los productos recogidos en el cuadro 10.6, según la codificación de la Clasificación Nacional de Productos por Actividades (CNPA-96).

CUADRO 10.6: Clasificación de productos de comunicaciones

313.	Hilos y cables eléctricos aislados
321.	Válvulas, tubos y otros componentes electrónicos
322.	Transmisores de radiodifusión y televisión y aparatos para la radiotelefonía y radiotelegrafía con hilos
323.	Aparatos de recepción, grabación y reproducción de sonido e imagen
332.	Instrumentos y aparatos de medida, verificación, control, navegación y otros fines, excepto equipos de control de procesos industriales
333.	Equipos de control de procesos industriales

Según la clasificación por productos de la FBCF del INE, los productos de comunicaciones se incluyen dentro del concepto *Otra maquinaria y equipo*. En el cuadro 10.7 se muestran en cursiva los productos de comunicaciones incluidos en *Otra maquinaria y equipo*.

[28] OCDE (2001): *Measuring the ICT sector.*

CUADRO 10.7: **Productos de la CNPA-96 incluidos en Otra maquinaria y equipo**

31 Maquinaria y material eléctrico

311 Motores eléctricos, transformadores y generadores

312 Aparatos de distribución y control eléctricos

313 Hilos y cables eléctricos aislados

314 Acumuladores y pilas eléctricas

315 Lámparas eléctricas y aparatos de iluminación

316 Otro equipo eléctrico n.c.o.p.

32 Material electrónico; equipo y aparatos de radio, televisión y comunicaciones

321 Válvulas, tubos y otros componentes electrónicos

322 Transmisores de radiodifusión y televisión y aparatos para la radiotelefonía y radiotelegrafía con hilos

323 Aparatos de recepción, grabación y reproducción de sonido e imagen

33 Equipo e instrumentos médico-quirúrgicos, de precisión óptica y relojería

331 Equipo e instrumentos médico-quirúrgicos y aparatos ortopédicos

332 Instrumentos y aparatos de medida, verificación, control, navegación y otros fines, excepto equipos de control de procesos industriales

333 Equipos de control de procesos industriales

334 Instrumentos ópticos y equipo fotográfico

335 Relojes

36 Muebles; otros artículos manufacturados n.c.o.p.

361 Muebles

362 Artículos de joyería, orfebrería, platería y artículos similares

363 Instrumentos musicales

364 Artículos deportivos

365 Juegos y juguetes

366 Otros artículos diversos manufacturados

Dadas las dificultades para obtener información con la desagregación a tres dígitos del cuadro 10.7, a efectos prácticos se ha considerado la clasificación por productos que se muestra en el cuadro 10.8. En este cuadro los productos aparecen agregados en dos componentes: *comunicaciones* y *otra maquinaria y equipo n.c.o.p.* Como puede verse, en comunicaciones figuran tres productos, uno de los cuales corresponde totalmente a la clasifica-

CUADRO 10.8: **Clasificación agregada de los productos incluidos en Otra maquinaria y equipo**

Productos de comunicaciones	
	313. Hilos y cables eléctricos aislados
	32. Material electrónico; equipos y aparatos de radio, televisión y comunicaciones
	332 y 333. Fabricación de instrumentos y aparatos de medida y fabricación de equipo de control de procesos industriales
Otra maquinaria y equipo n.c.o.p.	
	31 (excepto 313). Otra maquinaria y material eléctrico (a excepción del cable)
	331, 334 y 335. Equipo e instrumentos médico-quirúrgicos, óptica y relojería
	36. Muebles y otros artículos manufacturados n.c.o.p.
Total Otra maquinaria y equipo	

ción a dos dígitos, mientras que los otros dos son productos, o agregación de productos, a nivel de tres dígitos. Consideraciones análogas se pueden hacer del componente otra maquinaria y equipo n.c.o.p.

Aunque el objetivo perseguido es realizar la estimación de la FBCF para comunicaciones, como consecuencia del proceso seguido también se ha obtenido la estimación para el componente de otra maquinaria y equipo n.c.o.p.

10.2.2. Cálculo de la FBCF en el periodo 1995-1998

Para la estimación de la FBCF en el periodo 1995-1998 se han utilizado como fuentes de información la *Encuesta Industrial de Empresas* (EIE), el *Marco input-output* (MIO) y la base de datos *COMEX*.

En el cuadro 10.9 se muestra el nivel de desagregación con que puede obtenerse información por ramas y productos del MIO. Este nivel se corresponde exactamente con la clasificación por ramas CNAE-93 y productos CNPA-96 a nivel de 2 dígitos. Como puede verse, la *Otra maquinaria y equipo* se puede desagregar a nivel de cuatro ramas de actividad y de cuatro productos que coinciden con la que se ha mostrado en el cuadro 10.7 para los productos.

CUADRO 10.9: **Clasificación de productos y ramas de actividad relativos a la Otra maquinaria y equipo incluidos en el Marco *input-output***

Ramas (CNAE) / Productos (CNPA)	31. Fabricación de maquinaria y material eléctrico	32. Fabricación de material electrónico; fabricación de equipo y aparatos de radio, televisión y comunicaciones	33. Fabricación de equipo e instrumentos médico-quirúrgicos de precisión, óptica y relojería	36. Fabricación de muebles; otras industrias manufactureras	Otras actividades	Producción del total de ramas de actividad
31. Maquinaria y material eléctrico						
32. Material electrónico; equipos y aparatos de radio, televisión y comunicaciones						
33. Equipo e instrumentos médico quirúrgicos, de precisión, óptica y relojería						
36. Muebles y otros artículos manufacturados n.c.o.p.						
Otros productos						
Producción total de productos						

La EIE, que proporciona información a nivel de 3 dígitos, se ha utilizado para realizar el desglose de las ramas 31 y 33, aunque también se ha aplicado a las ramas 32 y 36 a efectos comparativos con la información obtenida directamente del MIO. También es conveniente realizar esta estimación alternativa de los grupos 32 y 36, ya que en la construcción de las series en los años anteriores a 1995 (y posteriores a 1998) no tendremos información del MIO pero sí de la EIE. Veamos a continuación como se ha realizado la estimación de la FBCF, tomando como punto de partida el MIO y siguiendo el esquema 10.1.

Al tomar como base el MIO, partimos del punto (g) del esquema 10.1, ya que éste proporciona el dato de producción total (principal y secundaria) de los productos del cuadro 10.9 y se obtiene el desglose de las ramas 31 y 33 a partir de los datos de producción, obtenidos como agregación del *volumen de negocio* y de los *trabajos realizados para el inmovilizado material,* que facilita la EIE.

Para el cálculo de la *oferta interior global* (i) es preciso tener en cuenta la *variación de existencias* (h). Para obtener el desglose requerido se aplican las proporciones de la variación de existencias de la EIE a los datos del MIO.

A su vez, para pasar de la oferta interior total a la *oferta interior destinada a la demanda final* (k) es necesario deducir los *consumos intermedios* (j), que se obtienen aplicando las proporciones de los consumos intermedios de la EIE a los datos del MIO.

El siguiente paso para llegar a la *oferta destinada a demanda final interior* (k) es añadir a la oferta interior las *importaciones* (m) y sustraer las *exportaciones* (l). La información de las importaciones y las exportaciones se ha obtenido de la base de datos COMEX, agregándose los productos al nivel del cuadro 10.8. Una vez realizada la estimación de estas dos magnitudes aplicando las correspondientes ratios se ha obtenido la *oferta destinada a la demanda final interior* (n).

En el cuadro 10.10 se muestra la equivalencia entre el Arancel Combinado y los grupos de la CNPA-96 considerados en la desagregación del cuadro 10.8.

Finalmente, deduciendo los gastos en consumo final (o) de la estimación anterior se obtiene la estimación de la FBCF. El gasto en consumo final se ha obtenido, al igual que otras magnitudes, del MIO.

CUADRO 10.10: **Equivalencia entre el Arancel combinado y los productos contenidos en Otra maquinaria y equipo**

	Códigos arancel combinado
Productos de comunicaciones	
313. Hilos y cables eléctricos aislados	854411, 854419, 854420, 854441, 854449, 854451, 854459, 854460, 854470
32. Material electrónico; equipos y aparatos de radio, televisión y comunicaciones	8517, 8518, 8519, 8520, 8521, 8522, 8525, 8527, 8528, 8529, 8532, 8533, 8534, 8540, 8541, 8542
332 y 333. Fabricación de instrumentos y aparatos de medida y fabricación de equipo de control de procesos industriales	8526, 9012, 9014, 9015, 9016, 9017, 9024, 9025, 9026, 9027, 9028, 9029, 9030, 9031, 9032, 9033
Otra maquinaria y equipo n.c.o.p.	
31 (excepto 313). Otra maquinaria y material eléctrico (a excepción del cable)	8501, 8502, 8503, 8504, 8505, 8506, 8507, 8511, 8512, 8513, 8530, 8531, 8535, 8536, 8537, 8538, 8539, 8543, 854430, 8545, 854690, 854790, 854800, 854810, 854890, 900662, 940510, 940520, 940530, 940540, 940550, 940560, 940599
331, 334 y 335. Equipo e instrumentos médico-quirúrgicos, óptica y relojería	841920, 9001, 9002, 9003, 9004, 9005, 900610, 900620, 900630, 900640, 900651, 900652, 900653, 900659, 900661, 900669, 900691, 900699, 9007, 9008, 9010, 9011, 9013, 9018, 9019, 9020, 9021, 9022, 9101, 9102, 9103, 9104, 9105, 9106, 9107, 9108, 9109, 9110, 9111, 9112, 911310, 911320, 9114, 9402
36. Muebles y otros artículos manufacturados n.c.o.p.	3406, 3605, 3606, 420321, 4206, 5904, 6601, 6602, 6603, 6701, 6702, 6703, 6704, 710122, 710229, 710391, 710399, 710490, 7105, 7113, 7114, 7115, 7116, 7117, 7118, 8715, 9023, 9201, 9202, 9203, 9204, 9205, 9206, 9207, 9208, 9209, 9401, 9403, 940410, 940421, 940429, 9501, 9502, 9503, 9504, 9505, 9506, 9507, 9508, 9601, 9602, 9603, 9604, 9606, 9607, 9608, 9609, 9610, 9611, 9612, 9613, 9614, 9615, 9616, 9617, 9618

En el cuadro 10.11 se resume toda la información para la obtención de la FBCF en comunicaciones y en otra maquinaria y equipo n.c.o.p. para el año 1995. El dato definitivo de FBCF que aparece en la última fila del cuadro incorpora los impuestos netos sobre los productos de comunicaciones.

CUADRO 10.11: **Estimación de la FBCF en comunicaciones (1995)**
(millones de euros)

	Productos comunicaciones				Otra maquinaria y equipo n.c.o.p.				
	Total	313. Hilos y cables eléctricos aislados	Total 32. Material electrónico; equipos y aparatos de radio, televisión y comunicaciones	332 y 333. Fabricación de instrumentos y aparatos de medida... y fabricación de equipo de control de procesos industriales	Total	31. (excepto 313) Otra maquinaria y material eléctrico	Resto de 33. Equipo e instrumentos médico quirúrgicos, óptica y relojería	Total 36. Muebles y otros artículos manufacturados n.c.o.p.	Total otra maquinaria y equipo
Producción total	**5.836**	**1.009**	**3.561**	**1.266**	**15.390**	**6.133**	**843**	**8.415**	**21.226**
–/+ Variación de existencias	59	2	58	–1	90	29	–46	107	148
Oferta interior total	**5.778**	**1.007**	**3.502**	**1.268**	**15.300**	**6.104**	**889**	**8.308**	**21.078**
– Consumo intermedio	3.629	952	2.025	652	7.114	5.402	442	1.270	10.744
Oferta interior destinada a la demanda final	**2.148**	**55**	**1.477**	**615**	**8.186**	**701**	**447**	**7.037**	**10.334**
– Exportaciones	2.262	164	1.760	338	3.670	2.014	309	1.348	5.933
+ Importaciones	4.552	233	3.295	1.024	5.764	2.858	1.392	1.514	10.317
Oferta destinada a demanda final interior	**4.438**	**124**	**3.012**	**1.302**	**10.280**	**1.545**	**1.531**	**7.204**	**14.718**
– Gastos en consumo final	1.438	12	1.121	305	5.488	155	359	4.975	6.927
Formación Bruta de Capital Fijo (FBCF)	**3.000**	**112**	**1.892**	**997**	**4.791**	**1.391**	**1.172**	**2.228**	**7.792**
Formación Bruta de Capital Fijo (FBCF) ***definitiva***	**3.595**	**135**	**2.274**	**1.185**	**5.954**	**1.683**	**1.394**	**2.878**	**9.549**

10.2.3. Obtención de las series de FBCF en Otra maquinaria y equipo

El cálculo de la evolución de la FBCF en *Otra maquinaria y equipo* en el periodo 1970-2002, con la desagregación del cuadro 10.8, tomando el periodo 1995-1998 como referencia, se ha obtenido a partir de las tasas de variación de las cuatro magnitudes siguientes: oferta interior destinada a la demanda final, exportaciones, importaciones y consumo final de los hogares. A continuación se describe el procedimiento para obtener la estimación de la tasa de variación de cada una de estas variables.

10.2.3.1. Oferta interior destinada a la demanda final

La fuente principal para la obtención de las tasas de variación de la oferta interior destinada a la demanda final es la *Encuesta Industrial de Empresas,* la *Encuesta Industrial* y la *Estadística Industrial de España* según se considere el periodo 1993-2002, 1978-1992 o 1970-1977 respectivamente. Conviene señalar que, debido a la falta de información estadística, para aplicar el esquema 10.1 ha sido necesario adoptar el supuesto de que, en el periodo 1970-1978, las tasas de variación de la oferta interior destinada a la demanda final coinciden con las tasas de la producción.

Periodo 1993-2002: Encuesta Industrial de Empresas (INE)

El procedimiento de obtención de la oferta interior destinada a demanda final con la desagregación del cuadro 10.8, que ya ha sido expuesto en el epígrafe anterior para los años 1995 a 1998, se amplía para cubrir el periodo 1993-2002, que es el máximo periodo que abarca la EIE y se calculan las correspondientes tasas de variación anual.

Periodo 1978-1992: Encuesta Industrial (INE)

Se han obtención tasas de variación para el periodo 1978-1992 de la oferta interior destinada a demanda final, calculada a partir de las series de producción bruta, variación de existencias y consumos intermedios de la Encuesta Industrial. Hay que tener en cuenta que la clasificación sectorial de la Encuesta Industrial está basada en la CNAE-74. Por tanto, es necesario examinar la equivalencia, que se ofrece el cuadro 10.12, entre la CNAE-74 y CNAE-93 para este grupo de productos.

Como se puede comprobar, no es posible obtener una equivalencia biunívoca entre los bienes comprendidos en la clasificación de Otra maquinaria y equipo y la CNAE-94 a cuatro dígitos. Para el cálculo de las tasas de variación, se agregan los códigos CNAE-74 incluidos en el cuadro 10.12 obviando el hecho de que no sea la totalidad de la producción recogida en cada uno de las ramas de actividad la que debería ser incluida dentro de la producción.

CUADRO 10.12: **Ramas CNAE-74 productoras de los productos de Otra maquinaria y equipo**

	Códigos CNAE 74
Productos de comunicaciones	
313. Hilos y cables eléctricos aislados	3410
32. Material electrónico; equipos y aparatos de radio, televisión y comunicaciones	3540, 3511, 3512 (p), 3530 (p), 3551
332 y 333. Fabricación de instrumentos y aparatos de medida y fabricación de equipo de control de procesos industriales	3440, 3512 (p), 3520 (p), 3910, 3530 (p)
Otra maquinaria y equipo n.c.o.p.	
31 (excepto 313). Otra maquinaria y material eléctrico (a excepción del cable)	3420 (p), 3430, 3460 (p), 3169 (p), 4734, 3470
331, 334 y 335. Equipo e instrumentos médico-quirúrgicos, óptica y relojería	3166 (p), 3520 (p), 3921, 3922, 3930 (p), 4520 (p), 4822 (p), 3990
36. Muebles y otros artículos manufacturados n.c.o.p.	3166 (p), 4551 (p), 4681, 4682, 4683, 4685, 4822 (p), 4911, 4920, 6790 (p), 4819, 4942, 4941, 2553 (p), 2555 (p), 2559 (p), 3299 (p), 3890 (p), 4372 (p), 4429 (p), 4537 (p), 4670 (p), 4912, 4951, 4959, 4422 (p)

Un segundo elemento a tener en cuenta es el hecho de que entre las dos encuestas no existe ningún año común, por lo que, debido a la falta de homogeneidad entre ellas, no es representativa la tasa de variación de 1993 con respecto a 1992. Para resolver este problema se ha procedido de la siguiente manera. Con la información para el periodo 1978-1992 se ha estimado por mínimos cuadrados un modelo en el que se ha tomado como variable dependiente la oferta interior destinada a demanda final en cada uno de los conceptos incluidos dentro de la *Otra maquinaria y equipo* y como variable explicativa el valor añadido del sector industrial obtenida de la Contabilidad Nacional de España base 1986. Una vez estimados estos modelos se han utilizado para predecir las tasas de variación de 1993 sobre 1992 para cada uno de los componentes.

Periodo 1960-1977: Estadística Industrial de España (INE)

La tasa de variación se ha aproximado a partir de la tasa de variación del *valor de los productos* obtenidos de la *Estadística Industrial de España,* que fue programada por el INE en colaboración con otros Organismos. Esta fuente ofrece información sobre agrupaciones industriales y sobre productos definidos según la CNAE-52. En el cuadro 10.13 se muestra la equivalencia entre los grupos de productos utilizados en la presente investigación y la CNAE-52, pudiéndose comprobar que, al igual que sucedía en al caso anterior, tampoco se puede obtener una correspondencia biunívoca para cada uno de los grupos.

Para cada elemento de los grupos considerados, se ha adoptado el supuesto de que su tasa de variación se corresponde con la de la suma de los productos de la *Estadística Industrial de España* —basados en los códigos de la CNAE-52— que aparecen recogidos en el cuadro 10.14.

La *Estadística Industrial de España* se publicó por última vez con la información referente a 1977, siendo sustituida por la *Encuesta Industrial* a partir de 1978. Por tanto, no se puede calcular las tasas de variación del año 1978 sobre 1977, ya que se tendrían que combinar información procedente de dos encuestas con metodologías diferentes. Para resolver este problema se ha procedido de manera similar a como se hizo en el año 1992. Así, con la información para el periodo 1960-1977 se ha estimado por mínimos cuadrados un modelo en el que se ha tomado como variable dependiente la producción en cada uno de los conceptos incluidos dentro de la *Otra maquinaria y equipo* y como variable explicativa el valor añadido del sector industrial obtenida de la Contabilidad Nacional de España base 1986. Una vez

CUADRO 10.13: **Ramas CNAE-52 productoras de los productos de Otra maquinaria y equipo**

	Códigos CNAE-52
Productos de comunicaciones	
313. Hilos y cables eléctricos aislados	3721
32. Material electrónico; equipos y aparatos de radio, televisión y comunicaciones	3741, 3742, 3743 (p), 3744, 3746 (p), 3749 (p)
332 y 333. Fabricación de instrumentos y aparatos de medida y fabricación de equipo de control de procesos industriales	373, 3743 (p), 3746 (p), 3749 (p), 3771-3774, 3779 (p), 3911 (p), 3912, 3913 3915-3917, 3919
Otra maquinaria y equipo n.c.o.p.	
31 (excepto 313). Otra maquinaria y material eléctrico (a excepción del cable)	3516 (p), 3557-3559, 359 (p), 371, 3722-3727, 3729, 3746 (p), 375, 376, 378, 379, 3835 (p)
331, 334 y 335. Equipo e instrumentos médico-quirúrgicos, óptica y relojería	391, 822, 377, 241, 399, 374, 392, 242411 (p), 2445 (p), 262, 3545, 3745, 3747 (p), 3749 (p), 3771-3774, 3779 (p), 3911 (p), 3921-3925, 3926 (p), 393, 3997 (p), 8229 (p)
36. Muebles y otros artículos manufacturados n.c.o.p.	2391, 242, 2432 (p), 2437, 2438 (p), 2439, 2441, 2442, 2443 (p), 2445 (p), 2448, 2611 (p), 2612 (p), 2613 (p)-2614 (p), 2619 (p), 2615, 262-265, 269, 2721 (p), 2921, 2922, 2925 (p), 2927, 2928, 2929 (p), 3011, 3013-3016, 303-309, 3117 (p), 3195 (p), 3196 (p), 3545, 3581 (p), 3691-3698, 3699 (p), 3833 (p), 3892, 3893, 3899, 394, 395, 3961-3965, 3991-3994, 3997 (p), 3998, 3999

estimados, estos modelos se han utilizado para predecir las tasas de variación de la producción en del año 1978 sobre 1977 para cada uno de los componentes.

10.2.3.2. Importaciones y exportaciones

Las importaciones y exportaciones se han tomado de la base de datos COMEX de Eurostat y de la Agencia Estatal de Administración Tributaria (Ministerio de Hacienda). Estas dos fuentes, facilitan información sobre el volumen de importaciones y exportaciones para el periodo 1988-2002 según la clasificación del Arancel Combinado. Para el periodo 1980-1987 se toman las exportaciones e importaciones de la base de datos STAN de la OCDE.

CUADRO 10.14: **Correspondencia con los productos de la Estadística Industrial de España**

	Estadística Industrial de España
Productos de comunicaciones	
313. Hilos y cables eléctricos aislados	372 (p). Conductores
32. Material electrónico; equipos y aparatos de radio, televisión y comunicaciones	374 (p). Aparatos telefónicos, centrales, equipos eléctricos de señalización y enclavamiento, equipos de telegrafía, magnetófonos, proyectores cinemat., otros aparatos de cinemat., receptores de radiodifusión, receptores de transistores, receptores de televisión, tocadiscos, transistores, tubos electrónicos y otro material del grupo
332 y 333. Fabricación de instrumentos y aparatos de medida y fabricación de equipo de control de procesos industriales	373. Aparatos eléctricos de medida, regulación y control 374 (p). Equipos de radiocomunicación y radiolocalización 391 (p). Aparatos de control a mando a distancia y contadores e instrumentos
Otra maquinaria y equipo n.c.o.p.	
31 (excepto 313). Otra maquinaria y material eléctrico (a excepción del cable)	371. Máquinas y aparatos para la producción y utilización industrial de la energía eléctrica 372 (p). Aisladores, aparatos de maniobras y otros 375. Lámparas de iluminación 376. Equipos eléctricos para vehículos de tracción y transporte 378. Acumuladores, pilas, y carbones eléctricos 379. Maquinaria y materiales no especificados anteriormente
331, 334 y 335. Equipo e instrumentos médico-quirúrgicos, óptica y relojería	377 (p). Electromedicina 392. Aparatos de fotografía y óptica 393. Fabricación de relojes
36. Muebles y otros artículos manufacturados n.c.o.p.	26. Fabricación de muebles y accesorios de industrias auxiliares 395. Orfebrería y bisutería 396. Fabricación de instrumentos de música, excepto eléctricos 399. Escobas, cepillos y pinceles y productos fabriles metálicos no clasif.

Este banco de datos únicamente facilita la información a nivel de dos dígitos de la ISIC Rev. 3, equivalente a la CNAE-93 a dos dígitos. Para poder separar los distintos componentes dentro de las partidas 31 y 33 recurrimos a la proyección, al periodo 1980-1987, de las participaciones de los distintos componentes en la base de datos COMEX en el periodo 1988-2002. La estimación de las importaciones y de las exportaciones para el periodo 1970-1979 se ha obtenido a partir de dos modelos de regresión exponencial [29] en los que estas dos variables aparecen como variables dependientes y como variable explicativa la oferta interior destinada a demanda final de cada uno de los grupos de productos incluidos en *Otra maquinaria y equipo.*

10.2.3.3. Gastos en consumo final

La *Contabilidad Nacional de España. Series enlazadas. 1954-1997* (FBBV), y la *Contabilidad Nacional de España,* base 1995 (INE), facilitan información sobre el consumo final de los hogares, variable que ha sido utilizada para aproximar la evolución del gasto en consumo final de los productos del cuadro 10.8 en el periodo considerado.

Periodo 1960-1995

Para este periodo el consumo final de los hogares aparece clasificado por funciones según la clasificación PROCOME en la versión utilizada en la ECPF iniciada en 1985. La equivalencia entre dicha clasificación y los grupos de bienes incluidos en la rúbrica *Otra maquinaria y equipo* es la que aparece en el cuadro 10.15.

Aunque la equivalencia entre ambas clasificaciones se puede establecer de forma perfecta a nivel conceptual, la información disponible en la *Contabilidad Nacional de España. Series enlazadas. 1954-1997* no presenta una desagregación lo suficientemente detallada. Por ello, la tasas de variación de cada uno de los componentes de *Otra maquinaria y equipo* se han aproximado a partir de la información de dicha fuente, con las agregaciones que se muestran en el cuadro 10.16.

---

[29] Inicialmente se utilizó un modelo lineal, pero los resultados mostraron valores negativos para los primeros años de ambas variables.

CUADRO 10.15: **Equivalencia entre la PROCOME y los productos de otra maquinaria y equipo**

	Códigos PROCOME
Productos de comunicaciones	
313. Hilos y cables eléctricos aislados	44
32. Material electrónico; equipos y aparatos de radio, televisión y comunicaciones	71
332 y 333. Fabricación de instrumentos y aparatos de medida y fabricación de equipo de control de procesos industriales	42, 51, 52, 71, 82
Otra maquinaria y equipo n.c.o.p.	
31 (excepto 313). Otra maquinaria y material eléctrico (a excepción del cable)	14, 31, 41, 42, 43, 44, 45, 51, 62, 71, 74, 81, 82
331, 334 y 335. Equipo e instrumentos médico-quirúrgicos, óptica y relojería	21, 22, 41, 42, 4, 44, 45, 51, 52, 71, 74, 81, 82
36. Muebles y otros artículos manufacturados n.c.o.p.	21, 22, 41, 42, 43, 44, 45, 51, 62, 71, 74, 81, 82, 86

CUADRO 10.16: **Agregaciones de las funciones de consumo de la CNEe utilizadas para el cálculo de las tasas de variación del consumo de los hogares**

	Funciones de consumo de la CNEe
Productos de comunicaciones	
313. Hilos y cables eléctricos aislados	4
32. Material electrónico; equipos y aparatos de radio, televisión y comunicaciones	7.1
332 y 333. Fabricación de instrumentos y aparatos de medida y fabricación de equipo de control de procesos industriales	4, 5, 7.1, 9.2
Otra maquinaria y equipo n.c.o.p.	
31 (excepto 313). Otra maquinaria y material eléctrico (a excepción del cable)	13, 3, 4, 5, 6.2, 7.1, 8, 9.1, 9.2
331, 334 y 335. Equipo e instrumentos médico-quirúrgicos, óptica y relojería	2.1, 2.2, 4, 5, 7.1, 8, 9.1, 9.2
36. Muebles y otros artículos manufacturados n.c.o.p.	2.1, 2.2, 4, 5, 6.2, 7.1, 8, 9.1, 9.2

Periodo 1995-2002

Para el cálculo de las tasas de variación del consumo se ha utilizado la información que proporciona la Contabilidad Nacional de España relativa al gasto en consumo final de los hogares de acuerdo a la clasificación COICOP a dos dígitos. En el cuadro 10.17 se muestra la equivalencia entre la COICOP y los grupos de productos de *Otra maquinaria y equipo.*

CUADRO 10.17: **Equivalencia entre los bienes de capital de Otra maquinaria y equipo y la COICOP**

	Funciones de consumo de la COICOP
Productos de comunicaciones	
313. Hilos y cables eléctricos aislados	55
32. Material electrónico; equipos y aparatos de radio, televisión y comunicaciones	72, 82, 91, 93
332 y 333. Fabricación de instrumentos y aparatos de medida y fabricación de equipo de control de procesos industriales	55, 61, 72, 91, 92, 93, 95, 123
Otra maquinaria y equipo n.c.o.p.	
31 (excepto 313). Otra maquinaria y material eléctrico (a excepción del cable)	51, 55, 72, 91, 93
331, 334 y 335. Equipo e instrumentos médico-quirúrgicos, óptica y relojería	61, 72, 91, 92, 93, 123, 123
36. Muebles y otros artículos manufacturados n.c.o.p.	31, 43, 51, 52, 54, 55, 56, 92, 93, 93, 95, 121, 123

10.3. Elaboración de deflactores para el *hardware, software* y comunicaciones

Las peculiaridades en el comportamiento de los precios del *hardware, software,* y comunicaciones han hecho necesario la realización de un estudio específico para la elaboración de deflactores de estos tres tipos de bienes de capital con objeto de poder obtener la FBCF a precios constantes. Debido tanto a la carencia parcial, o total en algunos casos, de información relativa a la evolución de los precios de estos productos en España, como también a que en la FBCF de estos bienes las importaciones representan una parte fundamental, se han utilizado, entre otras fuentes, información correspondiente a Estados Unidos [30]. A continuación se exponen las alternativas que se han considerado para estos tres tipos de productos, así como la solución adoptada en cada caso.

10.3.1. *Software* (SW)

En la CNE-95 se dispone de información sobre los precios del *software* a partir de 1995. En cambio, para el periodo anterior a 1995 no se dispone de información de la economía española para la construcción de los correspondientes deflactores. A continuación se indican los criterios adoptados en los dos periodos que hemos considerado.

Periodo 1995-2002

Para este periodo se ha tomado el deflactor implícito del VAB de los servicios de *software.*

Periodo 1960-1995

El índice de precios del *software* para España ($P_{SW-España}$) se ha obtenido a partir de la relación

$$P_{SW-España} = \frac{P_{PIB-España}}{P_{PIB-USA}} P_{SW-USA}$$

donde

P_{SW-USA}: es el deflactor del *software* de Estados Unidos de América.

En el gráfico 10.1 se ha representado la evolución del deflactor del *software,* junto con el deflactor de los Estados Unidos de América.

---

[30] A través del Índice de Precios Industriales (INE) se puede disponer de información relativa a los precios de producción de los bienes manufacturados en España de *hardware* y comunicaciones. Pero dado que el objetivo es obtener un indicador de la evolución de los precios de los bienes que componen la FBCF, y en estos bienes las importaciones son un elemento fundamental, parece más adecuado utilizar la alternativa adoptada.

GRÁFICO 10.1: **Índice de precios del *software* (1995=100) (1960-2002)**

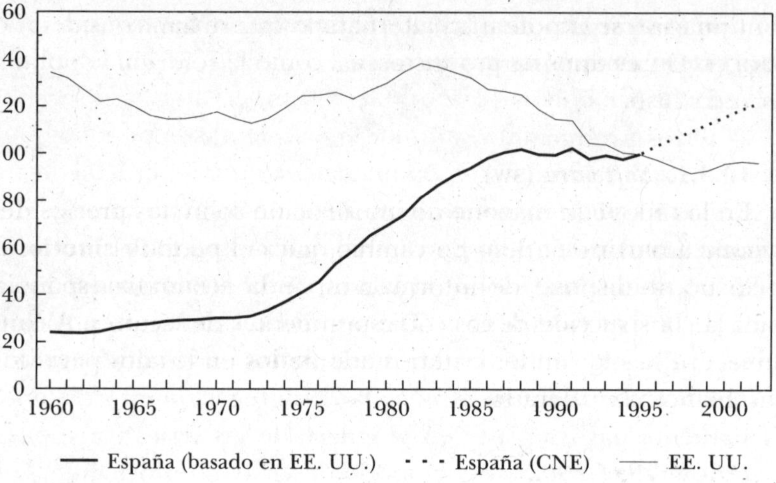

10.3.2. Comunicaciones (C)

En la elaboración del deflactor de comunicaciones hemos considerado dos periodos.

Periodo 1954-2002

El índice de precios de *comunicaciones* para España ($P_{C\text{-}España}$) para este periodo se ha obtenido a partir de la relación:

$$P_{C-España} = \frac{P_{PIB-España}}{P_{PIB-USA}} P_{TC-USA}$$

donde

$P_{HW\text{-}USA}$: es el deflactor de *comunicaciones* de Estados Unidos de América.

Periodo 1942-1954

Para este periodo se ha tomado el índice de precios de las inversiones en las instalaciones telefónicas de Telefónica, S.A.

Como en el caso anterior, en el gráfico 10.2 se ha representado la evolución del deflactor de comunicaciones junto con el deflactor de los Estados Unidos de América.

GRÁFICO 10.2: **Índice de precios de las Telecomunicaciones (1995=100) (1942-2002)**

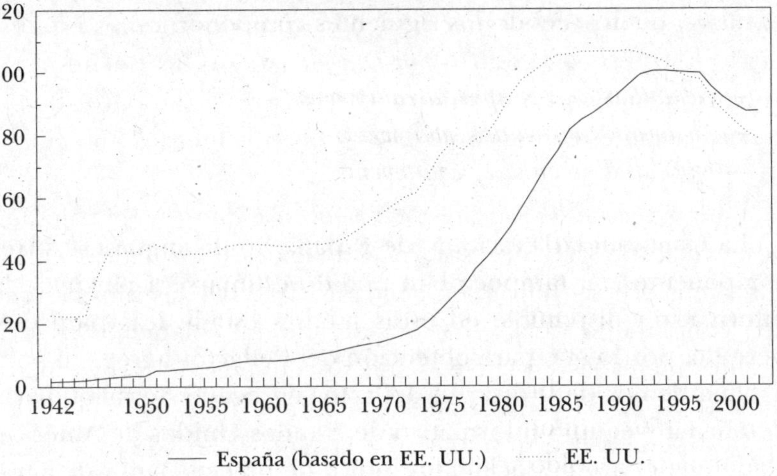

10.3.3. *Hardware* (HW)

Como ya se ha indicado, de acuerdo con la definición de la OCDE, el *hardware* se puede considerar equivalente a la rúbrica de *Maquinaria de oficina y equipos informáticos* de la CNE-95, que también tiene su equivalente en los sistemas anteriores de Contabilidad Nacional. La elaboración de la serie completa de *hardware* a precios corrientes no plantea ningún problema dada la equivalencia apuntada. A continuación se indican los criterios adoptados en la construcción del índice de precios para el periodo 1954-2002.

El índice de precios del *hardware* para España ($P_{HW-España}$) se obtiene a partir de la relación:

$$P_{HW-España} = \frac{P_{PIB-España}}{P_{PIB-USA}} P^{e}_{HW-USA}$$

donde

p^{e}_{HW-USA}: es un índice de precios encadenados del *hardware* de Estados Unidos de América;

$P_{PIB-España}$: es el deflactor del PIB en España;

$P_{PIB-USA}$: es el deflactor del PIB de Estados Unidos de América.

El Bureau of Economic Analysis (BEA) proporciona información sobre Formación Bruta de Capital Fijo y precios para el *hardware,* distinguiendo los siguientes componentes:

— *computers and peripheral equipment;*
— *photocopy and related equipment;*
— *office and accounting equipment.*

La Contabilidad Nacional de España no distingue estos tres componentes, ni tampoco han podido estimarse a partir de la información disponible en otras fuentes estadísticas para este periodo, por lo que para obtención del deflactor agregado para España hemos de utilizar el deflactor agregado de maquinaria de oficina y equipo informático de Estados Unidos de América. Dado que el BEA no facilita un índice de precios para este agregado, hemos construido, con esta información, un índice de precios encadenados, que tiene en cuenta los 3 componentes:

$$\text{En el año t} = \text{t+1} \quad P^e_{t+1} = P^e_t \cdot \frac{\sum_{j=1}^{3} (P_{j,t+1} / P_{j,t}) \cdot V_{j,t}}{\sum_{j=1}^{3} V_{j,t}}$$

Siendo $P_{j,t}$ y $V_{j,t}$ el deflactor y la Formación Bruta de Capital Fijo de cada componente de *hardware,* respectivamente.

En el gráfico 10.3 se ha representado la evolución del deflactor de maquinaria de oficina y equipo informático.

GRÁFICO 10.3: Índice de precios del *hardware* (1995=100) (1954-2002)

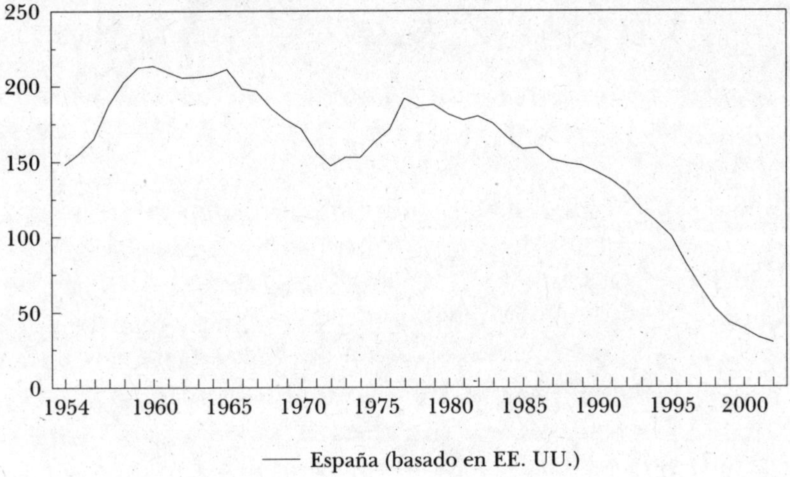

11. Estimación de series enlazadas por tipos de activos y ramas de actividad

UNA alternativa de medición y presentación a los dos principales enfoques recomendados en el SEC95 (por sectores institucionales y por productos) consiste en recoger los datos de la FBCF por rama propietaria o adquiriente de los activos fijos. Es decir, desde una perspectiva de demanda, similar a la de los sectores institucionales, pero referida a los agregados de unidades de producción, las ramas de actividad.

Si esta FBCF por ramas se desglosa además por tipo de productos, se obtiene entonces una matriz que permite compatibilizar simultáneamente la estimación de la oferta (por tipo de productos) con la de demanda (por ramas adquirientes) de la FBCF.

El INE ha elaborado Matrices de FBCF por producto y rama propietaria para el periodo 1995-1998 a precios corrientes y a precios de 1995. A precios corrientes, se distingue entre las matrices de 1995 y 1996, definidas con la clasificación Pi6 de bienes de inversión y el nivel A60 de ramas de actividad y las matrices de 1997 y 1998, definidas con la clasificación Pi3 de bienes de inversión y el nivel A31 de ramas de actividad (cuadro 11.1). A precios constantes de 1995 se elaboran matrices para los años 1996 a 1998 definidas con la clasificación Pi3 de bienes de inversión y nivel A31 de ramas de actividad. Todas estas clasificaciones están establecidas por el SEC (anexo de clasificaciones).

La desagregación propuesta para las matrices de FBCF para el periodo considerado cuenta con 18 productos (véase cuadro 8.3) y 43 ramas de actividad, tanto en términos corrientes como en términos constantes.

En el cuadro 11.2 se muestra la clasificación de la FBCF por ramas de actividad que se propone. Al igual que en el caso de los activos, está basada en las clasificaciones por ramas de actividad observadas en las Matrices de FBCF del INE, pero tiene algunas diferencias con las mismas.

CUADRO 11.1: **Clasificación A31 y A60 de ramas de actividad en las matrices de FBCF del INE**

A31	A60	Referencia CNAE-93
1. Agricultura, ganadería, caza y selvicultura	1. Agricultura, ganadería, caza y actividades de servicios relacionadas con las mismas	1
	2. Silvicultura, explotación forestal y actividades de los servicios relacionadas con las mismas	2
2. Pesca	3. Pesca, acuicultura	5
3. Extracción de productos energéticos	4. Extracción y aglomeración de antracita, hulla, lignito y turba	10
	5. Extracción de crudos de petróleo y gas natural; actividades de los servicios relacionados con las explotaciones petrolíferas y de gas, excepto las actividades de prospección	11
	6. Extracción de minerales de uranio y torio	12
4. Extracción de otros minerales	7. Extracción de minerales metálicos	13
	8. Extracción de minerales no metálicos ni energéticos	14
5. Industrias de la alimentación, bebidas y tabaco	9. Industrias de productos alimenticios y bebidas	15
	10. Industria del tabaco	16
6. Industria textil y de la confección	11. Industria textil	17
	12. Industria de la confección y de la peletería	18
7. Industria del cuero y del calzado	13. Preparación, curtido y acabado de cuero; fabricación de artículos de marroquinería, talabartería y espartería	19
8. Industria de la madera y el corcho	14. Industria de la madera y del corcho, excepto muebles; cestería y espartería	20
9. Industria del papel; edición y artes gráficas	15. Industria del papel	21
	16. Edición, artes gráficas y reproducción de soportes grabados	22

CUADRO 11.1 (*cont.*): **Clasificación A31 y A60 de ramas de actividad en las matrices de FBCF del INE**

A31	A60	Referencia CNAE-93
10. Coquerías, refino y combustibles nucleares	17. Coquerías, refino de petróleo y tratamiento de combustibles nucleares	23
11. Industria química	18. Industria química	24
12. Industria del caucho y materias plásticas	19. Fabricación de productos de caucho y materias plásticas	25
13. Otros productos minerales no metálicos	20. Fabricación de otros productos minerales no metálicos	26
14. Metalurgia y productos metálicos	21. Metalurgia	27
	22. Fabricación de productos metálicos, excepto maquinaria y equipo	28
15. Maquinaria y equipo mecánico	23. Industria de la construcción de maquinaria y equipo mecánico	29
16. Equipo eléctrico, electrónico y óptico	24. Fabricación de máquinas de oficina y equipos informáticos	30
	25. Fabricación de maquinaria y material eléctrico	31
	26. Fabricación de material electrónico; fabricación de equipo y aparatos de radio, televisión y comunicaciones	32
	27. Fabricación de equipo e instrumentos médico-quirúrgicos, de precisión, óptica y relojería	33
17. Fabricación de material de transporte	28. Fabricación de vehículos de motor, remolques y semirremolques	34
	29. Fabricación de otro material de transporte	35
18. Industrias manufactureras diversas	30. Fabricación de muebles; otras industrias manufactureras	36
	31. Reciclaje	37
19. Energía eléctrica, gas y agua	32. Producción y distribución de energía eléctrica, gas, vapor y agua caliente	40
	33. Captación, depuración y distribución de agua	41

CUADRO 11.1 (*cont.*): **Clasificación A31 y A60 de ramas de actividad en las matrices de FBCF del INE**

A31	A60	Referencia CNAE-93
20. Construcción	34. Construcción	45
21. Comercio y reparación	35. Venta, mantenimiento y reparación de vehículos de motor, motocicletas y ciclomotores; venta al por menor de combustible para vehículos de motor	50
	36. Comercio al por mayor e intermediarios del comercio, excepto de vehículos de motor y motocicletas	51
	37. Comercio al por menor, excepto el comercio de vehículos de motor, motocicletas y ciclomotores; reparación de efectos personales y enseres domésticos	52
22. Hostelería	38. Hostelería	55
23. Transportes y comunicaciones	39. Transporte terrestre; transporte por tubería	60
	40. Transporte marítimo, de cabotaje y por vías de navegación interiores	61
	41. Transporte aéreo y espacial	62
	42. Actividades anexas a los transportes; actividades de agencias de viajes	63
	43. Correos y telecomunicaciones	64
24. Intermediación financiera	44. Intermediación financiera, excepto seguros y planes de pensiones	65
	45. Seguros y planes de pensiones, excepto seguridad social obligatoria	66
	46. Actividades auxiliares a la intermediación	67
25. Inmobiliarias y servicios empresariales	47. Actividades inmobiliarias	70
	48. Alquiler de maquinaria y equipo sin operario, de efectos personales y enseres domésticos	71
	49. Actividades informáticas	72
	50. Investigación y desarrollo	73
	51. Otras actividades empresariales	74

CUADRO 11.1 (*cont.*): **Clasificación A31 y A60 de ramas de actividad en las matrices de FBCF del INE**

A31	A60	Referencia CNAE-93
26. Administración pública	52. Administración pública, defensa y seguridad social obligatoria	75
27. Educación	53. Educación	80
28. Sanidad y servicios sociales	54. Actividades sanitarias y veterinarias; servicios sociales	85
29. Otras actividades sociales y servicios	55. Actividades de saneamiento público	90
	56. Actividades asociativas	91
	57. Actividades recreativas, culturales y deportivas	92
	58. Actividades diversas de servicios personales	93
30. Hogares que emplean personal doméstico	59. Hogares que emplean personal doméstico	95
31. Organismos extraterritoriales	60. Organismos extraterritoriales	99

En la clasificación propuesta se han desglosado algunas partidas. Así, en la rúbrica *educación* se distingue entre *educación pública* y *educación privada.* De la misma forma, *Sanidad y servicios sociales* se desglosa en tres rúbricas: *Sanidad pública, servicios sociales públicos* y *sanidad y servicios sociales privados.*

También, dentro del sector de *transportes y comunicaciones* se ha realizado el siguiente desglose: *autopistas de peaje, ferrocarriles* (*RENFE, FEVE...*), *aeropuertos* (AENA), *puertos del Estado* y *resto de transportes y comunicaciones.*

Finalmente, se ha distinguido dentro del sector de *Administraciones públicas* entre *carreteras, hidráulicas, ferrocarriles, aeropuertos, puertos, infraestructuras urbanas* y *resto de AA. PP.*

La metodología seguida en la estimación de las matrices de FBCF, al igual que en las matrices construidas por el INE, se ha basado en dos perspectivas complementarias: la perspectiva de oferta, basada en el análisis de la oferta de bienes de capital

CUADRO 11.2: Clasificación propuesta de la FBCF por ramas de actividad

1. Agricultura, ganadería, caza y selvicultura
2. Pesca
3. Extracción de productos energéticos
4. Extracción de otros minerales
5. Industria de la alimentación, bebidas y tabaco
6. Industria textil y de la confección
7. Industria del cuero y del calzado
8. Industria de la madera y del corcho
9. Industria del papel; edición y artes gráficas
10. Coquerías, refino y combustibles nucleares
11. Industria química
12. Industria del caucho y materias plásticas
13. Otros productos minerales no metálicos
14. Metalurgia y productos metálicos
15. Maquinaria y equipo mecánico
16. Equipo eléctrico, electrónico y óptico
17. Fabricación de material de transporte
18. Industrias manufactureras diversas
19. Energía eléctrica, gas y agua
20. Construcción
21. Comercio y reparación
22. Hostelería
23. Autopistas de peaje
24. Ferrocarriles (RENFE, FEVE, etc.)
25. Aeropuertos (AENA)
26. Puertos del Estado
27. Resto de transportes y comunicaciones
28. Intermediación financiera
29. Actividades inmobiliarias
30. Servicios empresariales
31. Carreteras
32. Hidráulicas
33. Ferrocarriles
34. Aeropuertos
35. Puertos
36. Infraestructuras urbanas
37. Educación pública
38. Sanidad pública
39. Servicios sociales públicos
40. Resto de AA. PP.
41. Educación privada
42. Sanidad y servicios sociales privados
43. Otras actividades sociales y servicios

disponibles en la economía y la perspectiva de demanda, basada en datos de gastos en FBCF de las ramas de actividad. A continuación se detallan las fuentes estadísticas (organismo elaborador y denominación) que se han utilizado en la estimación de las mismas:

— Asociación Española de Empresas de Tecnologías de la Información (SEDISI). Ministerio de Ciencia y Tecnología: Las tecnologías de la información en España;
— Asociación Nacional de Industrias Electrónicas y de Telecomunicaciones (ANIEL): Informe;
— Asociación Nacional de Industrias Electrónicas y de Telecomunicaciones (ANIEL): Memoria;
— Banco de España: Boletín Estadístico;
— Banco de España: Boletín Económico-Banco de España: Boletín Económico;
— Banco de España: Las grandes empresas industriales en España;
— Banegas (2002): La nueva economía española. Impactos de las tecnologías de la información y la comunicación en la economía y la sociedad;
— Comisión del Mercado de las Telecomunicaciones (CMT): Informe anual;
— Ente público RTVE: Desglose de inversiones;
— Eurostat: COMEXT Database;
— Dirección General de Seguros: Memorias anuales;
— FBBVA-Ivie: Contabilidad Nacional de España. Series enlazadas 1954-1997 (CNEe-86);
— FBBVA-Ivie: El *stock* de capital en España y su distribución territorial;
— Fundación Argentaria: Las cuentas de la educación en España y sus Comunidades Autónomas. 1980-1992;
— García, Goerlich y Orts (1994): Macromagnitudes básicas a nivel sectorial de la industria española: series históricas;
— Gómez Villegas (1998): Formación Bruta de Capital Fijo en la economía española;
— IGAE: Cuentas de las Administraciones Públicas;
— INE: Contabilidad Nacional de España;
— INE: Encuesta anual de comercio;
— INE: Encuesta anual de comercio al por menor;
— INE: Encuesta anual de comercio al por mayor;

— INE: Encuesta anual de servicios;
— INE: Encuesta de financiación y gastos de la enseñanza privada;
— INE: Encuesta de servicios a empresas;
— INE: Encuesta de servicios audiovisuales;
— INE: Encuesta de servicios informáticos;
— INE: Encuesta de servicios personales;
— INE: Encuesta de servicios postales y de telecomunicaciones;
— INE: Encuesta de servicios técnicos;
— INE: Encuesta sobre la estructura de las empresas de agencia de viajes;
— INE: Establecimientos sanitarios con régimen de internado;
— INE: Matrices de FBCF por producto y rama propietaria (1995-1998);
— INE: Microdatos de la encuesta industrial;
— INE: Microdatos de la encuesta industrial de empresas;
— INE: Tablas de origen y destino 1995-1998;
— Instituto de Estudios Fiscales: Análisis económico de los gastos públicos en sanidad y previsión de los recursos necesarios a medio plazo;
— Instituto de Estudios Fiscales: La Contabilidad Nacional de España;
— Ministerio de Agricultura, Pesca y Alimentación: Anuario de estadística agraria;
— Ministerio de Administraciones Públicas: Informe IRIA;
— Ministerio de Administraciones Públicas: Informe REINA;
— Ministerio de Ciencia y Tecnología: Estadística Minera;
— Ministerio de Ciencia y Tecnología: Registro Industrial;
— Ministerio de Industria y Energía: Las grandes empresas industriales en España;
— Ministerio de Fomento: Estructura de la construcción;
— Ministerio de Sanidad y Consumo: Establecimientos sanitarios con régimen de internado;
— OCDE: Health Data;
— OCDE: STAN Database;
— Servicio Sindical de Estadística: Existencias e inversiones;
— SICOSS: Liquidación de inversiones del sistema de seguridad social;
— Telefónica: Memorias.

En el cuadro 11.3 se ofrece una correspondencia entre la nueva desagregación propuesta por ramas de actividad y la existente en las publicaciones realizadas hasta el momento (con metodología previa de la OCDE). La nueva desagregación aplicada esta basada en la clasificación CNAE-93.

CUADRO 11.3: **Correspondencia entre la desagregación de las publicaciones realizadas hasta ahora y la nueva clasificación propuesta**

Detalle sectorial de las series publicadas hasta ahora	Código CNAE93	Corresp. Ramas Tabla 10.14
1. Agricultura, ganadería, caza y selvicultura	01-02	1
2. Pesca	5	2
3. Productos energéticos	10-12, 23, 40-41	3, 10, 19
4. Minerales metálicos y siderometalurgia	13,27	4(P), 14(P)
5. Minerales y productos no metálicos	14,26	4(P), 13
6. Productos químicos	24	11
7. Productos metálicos n.c.o.p.	28	14(P)
8. Maquinaria agrícola e industrial	29	15
9. Maquinaria de oficina y otros	30,33	16 (P)
10. Material y accesorios eléctricos	31-32	16 (P)
11. Material de transporte	34-35	17
12. Productos alimenticios, bebidas y tabaco	15-16	5
13. Productos textiles, cuero y calzados, vestido	17-19	6, 7
14. Papel, artículos de papel, impresión	21-22	9
15. Productos de caucho y otros	25	12
16. Madera, corcho y otras manufacturas	20, 36-37	8, 18
17. Construcción y obras de ingeniería civil	45	20
18. Servicios de hostelería y restauración	55	22
19. Servicios de transporte	60-63	23-27 (P)
20. Servicios de comunicación	64	23-27 (P)
21. Servicios de instituciones de crédito y seguro	65-67	28
22. Otros servicios destinados a la venta	50-52, 71-74, 80 (P), 85 (P), 90-93, 95	21, 30, 41-43
23. Residencial	70	29
24. AA. PP. (en sentido estricto)	75, 80 (P), 85 (P)	31-40

Las diferencias más destacables se producen en las ramas 4, 5 y 7. Estas diferencias se producen por la segregación de industrias extractivas (extracción de productos energéticos y extracción de otros minerales, ramas 3 y 4 en el cuadro 11.3) de las de transformación.

Otra diferencia es que en las nuevas series no se ha podido mantener el desglose del equipo eléctrico, electrónico y óptico (rama 16 en cuadro 11.2) en las rúbricas Maquinaria de oficina y otros y material y accesorios eléctricos (ramas 9 y 10 en cuadro 11.3), ni tampoco el de transportes y comunicaciones.

La desagregación por ramas propuesta, es en general, más detallada que la utilizada en las estimaciones previas de la Fundación BBVA y el Ivie, aunque debido a los cambios en la clasificación no se puede obtener siempre una correspondencia exacta entre la actual y la anterior.

12. Aplicación de la metodología en la estimación del *stock* de capital

A continuación se describen los supuestos básicos que se han adoptado en la estimación de las series de *stock* de capital resultantes de la aplicación de la metodología descrita en la parte I de esta obra.

Desagregación por tipo de activos

El máximo nivel de desagregación que ha sido posible alcanzar hasta el momento es el que aparece en el cuadro 12.1.

Vidas medias

Las vidas medias finalmente seleccionadas aparecen en el cuadro 12.2. En su selección se han tenido en cuenta dos tipos de consideraciones. En primer lugar, para los activos pertenecientes a 1 (Vivienda) y 2 (Otras construcciones, con la excepción de 2.5) se han mantenido las vidas medias utilizadas en las estimaciones previas de la Fundación BBVA y el Ivie, puesto que no existía ninguna razón para su modificación. En segundo lugar, al no disponer de estudios empíricos para la determinación de las vidas medias de los restantes tipos de activos, se ha optado por acudir a las utilizadas en otros países (Estados Unidos, Canadá, Australia y Holanda fundamentalmente).

Funciones de supervivencia

Para todos los activos se ha considerado que, al igual que en las estimaciones previas de la Fundación BBVA y el Ivie, la función de supervivencia adopta la forma de la Winfrey S-3.

Funciones edad-eficiencia

Para todos los activos se han considerado funciones edad-eficiencia hiperbólicas, con valores fijados para el parámetro $\beta = 0{,}5$

CUADRO 12.1: **Desagregación por tipos de activos**

1. Viviendas
2. Otras construcciones
   - 2.1. Infraestructuras viarias
   - 2.2. Infraestructuras hidráulicas públicas
   - 2.3. Infraestructuras ferroviarias
   - 2.4. Infraestructuras aeroportuarias
   - 2.5. Infraestructuras portuarias
   - 2.6. Infraestructuras urbanas de CC. LL.
   - 2.7. Otras construcciones n.c.o.p
3. Equipo de transporte
   - 3.1. Vehículos de motor
   - 3.2. Otro material de transporte
4. Maquinaria, material de equipo y otros productos
   - 4.1. Productos agricultura, ganadería y pesca
   - 4.2. Productos metálicos y maquinaria
     - 4.2.1. Productos metálicos
     - 4.2.2. Maquinaria y equipo mecánico
     - 4.2.3. Maquinaria de oficina y equipo informático
     - 4.2.4. Otra maquinaria y equipo
       - 4.2.4.1. Comunicaciones
       - 4.2.4.2. Otra maquinaria y equipo n.c.o.p.
   - 4.3. Otros productos
     - 4.3.1. *Software*
     - 4.3.2. Otros productos n.c.o.p.

para los activos comprendidos en los apartados 3 y 4 del cuadro 12.2 y $\beta = 0{,}75$ para los comprendidos en los apartados 1 y 2 (Viviendas y Otras construcciones).

Tasas de crecimiento

En la mayoría de los análisis que utilizan las estimaciones de *stock* de capital, por ejemplo en los ejercicios de contabilidad del crecimiento, es de gran relevancia el cálculo de sus tasas de variación. En la base de datos FBBVA-Ivie las tasas de crecimiento de

CUADRO 12.2: **Vidas medias**

1. Viviendas	60
2. Otras construcciones	
2.1. Infraestructuras viarias	50
2.2. Infraestructuras hidráulicas públicas	40
2.3. Infraestructuras ferroviarias	40
2.4. Infraestructuras aeroportuarias	40
2.5. Infraestructuras portuarias	50
2.6. Infraestructuras urbanas de CC. LL.	40
2.7. Otras construcciones n.c.o.p.	50
3. Equipo de transporte	
3.1. Vehículos de motor	8
3.2. Otro material de transporte	20
4. Maquinaria, material de equipo y otros productos	
4.1. Productos agricultura, ganadería y pesca	14
4.2. Productos metálicos y maquinaria	
4.2.1. Productos metálicos	16
4.2.2. Maquinaria y equipo mecánico	16
4.2.3. Maquinaria de oficina y equipo informático	7
4.2.4. Otra maquinaria y equipo	
4.2.4.1. Telecomunicaciones	15
4.2.4.2. Otra maquinaria y equipo n.c.o.p.	12
4.3. Otros productos	
4.3.1. *Software*	3
4.3.2. Otros productos n.c.o.p.	7

las magnitudes agregadas en términos reales se han calculado utilizando índices de Törnqvist de la forma:

$$\ln(x_t) - \ln(x_{t-1}) = \\ = \sum_j 0,5[v_{x,j,t} + v_{x,j,t-1}][\ln(x_{j,t}) - \ln(x_{j,t-1})] \qquad (12.1)$$

en donde x_t representa cualquier variable (FBCF, KG, KW, KP) expresada en *términos reales*, j es el número de activos y $v_{x,j,t}$ son las participaciones promedio de las variables en términos nominales. Así, si indicamos con el supraíndice c los valores de las variables en términos nominales:

$$v_{FBCF,j,t} = \frac{FBCF^{c}_{j,t}}{\sum_{j} FBCF^{c}_{j,t}}; v_{KG,j,t} = \frac{KG^{c}_{j,t}}{\sum_{j} KG^{c}_{j,t}}; v_{KW,j,t} = \frac{KW^{c}_{j,t}}{\sum_{j} KW^{c}_{j,t}};$$

En el caso del capital productivo, la expresión de $v_{KP,j,t}$ viene dada por [31]

$$v_{KP,j,t} = \frac{\mu_{j,t} KP_{j,t}}{\sum_{j} \mu_{j,t} KP_{j,t}}; \mu_{j,t} =$$
$$= p_{j,t-1}(i_{t} + d_{j,t} - q_{j,t}) = p_{j,t-1}\left[r + \eta_{t} + d_{j,t} - q_{j,t}\right]$$

[31] Para mayor detalle puede consultar el apartado 3.6.

TERCERA PARTE

RESULTADOS

Introducción a la tercera parte

LA aplicación de la nueva metodología de estimación del *stock* de capital, descrita en las partes I y II de esta monografía, a los datos de la economía española ha permitido generar un banco de datos que representa una mejora sustancial de la información sobre el proceso de acumulación respecto a las series anteriores, también elaboradas por la Fundación BBVA y el Ivie. El origen de la mejora es la desagregación de la información por tipos de productos y en un mayor número de sectores, lo que enriquece la base de datos y las posibilidades de realizar análisis. Adicionalmente, las numerosas novedades metodológicas introducidas al considerar los conceptos de capital productivo y de servicios del capital, así como los nuevos criterios seguidos en la agregación y en el cálculo de tasas de variación del capital, hacen que el número de variables incluidas se amplíe y que la confianza en la adecuación y precisión de las mismas para ciertos usos de los datos mejore, en particular en lo que se refiere al empleo de los mismos en los análisis del crecimiento económico.

Es evidente que un volumen de información de esas dimensiones sólo puede ser presentado de manera muy resumida en estas páginas. Al elegir el modo de hacerlo se ha de tener presente que el procedimiento de estimación ahora empleado es bastante más complejo que en ediciones anteriores, no sólo en el cálculo sino en cuanto al significado de algunos de los conceptos utilizados, descritos con precisión en la parte I. Por esta razón, se intentará seguir un orden expositivo de los resultados que permita recordar al lector las diferencias conceptuales entre las principales variables, expuestas con detalle en la parte I, y subrayar la interpretación del significado económico de las mismas y, por otra parte, identificar los rasgos más interesantes del proceso de acumulación en España, a la vista de las imágenes del mismo que proporcionan las distintas variables. En otras palabras, esta parte III de la obra tiene una finalidad doble al presentar los resultados: ofrecer una guía para utilizar la nueva base de datos y comentar los aspectos más relevantes de la acumulación de capital que ha tenido lugar. Ambos objetivos serán perseguidos dentro de los límites de extensión que se consideran razonables, sin perjuicio de otros análisis de las series estadísticas producidas que se deberán abordar en trabajos posteriores. Por consiguiente, los contenidos de estas páginas no describen por completo la información de las nuevas series ni agotan sus usos, pero sí ofrecen una primera valoración de su contenido y su significado económico.

El orden elegido para la exposición de esta parte III difiere del utilizado en la parte I. En aquel caso la secuencia expositiva estaba guiada por el orden en el que se realizan las estimaciones de las distintas variables. En cambio, al comentar los resultados se opta por empezar haciendo referencia a las variables más conocidas, dejando para el final las que constituyen una mayor novedad. Así, en el capítulo 13 se presentan los resultados correspondientes a la Formación Bruta de Capital Fijo, FBCF. En el capítulo 14 se consideran los datos de capital bruto y capital neto (riqueza). El capítulo 15 se dedica al análisis del capital productivo y los servicios del capital. En cada uno de estos tres capítulos se presentarán, junto a las variables mencionadas, las informaciones referidas a otras variables directamente relacionadas con las que se están comentando: en el capítulo 13, junto a la inversión, los deflactores; en el capítulo 14, al presentar los datos de capital bruto y neto, las tasas de depreciación; en el capítulo 15, con los resultados del capital productivo, el coste de uso del capital.

Las variables son comentadas haciendo referencia al detalle de cada uno de los productos o tipos de activos y a dos niveles de agregación: los cuatro principales agregados en los que se materializa la inversión (*viviendas, otras construcciones, equipo de transporte* y *maquinaria, material de equipo y otros productos*) y la totalidad de la economía en su conjunto. Finalmente, también se considera cada variable desde la perspectiva del destino de la inversión por ramas de actividad, agrupando éstas según varios criterios.

En el capítulo 16 se presentan las conclusiones obtenidas, en dos sentidos: los principales rasgos del proceso de acumulación llevado a cabo en España en las últimas cuatro décadas y las novedades más importantes que ofrece la base de datos presentada.

13. Inversión

EL punto de partida de los procesos de acumulación es la inversión o Formación Bruta de Capital Fijo [32] (FBCF) y, por ello, la presentación de resultados comienza por perfilar la evolución de esta variable. Para estudiar los datos referidos a esta variable se ofrece, en primer lugar, una visión de conjunto de la trayectoria de la inversión total de la economía, para descender posteriormente los dos escalones de detalle de los activos ya mencionados: cuatro grandes subagregados, primero, y dieciocho productos posteriormente. Finalmente se considerarán las inversiones en los distintos productos agrupadas según el destino de las mismas, por ramas de actividad. Este esquema expositivo se repetirá en términos similares en los dos capítulos posteriores.

13.1. Inversión total

En términos agregados, en el gráfico 13.1 se observa un perfil fuertemente creciente de la FBCF del conjunto de la economía española, tanto nominal como real, lo que no constituye una novedad pues es bien conocido a través de las series de la Contabilidad Nacional de España que la evolución de la inversión en las últimas décadas ha sido tendencialmente creciente. No obstante, las notables diferencias entre las series de FBCF nominal y real advierten de la intensidad del proceso inflacionista que ha afectado a la inversión. Este hecho tiene una especial

[32] Con la denominación de inversión nos referimos a la suma de *Formación Bruta de Capital Fijo* y *Adquisición neta de terrenos* (según nomenclatura del SEC-70/79, si bien en el SEC-95 esta última rúbrica ha sido sustituida por *Adquisiciones menos cesiones de activos no financieros no producidos)*. Es evidente que el valor de la inversión no coincide exactamente con el de la FBCF, sin embargo a lo largo de estas páginas se utilizarán indistintamente ambas denominaciones porque los comentarios son extensivos a los dos conceptos.

relevancia, como se comprobará, en los activos relacionados con la construcción.

Lo cierto es que, mientras que la inversión nominal casi siempre crece, la inversión real permanece estancada o decrece en algunos subperiodos. Así por ejemplo, entre 1974 y 1984 la expansión de la inversión fue sólo el resultado de las alzas de precios, pues se redujo en términos reales. Al principio de los años noventa hubo, incluso, una reducción de la inversión en términos nominales. De cualquier modo, la trayectoria de la inversión real ha permitido alcanzar cifras en los años recientes que más que quintuplican las correspondientes al principio del periodo. Sin embargo, la irregularidad del ritmo inversor es apreciable en el sentido ya comentado —el crecimiento en términos reales de la variable se frena e incluso es negativo en los periodos de recesión— y también cuando se considera la evolución del *esfuerzo inversor bruto* (porcentaje de la FBCF respecto al PIB), que se reduce sensiblemente en los periodos de crisis y se acelera en las expansiones, confirmando el perfil procíclico de la FBCF.

Dados los grandes cambios de dimensión experimentados por la economía española durante el largo periodo de tiempo considerado, el esfuerzo inversor es un buen indicador de la intensidad relativa de la formación de capital llevada a cabo en cada momento. El gráfico 13.1 indica que este indicador se ha mantenido, prácticamente en todo el periodo, por encima del 21%, superando en los periodos más expansivos el 25%. La impresión que producen estas cifras en las décadas más recientes es que el esfuerzo inversor se mantiene a un nivel elevado, pero algo inferior en promedio al que caracterizó la década anterior a la crisis del petróleo. Sin embargo, para valorar lo que este esfuerzo inversor significa en términos de acumulación convendrá atender, más adelante, a sus efectos sobre el ritmo de crecimiento del *stock* de capital neto.

Ya se ha insistido en que el análisis desagregado del proceso de la acumulación, partiendo de la diferenciación entre dieciocho productos o tipos de bienes de inversión diferentes, es la principal novedad de las nuevas estimaciones de capital y su mayor valor añadido para su interpretación económica. No obs-

GRÁFICO 13.1: Inversión. Total

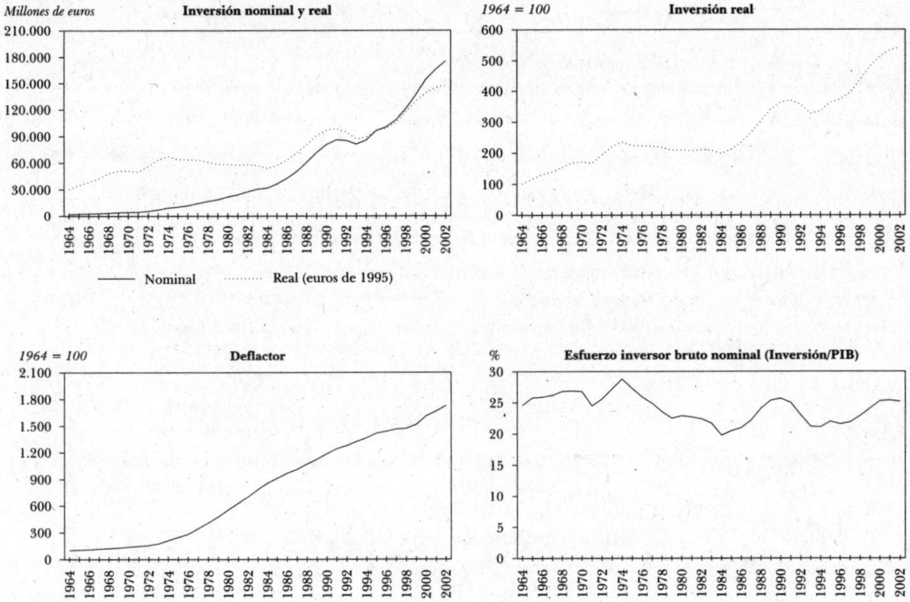

tante, el volumen de información obliga a elegir aquellos aspectos de la misma más importantes, para evitar perderse en un bosque de datos. Por eso, para presentar la información elaborada se descenderá a los detalles dando dos pasos: primero se consideran los cuatro principales agregados en los que se agrupan los bienes de inversión (véase cuadro 8.3, parte II), siguiendo la clasificación habitual en los datos de formación bruta de capital fijo que proporciona la Contabilidad Nacional: *viviendas, otras construcciones, equipo de transporte* y *maquinaria, material de equipo y otros productos;* posteriormente, se presentarán los datos correspondientes a cada uno de los productos.

13.2. Inversión: principales agregados

En el gráfico 13.2 se ofrece una información muy relevante, pues permite apreciar la importancia de los grandes cuatro grupos de bienes de inversión; como se puede comprobar, su cuantía no es la misma ni su trayectoria tampoco. En euros corrien-

GRÁFICO 13.2: Principales agregados de la inversión por tipo de activo

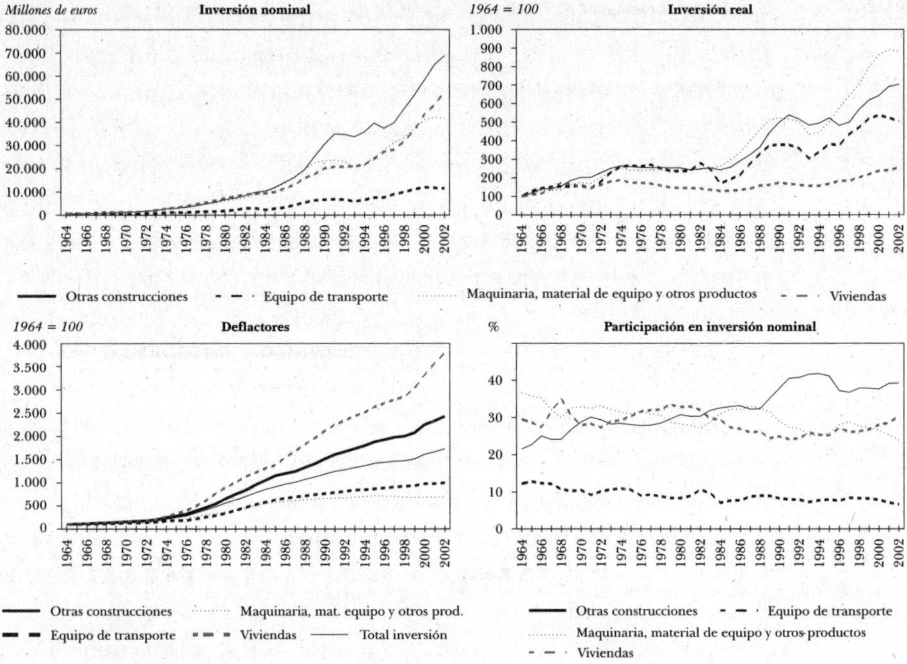

tes, la inversión en los productos de construcción mantiene un gran protagonismo a lo largo de todo el periodo. Dentro de ellos el mayor volumen corresponde a *otras construcciones*, en las que se contabiliza la práctica totalidad de la inversión pública y, lo que es más importante, una gran parte de la inversión privada (en plantas, naves, locales comerciales, etc.); el otro producto de la construcción, la inversión en *viviendas*, es también muy relevante y, al final del periodo, recupera el segundo puesto en FBCF en términos nominales, gracias al fuerte impulso de los últimos años. De los otros dos agregados que no son producidos por el sector de la construcción, el de *maquinaria, material de equipo y otros productos* tiene también un gran peso, y sigue una trayectoria muy dinámica, resultando el *equipo de transporte* el de menor relevancia cuantitativa de los cuatro y también el que menos ha aumentado.

Sin embargo, esta visión de la composición de la inversión y su evolución en términos nominales no informa adecuadamente de la evolución de los ritmos de inversión en términos reales, pues el proceso inflacionista ha sido de una intensidad muy desigual en los distintos agregados, como muestra con toda claridad la dispar evolución de los deflactores. Mientras los dos índices de precios ligados a la construcción superan a la media (sobre todo el de la *vivienda,* que muestra la conocida aceleración de los últimos años), los de *maquinaria, material de equipo y otros productos* y *equipo de transporte* apenas alcanzan en el periodo la mitad de la media. Es importante advertir que, en el caso de la maquinaria y equipo, en los últimos años el nivel de precios de este subagregado se reduce. Esta dispar evolución de los precios de los productos de inversión es trascendental para un buen número de aspectos del proceso de acumulación que vamos a analizar.

Considerada la formación bruta de capital en términos reales, es decir, deflactando cada subagregado por su correspondiente índice de precios [33], las velocidades de crecimiento de la inversión real en cada uno de los agregados son muy distintas. Así, las menores tasas de crecimiento de la inversión real corresponden a la vivienda, seguidas del material de transporte. Los otros dos agregados han experimentado un crecimiento acumulado similar en términos reales hasta mediados de los noventa, destacándose la inversión en maquinaria y equipo sobre las otras construcciones en los últimos años. El crecimiento de la inversión en maquinaria es el más relevante desde la perspectiva de la incorporación de tecnología, como se verá al considerar la desagregación por productos. En el periodo analizado este tipo de inversiones se ha multiplicado por 9 en términos reales, siendo el factor multiplicador de 7 en las otras construcciones, 5 en el material de transporte y menos de 3 en viviendas.

En cambio, la velocidad de crecimiento de la inversión en términos nominales ha sido mayor en el caso de la vivienda y otras construcciones, impulsada en ambos casos por la subida de

---

[33] Es importante advertir que las comparaciones en términos reales entre agregados de productos distintos son sensibles al año base seleccionado en los deflactores, sobre todo cuando los precios relativos de los bienes han cambiado mucho, como sucede en algunos casos. Por esta razón no se presentan datos en términos reales tomando un año base sino índices base 100, con el fin de no inducir al lector a comparar sin precauciones los valores en euros constantes de 1995 que ofrece la base de datos.

precios de los productos del sector. Es remarcable que, debido en buena medida a los precios, la suma de los dos grupos de activos relacionados con el sector de la construcción sigue representando más de las dos terceras partes de la inversión agregada, pese al terreno ganado por la inversión en maquinaria y equipo en términos reales, que es la que más ha crecido.

13.3. Inversión por productos

Descendiendo un escalón más en el nivel de detalle, se describen a continuación los perfiles de la formación bruta de capital en cada uno de los diferentes productos o activos en los que se materializa la inversión, así como la agrupación de los mismos en algunas agregaciones intermedias, distintas de los cuatro agregados descritos en el punto anterior. La información que se ofrece en cada uno de los gráficos que van del 13.3 al 13.25 se refiere a la FBCF nominal, el índice de evolución de la inversión real, la evolución de los precios de cada activo comparada con la del deflactor de la FBCF total, y, por último, al peso que representa el activo en el gasto en inversión en euros corrientes. Es importante advertir que la distinta importancia de unos y otros productos obliga a utilizar en los gráficos correspondientes escalas diferentes, un detalle que no debe perder de vista el lector. Los comentarios no harán referencia por lo general a magnitudes absolutas, limitándose a señalar las tendencias en cada uno de los casos.

El primero de los productos considerados es la vivienda (gráfico 13.3) que, como ya se ha comentado, representa un porcentaje muy relevante dentro de la inversión (y el *stock* de capital). Además, merece la pena señalar que la evolución de la FBCF en vivienda ha estado relativamente estancada en términos reales durante la mayor parte del periodo, para crecer con gran fuerza a partir de mediados de los noventa. Ahora bien, la evolución de sus precios sigue una trayectoria mucho más rápida que la del deflactor de la FBCF (e incluso que el deflactor del PIB), acelerándose ese diferencial en los últimos años. Esto explica que la inversión nominal en vivienda haya crecido mucho más que la in-

GRÁFICO 13.3: **Inversión en viviendas**

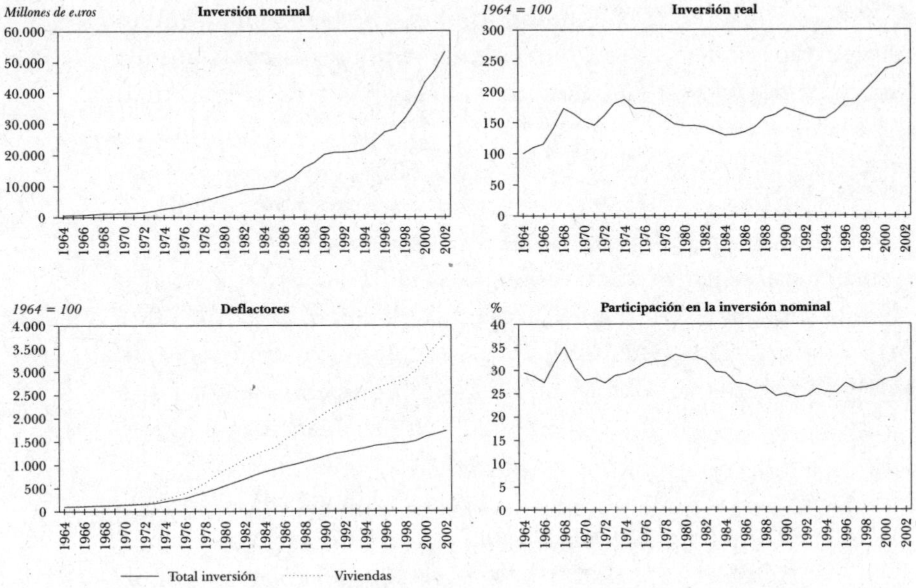

versión real. En euros corrientes, la importancia de la inversión en vivienda ha fluctuado y en los últimos años ha vuelto a crecer hasta alcanzar el 30% que representaba en los años sesenta. Así pues, en los últimos años la combinación de crecimiento de la inversión real en vivienda y el fuerte aumento del precio de las mismas ha aumentado el peso de la inversión en este activo en cinco puntos porcentuales, absorbiendo casi un tercio del gasto total en inversión.

El grupo de activos *otras construcciones* (gráfico 13.4) está formado por seis infraestructuras públicas (gráficos 13.5 a 13.10) y un último producto en el que se mezclan tanto construcciones públicas (edificios educativos, sanitarios y administrativos, instalaciones deportivas o culturales) como privadas (edificios de oficinas, naves industriales) (gráfico 13.11). Las primeras comparten un mismo deflactor, muy similar al del agregado de otras construcciones que, como se recordará, indicaba un crecimiento de precios de estos productos superior a la media.

GRÁFICO 13.4: Inversión en otras construcciones

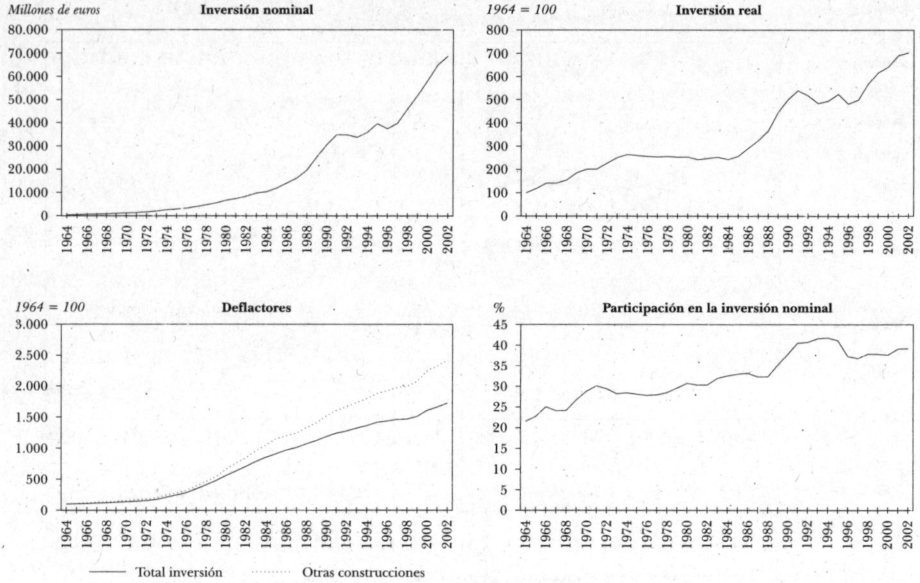

GRÁFICO 13.5: Inversión en infraestructuras viarias

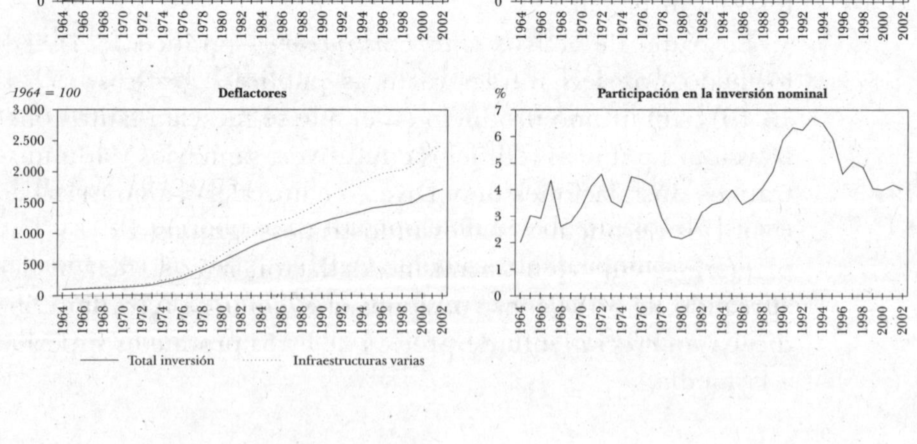

GRÁFICO 13.6: **Inversión en infraestructuras hidráulicas públicas**

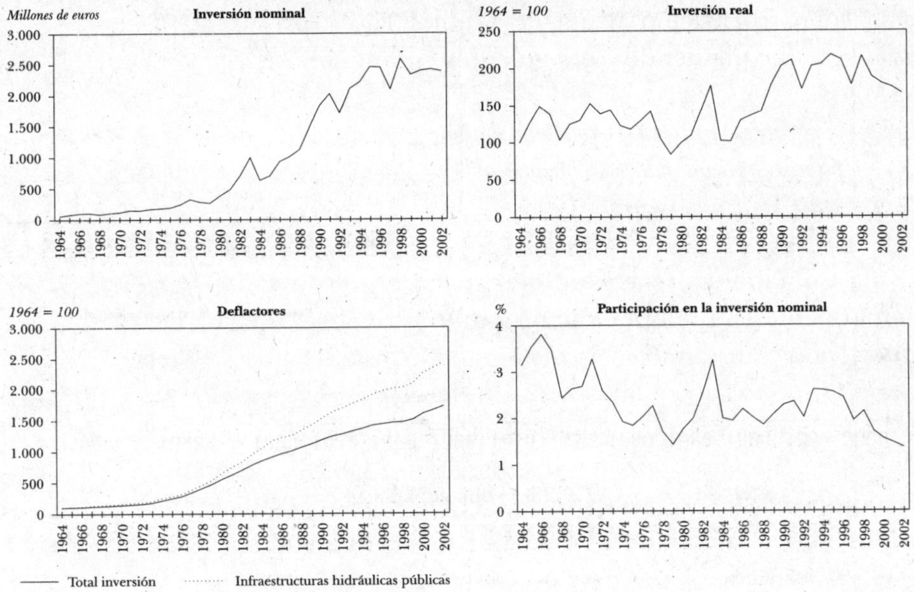

GRÁFICO 13.7: **Inversión en infraestructuras ferroviarias**

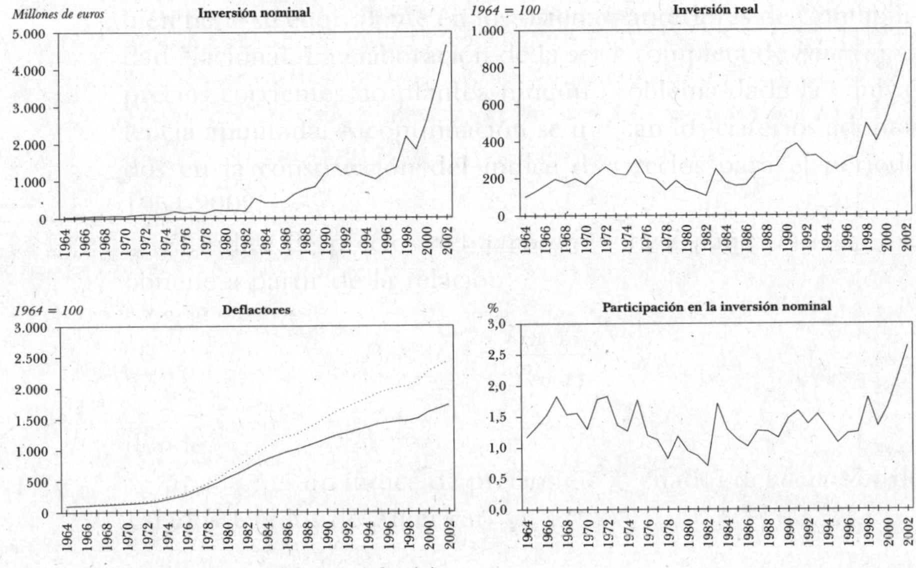

GRÁFICO 13.8: Inversión en infraestructuras aeroportuarias

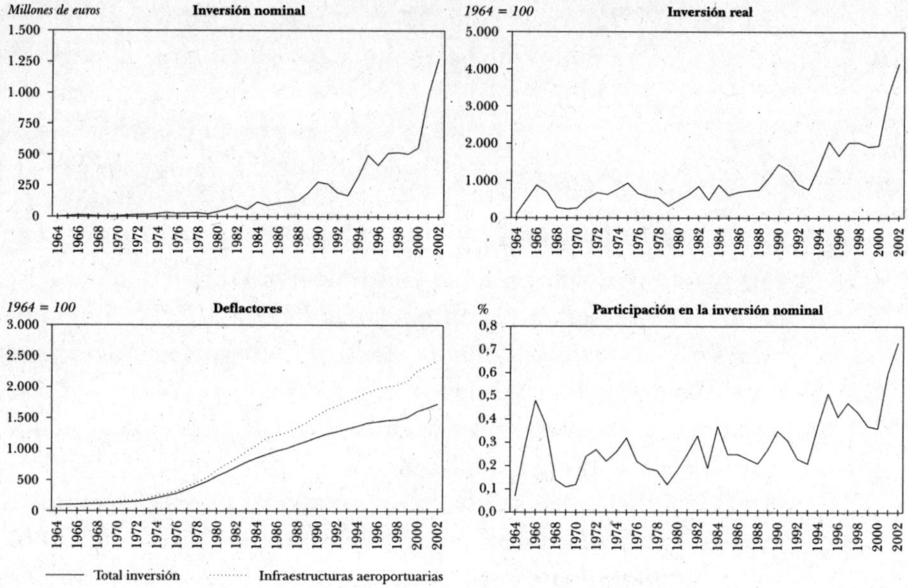

GRÁFICO 13.9: Inversión en infraestructuras portuarias

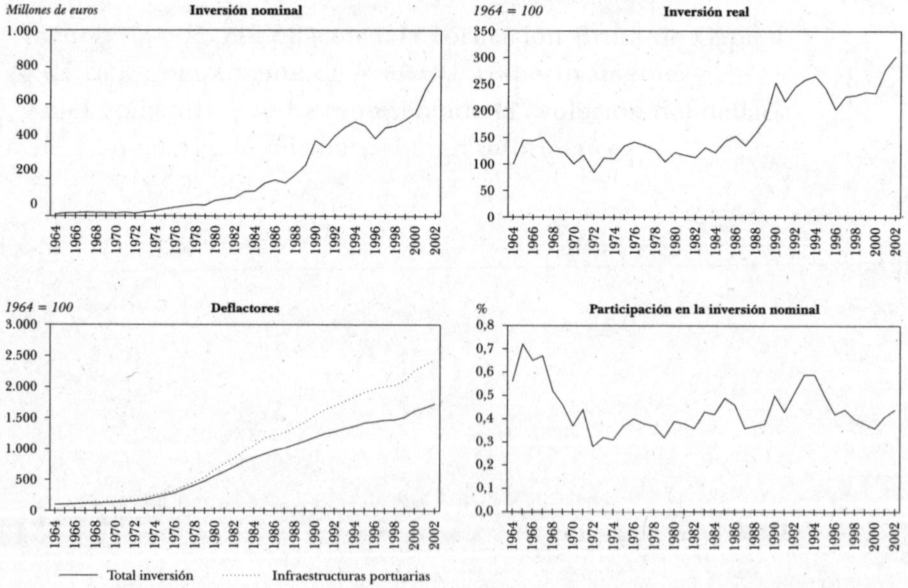

GRÁFICO 13.10: Inversión en infraestructuras urbanas de CC. LL.

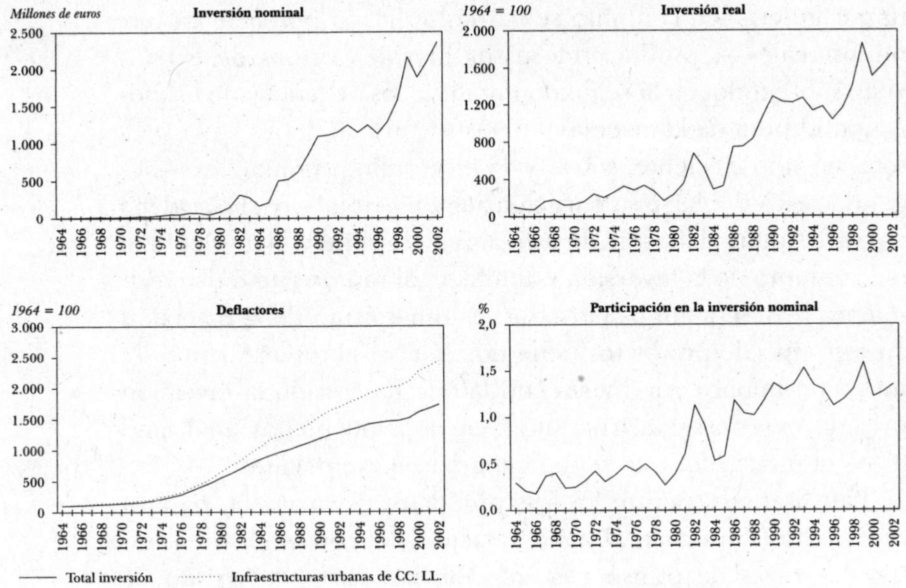

GRÁFICO 13.11: Inversión en otras construcciones n.c.o.p.

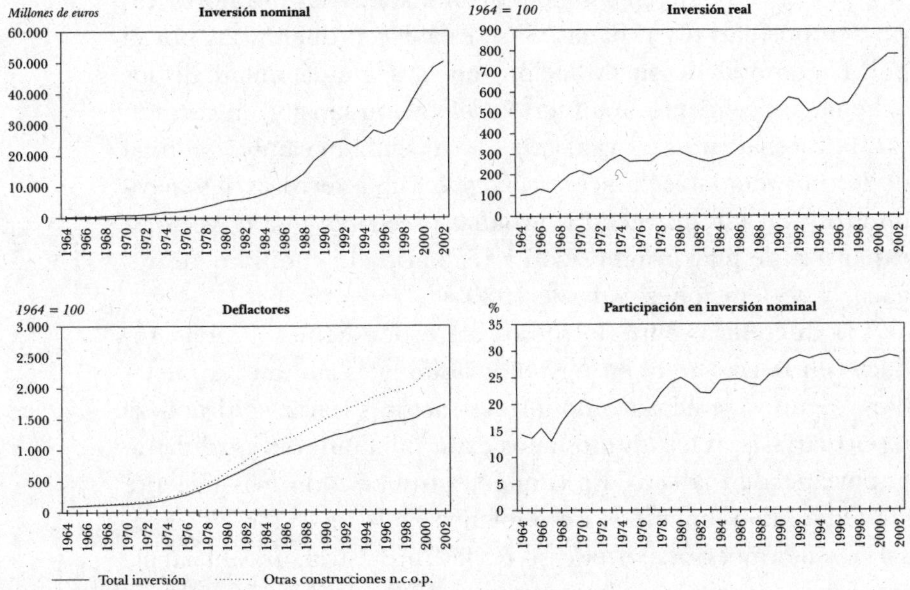

La inversión en estos productos ha experimentado aumentos importantes —en conjunto se ha multiplicado por siete en términos reales—, produciéndose sus mayores ritmos de expansión, sobre todo, en la segunda mitad de los ochenta y de los noventa. El peso de la inversión en otras construcciones en la FBCF total ha sido creciente, sobre todo en términos nominales —llegando casi a doblarse su participación en el total— y ello se debe en parte a que deflactor de este agregado supera claramente al del conjunto de la inversión y, también, al rápido ritmo de crecimiento real en algunos periodos. El dinamismo de la inversión en este tipo de productos tiene dos causas: el intenso ritmo de inversión pública y la fuerza con la que ha crecido la inversión privada en otras construcciones, un aspecto menos analizado hasta el momento, que será comentado más adelante.

Las diferencias entre los seis productos de inversión pública productiva (fundamentalmente relacionadas con las distintas infraestructuras de transporte) que forman parte del grupo de *otras construcciones* son muy significativas, tanto en el volumen que representan como en sus ritmos de crecimiento y en el perfil temporal de su evolución. Por el volumen de inversión que representan se debe destacar a la infraestructuras viarias; en cambio, por el ritmo de crecimiento acumulado, a las infraestructuras aeroportuarias y urbanas. Si se establecen diferencias por el perfil temporal de su evolución, en la segunda mitad de los ochenta experimentó una fuerte aceleración la FBCF en carreteras, infraestructuras hidráulicas y portuarias; en cambio, al final de los noventa la aceleración correspondió a ferrocarril y aeropuertos. Las infraestructuras urbanas presentan una trayectoria expansiva de mayor intensidad y regularidad —no libre de frenazos y aceleraciones— desde 1980.

Las diferencias entre los pesos correspondientes a cada producto en la FBCF total en términos nominales son muy apreciables. Algunos de ellos (como infraestructuras viarias, hidráulicas o portuarias), en los últimos años experimentan una pérdida de importancia en la FBCF. En cambio, en el periodo más reciente aumenta intensamente el peso relativo de la inversión en ferrocarril y aeropuertos. En el caso de las infraestructuras urbanas, su ritmo de crecimiento ha sido muy intenso desde principios de los ochenta, pero la tendencia se ha acompasado a la de la FBCF total en los noventa, habiendo dejado de ganar peso en el agregado.

La inversión en el resto de construcciones *(otras construcciones n.c.o.p.)* se caracteriza por su importante volumen y por seguir una evolución, en términos reales, más marcada por la situación cíclica de la economía que la de los productos anteriores, como corresponde a la mayor influencia de la coyuntura en las decisiones de los agentes privados, que realizan más del 90% de estas inversiones. En la evolución de la FBCF en términos reales en este activo se aprecia estancamiento desde mediados de los setenta a mediados de los ochenta y también en la primera mitad de los noventa; en los restantes periodos, en cambio, se concentra el crecimiento que ha multiplicado casi por ocho la inversión en este tipo de activos.

La evolución del peso de la inversión en *otras construcciones n.c.o.p.* en la FBCF indica que hasta principios de los noventa estos productos han estado ganando importancia en términos nominales, habiéndose estancado el avance posteriormente. El volumen de la inversión en este producto y la circunstancia de tratarse de inversiones que realizan tanto los agentes públicos como, sobre todo, los agentes privados, justifica detallar algo más su análisis para resaltar su significado.

La importancia en términos relativos de la inversión en *otras construcciones n.c.o.p.* realizada por cada uno de los dos agentes, privado [34] y público, aparece en el gráfico 13.12: en el conjunto del periodo, en ambos casos estos activos han ganado peso en la FBCF total en términos nominales, sobre todo las inversiones privadas. No obstante, en la década de los noventa estas inversiones, tanto las públicas como las privadas, ven estancarse su nivel de participación en la FBCF total. Asimismo, el peso del gasto de inversión privado en *otras construcciones n.c.o.p.* en el total de inversión privada ha aumentado mucho, debido en parte a que la

[34] Debe recordarse que algunas de estas inversiones privadas son realizadas por organismos que realizan actividades vinculadas a la órbita del sector público, como es el caso de las Confederaciones Hidrográficas, RENFE, Puertos del Estado, AENA o las Sociedades Concesionarias de Autopistas de Peaje.

GRÁFICO 13.12: Inversión nominal en otras construcciones n.c.o.p. Participación pública y privada

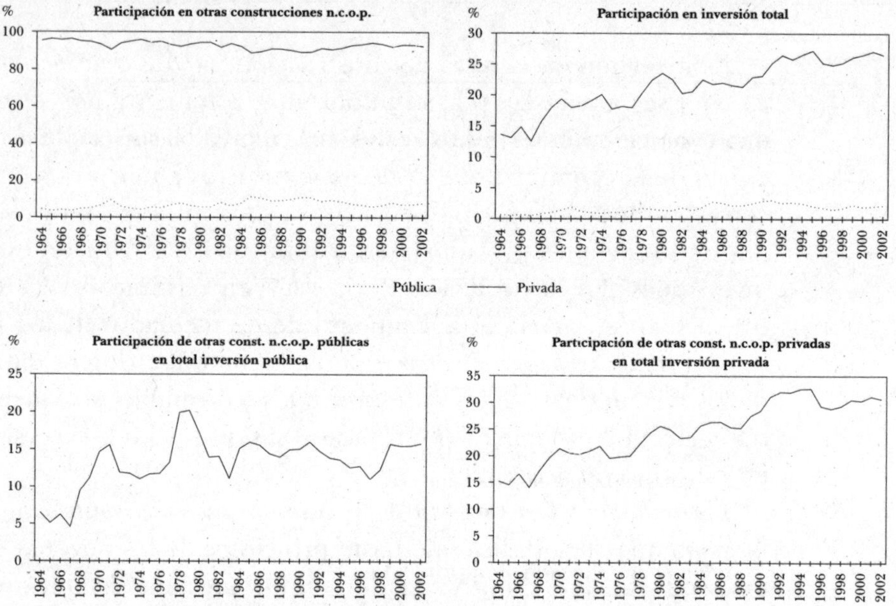

evolución de los precios de los otros activos en los que se materializa la inversión privada ha sido más moderada; en los noventa, su peso se mantiene. El peso del gasto de inversión pública en *otras construcciones n.c.o.p.* dentro de la FBCF pública presenta tendencias poco definidas, pero en todo momento exhibe menor participación que la mostrada por su homóloga privada.

La inversión en equipo de transporte está formada por dos productos: *vehículos de motor* y *otro material de transporte*. En el gráfico 13.13 se observa que el crecimiento de la inversión en términos nominales en equipo de transporte ha sido continuada, pero en términos reales presenta las fases cíclicas de estancamiento y aceleración que se advertían en la inversión total, pese a que la evolución de los precios del material de transporte refleja una inflación claramente inferior a la del conjunto de la FBCF. El peso de este producto en la inversión agregada en términos nominales se ha reducido, debido a que sus precios han crecido mucho menos que los de los activos relacionados con la construcción.

GRÁFICO 13.13: Inversión en equipo de transporte

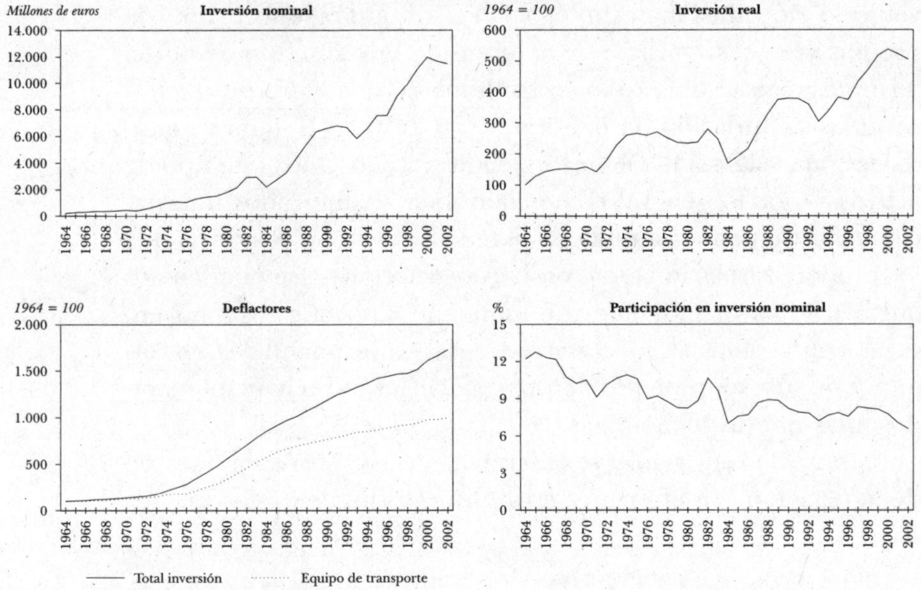

La trayectoria de los dos productos que forman este grupo es distinta. El activo de mayor importancia es *vehículos de motor,* pues representa las 3/4 partes del total, y por ello la evolución de la inversión nominal y real (gráfico 13.14) presenta características muy similares a las del grupo del que forma parte y que se acaba de comentar. Asimismo, también se gasta un porcentaje menor en estos productos, como indica el gráfico de su participación en la inversión nominal total.

La evolución del *otro material de transporte* (que incluye material ferroviario, embarcaciones y aeronaves) sigue tendencialmente un ritmo similar, pero presenta irregularidades mucho mayores (gráfico 13.15), con fortísimas caídas de las inversiones nominales y reales en las primeras mitades de los ochenta y los noventa, que repercuten en la evolución de la participación de este activo en la FBCF total.

El último grupo de productos de inversión considerados es el de *maquinaria, material de equipo y otros productos,* y está integrado por una amplia variedad de activos, relevante por distintos motivos: por su volumen, por la diversidad de sus componentes y el comportamiento de los mismos, y por su importancia como vehículo de difusión tecnológica. En conjunto, este grupo de productos se caracteriza por la intensidad de su crecimiento en términos reales, sobre todo en la última década, y por sus menores tasas de inflación, lo que reduce su peso en términos nominales en la FBCF total. De hecho, en los últimos años este tipo de activos —por lo general comercializables en mercados internacionales y sometidos a una competencia mucho más intensa que los productos relacionados con la construcción—, se pueden adquirir a unos precios que no aumentan sino que disminuyen, como consecuencia de las fuertes caídas experimentadas por algunos de sus componentes, en particular los estrechamente ligados a las nuevas tecnologías.

Dentro de este grupo se diferencian hasta tres escalones de desagregación. En el primer escalón se distinguen estas tres categorías:

a) La primera, *productos de agricultura, ganadería y pesca,* tiene un peso muy limitado en la FBCF y su trayectoria viene definida por tres características: crecimiento lento y muy irregular, bajas tasas de inflación y pérdida de peso en la inversión agregada desde mediados de los ochenta.

b) La segunda categoría, *productos metálicos y maquinaria,* es la de mayor importancia cuantitativa. Su evolución se caracteriza por el fuerte crecimiento real una vez superada la crisis de los setenta y la aceleración del mismo tras la recesión de los noventa. Sin embargo, el crecimiento de los precios de estos productos ha sido en general moderado, cuando no negativo, razón por la cual han perdido peso en la FBCF nominal pese a su fuerte expansión real.

Dentro de esta categoría pueden distinguirse cinco productos: dos están relacionados con las nuevas tecnologías *(maquinaria de oficina y equipo informático; comunicaciones)* y otros tres no lo están *(productos metálicos; maquinaria y equipo mecánico; otra maquinaria y equipo n.c.o.p.).* Lo más destacable de cada uno de ellos es lo siguiente:

GRÁFICO 13.14: Inversión en vehículos de motor

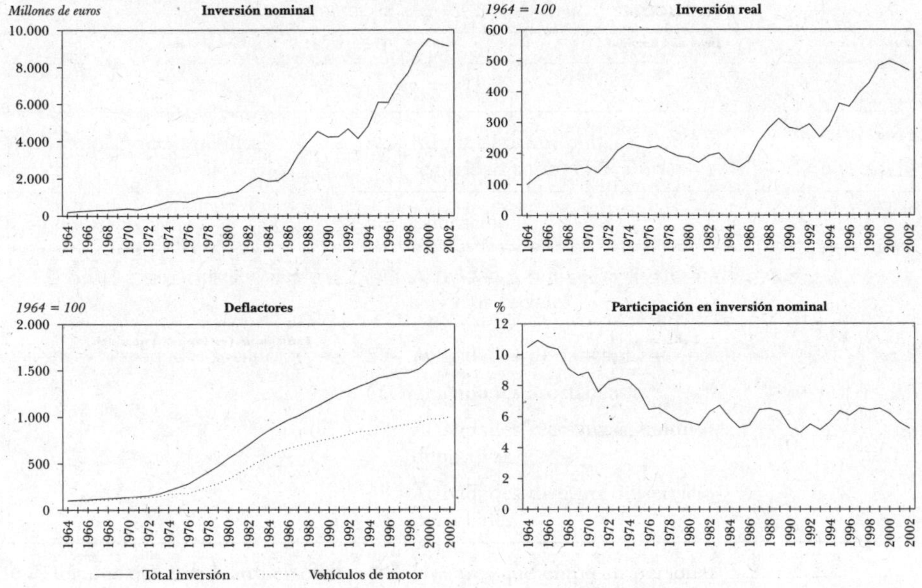

GRÁFICO 13.15: Inversión en otro material de transporte

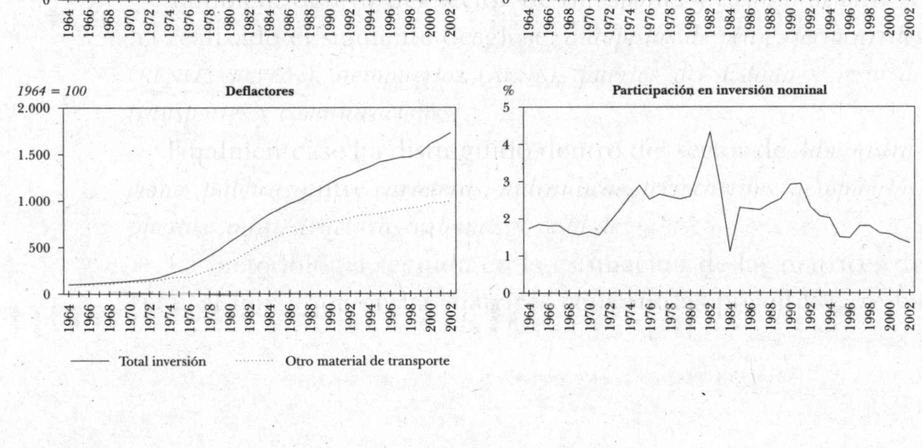

GRÁFICO 13.16: Inversión en maquinaria, material de equipo y otros productos

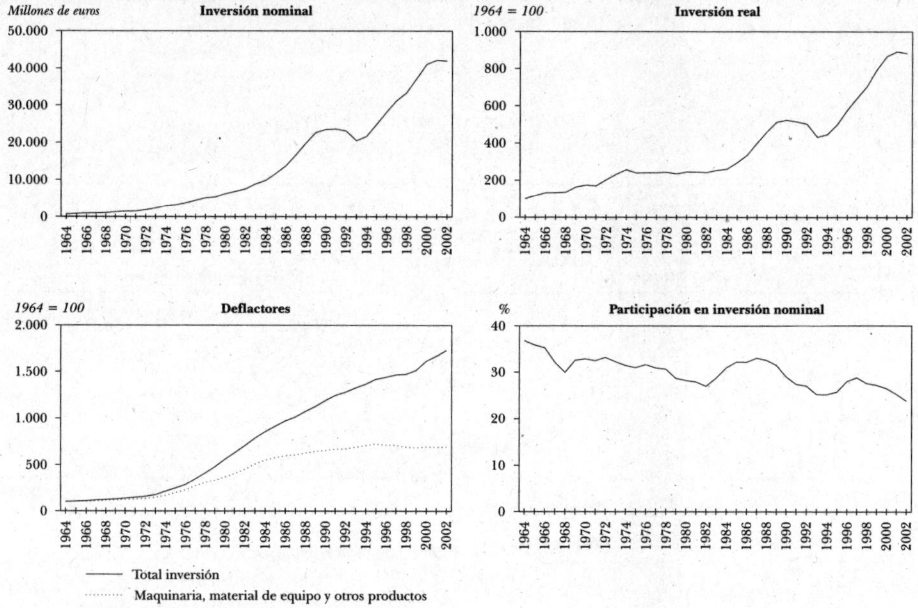

GRÁFICO 13.17: Inversión en productos de la agricultura, ganadería y pesca

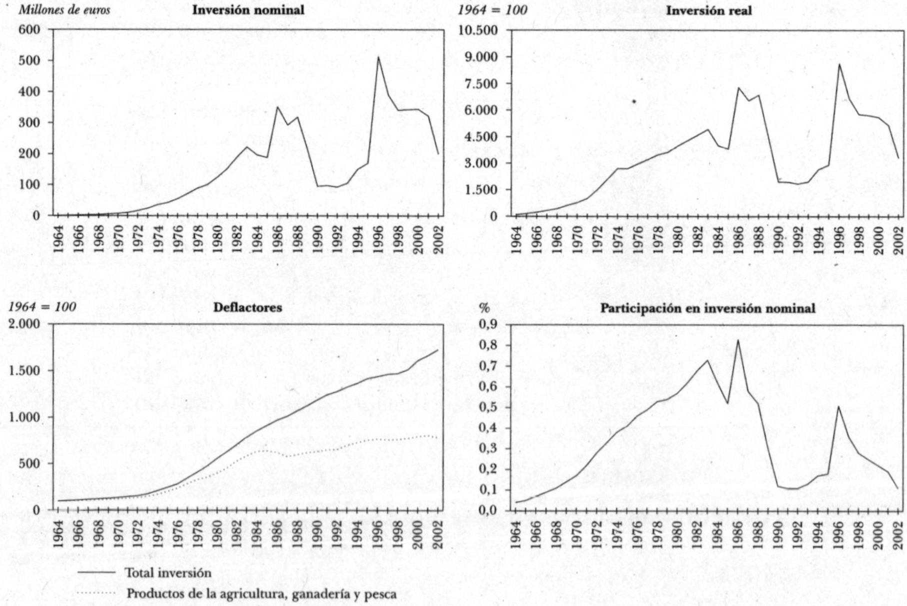

GRÁFICO 13.18: Inversión en productos metálicos y maquinaria

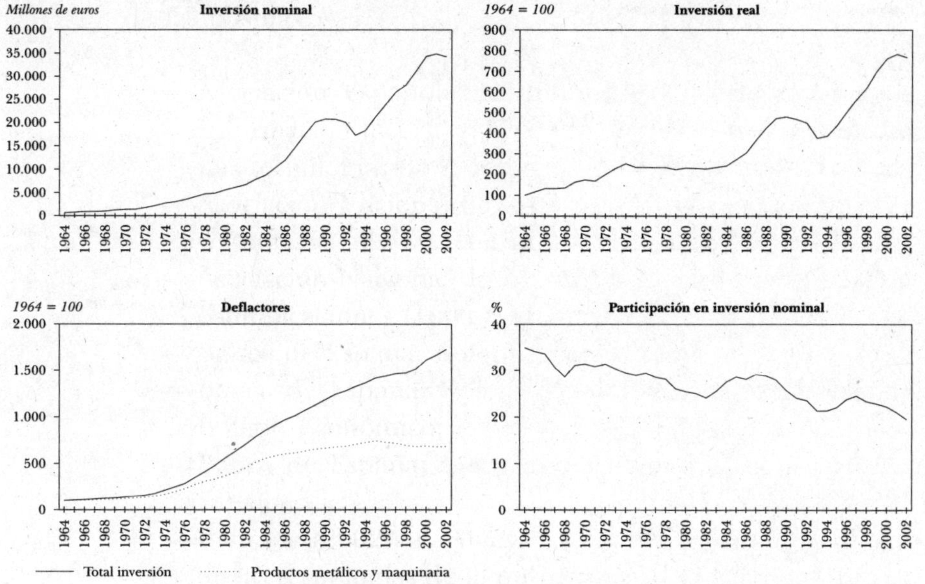

- La inversión en *maquinaria de oficina y equipo informático (hardware)* (gráfico 13.19) se caracteriza por su fortísimo ritmo de crecimiento en términos reales a partir de mediados de los noventa, y por la intensa caída de precios. Los dos fenómenos son muy relevantes, pues pese a la velocidad de crecimiento real de la inversión en estos activos, la reducción de precios logra que el peso en la FBCF nominal agregada, tras aumentar en los ochenta, vuelva al nivel inicial en los noventa.
- La inversión en *comunicaciones* se expande también rápidamente (se multiplica por once en términos reales), a tasas superiores a la media, aunque presenta flexiones a la baja a principios de los noventa y en los últimos años (gráfico 13.20). Los precios son estables durante la década de los noventa y se reducen al final del periodo. Como resultado de ambos factores, su participación en la FBCF en términos nominales, aunque presenta fluctuaciones intensas, tiene una tendencia más bien estable.

GRÁFICO 13.19: Inversión en maquinaria de oficina y equipo informático

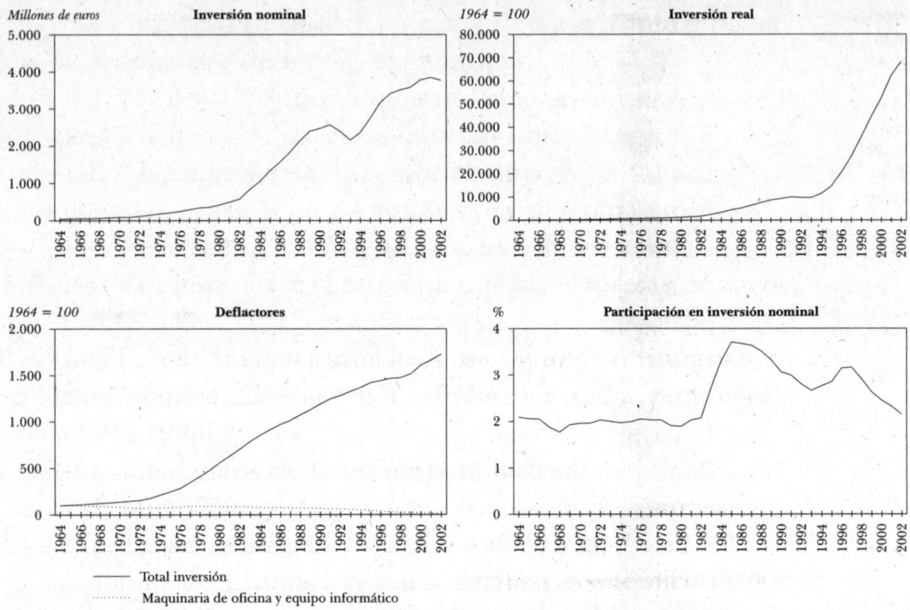

GRÁFICO 13.20: Inversión en comunicaciones

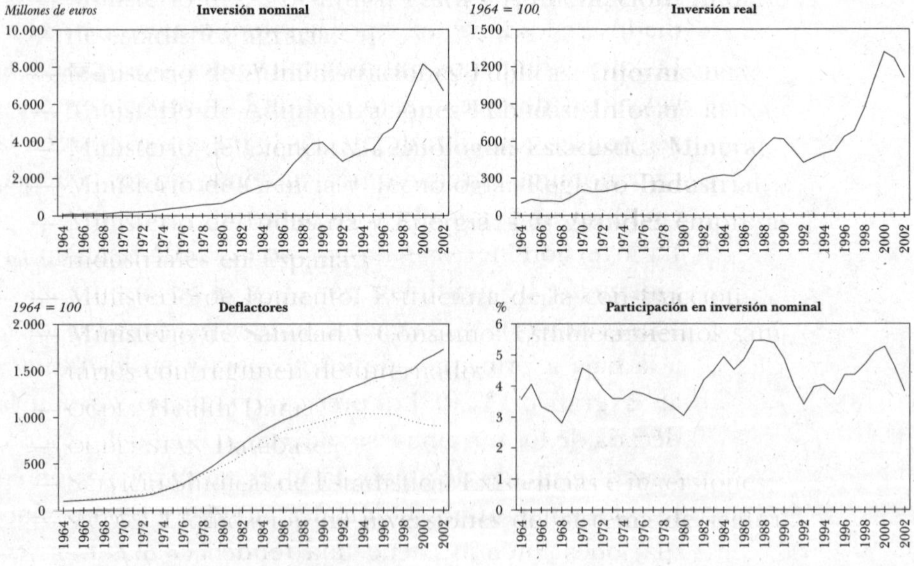

- La inversión en los tres productos no vinculados a las TIC presenta algunas características similares entre todos ellos: crecimiento real inferior al de la categoría *productos metálicos y maquinaria* e influido por la situación cíclica de la economía; y precios crecientes, algo mayores que los de comunicaciones pero muy inferiores a los de los productos de la construcción. Como resultado de todo ello, los tres productos presentan una tendencia a perder peso en la FBCF nominal, sobre todo la *maquinaria y equipo mecánico.*

c) La tercera categoría, el epígrafe otros productos, está también muy vinculada a las nuevas tecnologías pues el componente más importante de la misma es el software. Su crecimiento en términos reales ha sido muy intenso, y la evolución de sus precios mucho más moderada que la del conjunto de la FBCF, si bien no presenta variaciones negativas como los otros dos anteriores activos TIC. Esta combinación de elementos de precios y cantidades ha dado como resultado que el software haya ganado mucho peso en la inversión total. Lo contrario ha sucedido en la evolución de la importancia de los *otros productos n.c.o.p.*

Al considerar conjuntamente los tres activos relacionados con las TIC (gráfico 13.26), su trayectoria se caracteriza por la aceleración de la inversión en los mismos en los noventa, más en términos reales que nominales debido a la estabilización y posterior caída de los precios de algunos de estos productos. El resultado de ello es que su peso en la inversión en términos nominales sólo se ha doblado, aunque representa un porcentaje en la FBCF inferior al que cabría esperar de su fuerte tasa de crecimiento real.

GRÁFICO 13.21: Inversión en productos metálicos

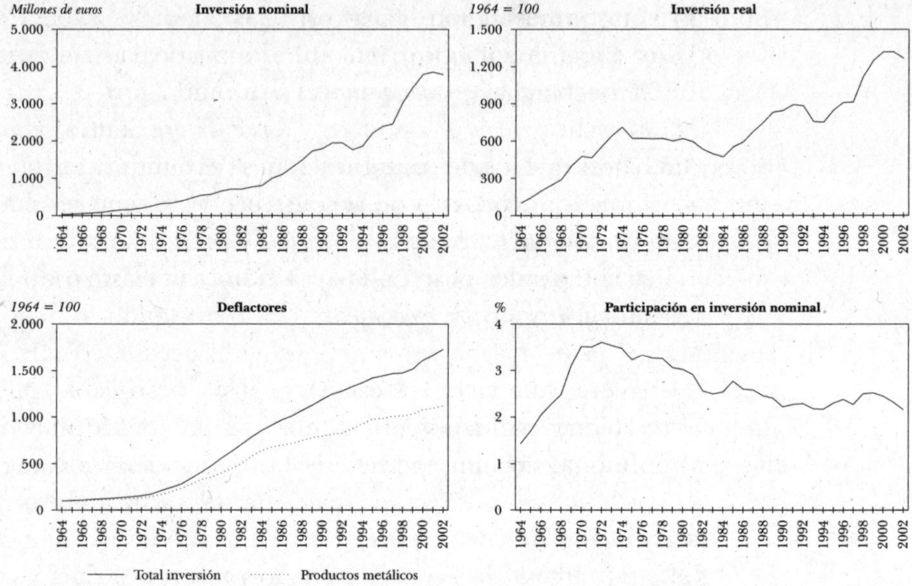

GRÁFICO 13.22: Inversión en maquinaria y equipo mecánico

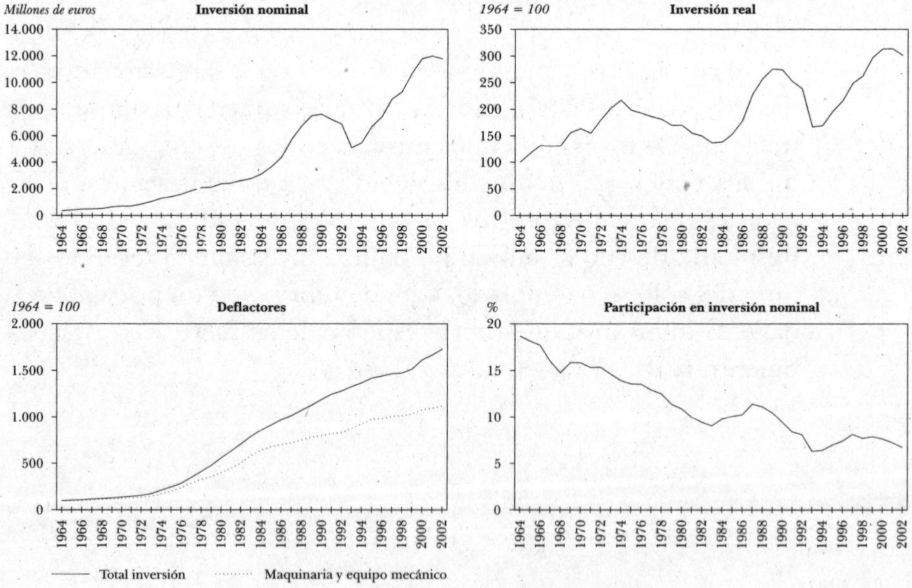

GRÁFICO 13.23: Inversión en otra maquinaria y equipo n.c.o.p.

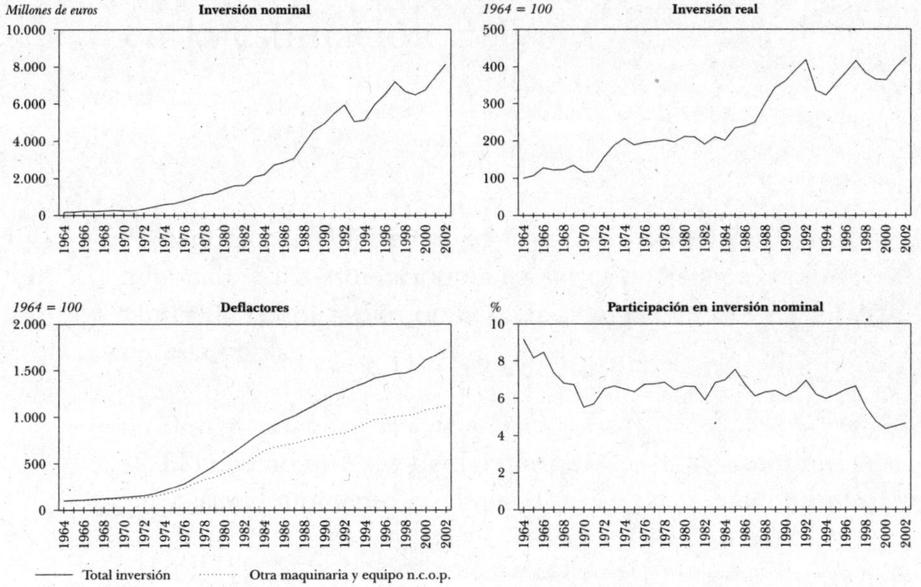

GRÁFICO 13.24: Inversión en *software*

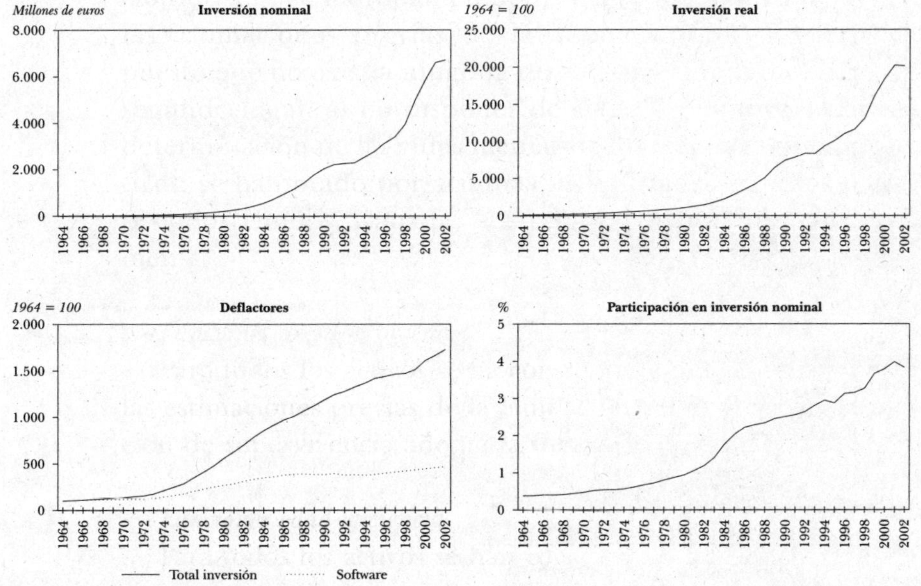

GRÁFICO 13.25: Inversión en otros productos n.c.o.p.

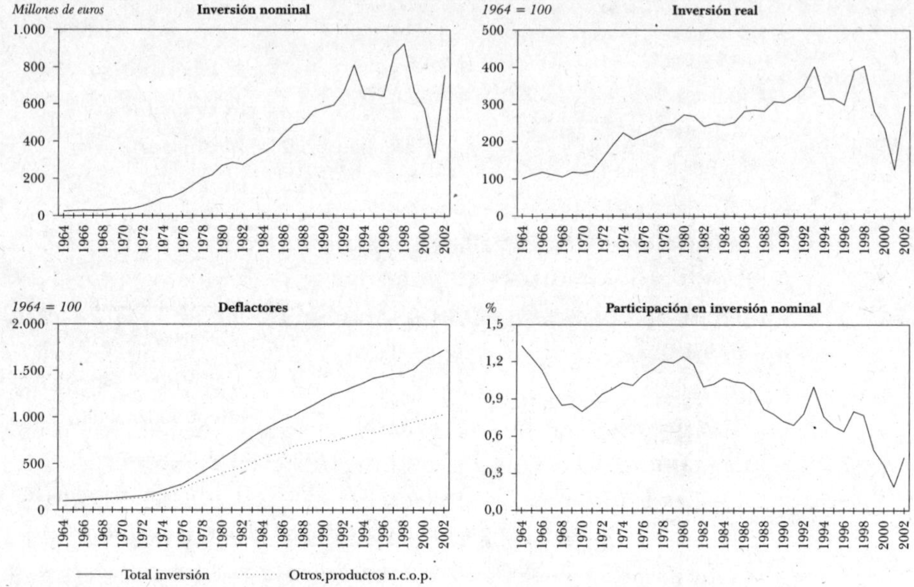

GRÁFICO 13.26: Inversión en productos de las tecnologías de la información y las comunicaciones (TIC)

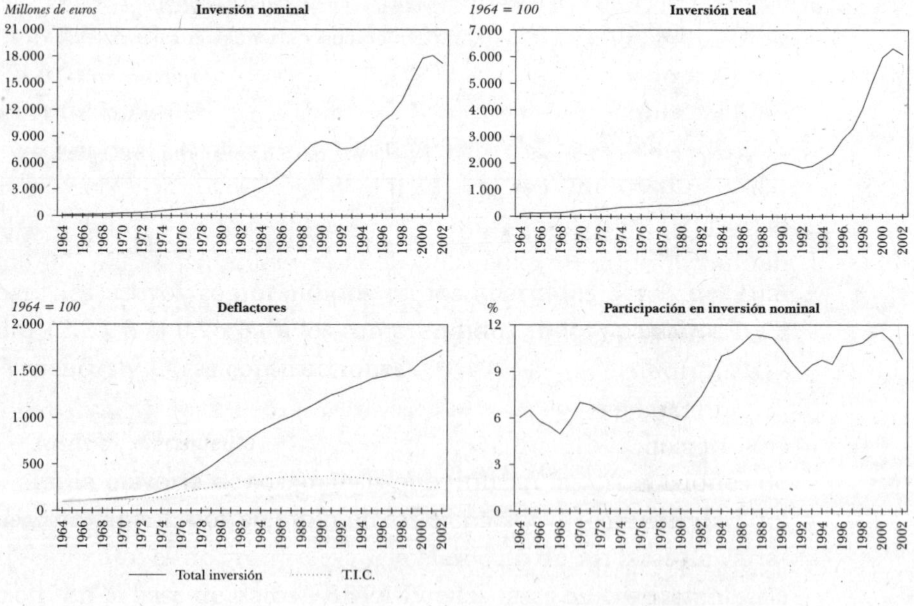

13.4. Inversión por ramas de actividad

Para completar el recorrido por la información referida a la FBCF, una vez analizado su composición por productos se puede considerar el destino de esa inversión por sectores o ramas de actividad en la FBCF total. La base de datos elaborada es muy rica en este sentido (distingue 43 ramas) y su análisis detallado excedería la extensión razonable de estos comentarios, pero sin duda habrá de ser abordado en el futuro para completar la caracterización de las relaciones entre proceso de acumulación, crecimiento y cambio estructural en España. En este apartado sólo se considerarán los principales rasgos de la inversión en algunas de las agrupaciones más relevantes de las ramas, concretamente, la agregación de inversión pública y privada y, dentro de ésta, los agregados de los principales sectores productivos, así como una clasificación de los mismos atendiendo a su nivel tecnológico.

Como es sabido la inversión privada representa un porcentaje muy elevado de la inversión total, superior al 80% a lo largo de todo el periodo. La inversión pública, sin embargo, ha crecido más rápidamente que la privada durante la década de los ochenta, acompasándose la expansión de ambas en los noventa. El deflactor de la inversión pública indica que los precios de estos activos han aumentado más que los del privado, como consecuencia de la mayor concentración de las infraestructuras públicas en productos de la construcción. La resultante de la evolución real y de los precios es que la FBCF pública ha ganado peso en la inversión total, en euros corrientes en la década de los ochenta y lo ha perdido en la segunda mitad de los noventa como consecuencia del fuerte ritmo de expansión de la inversión privada.

Al considerar la asignación de la FBCF por ramas de actividad se excluye del análisis la inversión en viviendas, dado que es habitual considerar que éstas no constituyen un activo utilizado en la producción de servicios [35]. La trayectoria de la FBCF de los agrega-

---

[35] Este es un criterio discutible en el caso de los apartamentos turísticos dedicados a prestar servicios de mercado. No obstante la importancia mayor que éstos pueden tener en España, en este punto se seguirá el criterio habitual en los estudios internacionales.

GRÁFICO 13.27: Inversión privada y pública

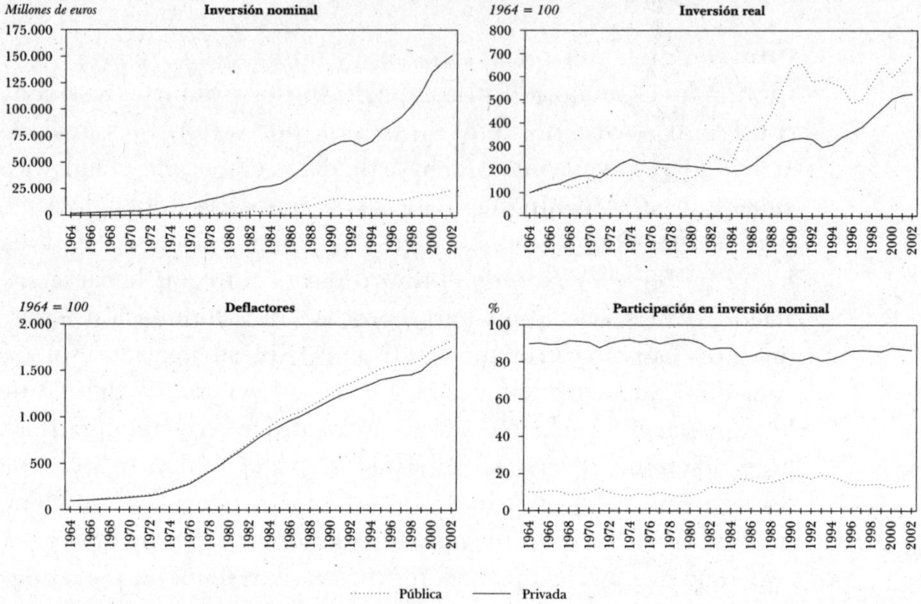

dos de ramas en cuatro sectores (gráfico 13.28) muestra que la importancia de cada uno como destino de la inversión es muy diferente. Los dos grandes sectores, industria y servicios, captaron volúmenes de inversión semejantes hasta mediados los ochenta para posteriormente producirse una clara aceleración del terciario que ha separado cada vez más las cifras de inversión de industria y servicios, hasta hacer que estas últimas doblen en la actualidad a las primeras. En términos reales, el ritmo de crecimiento acumulado de la inversión en servicios se ha multiplicado por 12 y duplica a los restantes, situándose la industria y la construcción en niveles similares y la agricultura en la posición más débil.

Como consecuencia de esas trayectorias, la inversión en servicios ha ido ganando peso en el total de la FBCF, pasando del 30% inicial al 60% actual. En cambio, la industria lo ha perdido, descendiendo desde el 50% que representaba en los años sesenta al 30% en la actualidad. La agricultura también ha perdido claramente peso y lo mismo, pero con menos intensidad, le ha sucedido a la construcción. Ambas se encuentran en los noventa en porcentajes inferiores al 5% de la FBCF total.

GRÁFICO 13.28: Inversión privada no residencial en las principales ramas de actividad

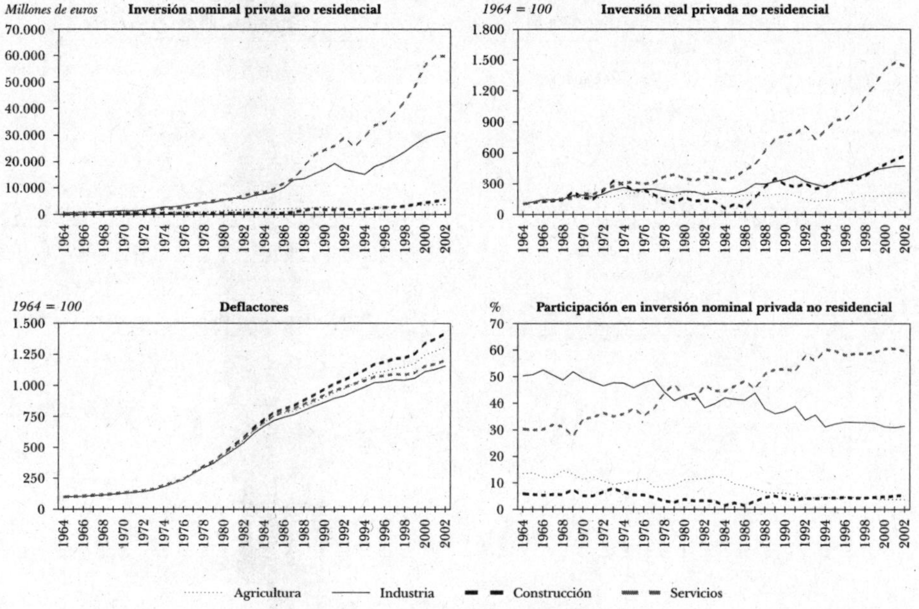

Una última aproximación al destino de la FBCF consiste en agrupar las ramas de actividad de acuerdo con su nivel tecnológico, distinguiendo como es habitual entre sectores de alto, medio y bajo nivel [36]. En el gráfico 13.29 se constata que la inversión en España responde a nuestra especialización productiva en sectores de contenido tecnológico medio y bajo, cuyo volumen supera en más de cuatro veces el de los sectores de alto contenido tecnológico. En cambio, el ritmo de crecimiento de la inversión en términos reales indica que los sectores con alto contenido tecnológico son los que más han aumentado su FBCF, debido a que los sectores de tecnología alta invierten más en activos de maquinaria y equipo cuyos precios siguen una trayectoria menos inflacionista. En efecto, el deflactor de la FBCF de los sectores de alto contenido tecnológico muestra estancamiento de los precios desde mediados de los ochenta, mientras en los

[36] La clasificación utilizada se basa en la de la OCDE y en la elaborada por Cuadrado Roura (1999).

GRÁFICO 13.29: **Inversión privada no residencial por nivel tecnológico de la rama de actividad**

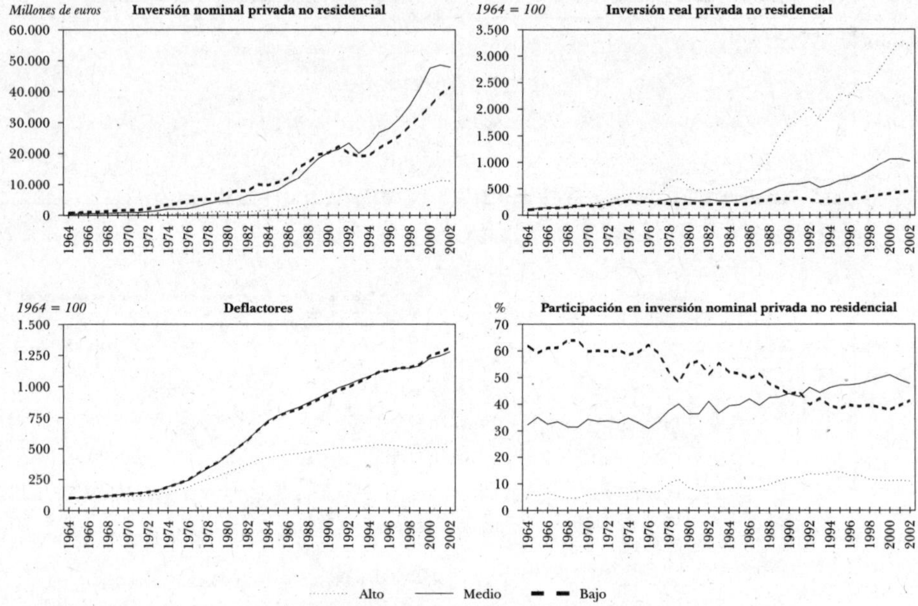

otros sectores los precios de los productos de inversión que utilizan han seguido aumentando sin cesar.

Casi la mitad del gasto en FBCF de capital no residencial la realizan en la actualidad los sectores de contenido tecnológico medio, que han ganado peso en el agregado en detrimento de los de contenido tecnológico bajo. Estos últimos captaban más del 60% de la inversión hasta mediados de los setenta y en la actualidad no superan el 40%. Esta sustitución de inversiones en sectores de tecnología baja por inversiones de tecnología media es el primer rasgo del cambio estructural que se ha ido produciendo. El segundo es el avance de la importancia de los sectores de tecnología alta, que han triplicado su peso, aunque siguen representando un porcentaje pequeño de la FBCF. Adviértase el contraste entre estos porcentajes y los índices de evolución de la inversión real, debido al distinto deflactor de las inversiones realizadas por los sectores de tecnología alta, media y baja.

Un último aspecto interesante a considerar en el estudio de la inversión por ramas de actividad es la composición por tipos de activos de la FBCF que realizan cada una de las agrupaciones de ramas productivas que se acaban de comentar. Atendiendo sólo a las tres grandes agrupaciones de activos productivos no residenciales *(otras construcciones, equipo de transporte, maquinaria y material de equipo)*, y sin entrar por tanto en cada uno de los activos específicos, las diferencias que presentan entre sí las grandes ramas son notables y la evolución temporal de cada una de ellas también.

Comenzando por la estructura de la inversión privada y pública, en el gráfico 13.30 se puede apreciar que mientras en la primera tienen una similar importancia las inversiones en otras construcciones y en maquinaria y material de equipo, en la inversión pública el predominio de la primera es abrumador, representando más de las tres cuartas partes del gasto en inversión. No obstante, en ambos casos el crecimiento más rápido en términos reales se ha producido en las componentes de maquinaria y equipos, como indican los índices correspondientes.

Dentro de los sectores productivos privados, en el caso de la agricultura la inversión en términos reales se concentra sobre todo en construcciones y maquinaria y equipo, en proporciones relativamente estables. En cambio, en la industria el predominio de las inversiones en maquinaria y equipo es nítido, aunque en términos nominales los productos de la construcción ganan peso debido a las mayores tasas de inflación de los mismos, la velocidad de crecimiento de la inversión en ambos grupos de activos es similar. En el sector de la construcción, la importancia de los productos de *otras construcciones* ha sido mayoritaria en términos reales durante todo el periodo y creciente. En términos nominales, la expansión de los porcentajes que representa es notable, pues los pesos se han doblado a lo largo del periodo. Por último, en los servicios, se observan dos hechos muy interesantes: la inversión en otras construcciones es la mayoritaria y conserva su peso en términos nominales, pero en términos reales destaca el fuerte incremento de la inversión en maquinaria y equipos. Éste es un hecho remarcable, porque indica que se ha producido una

GRÁFICO 13.30: Inversión no residencial privada y pública por tipo de activo

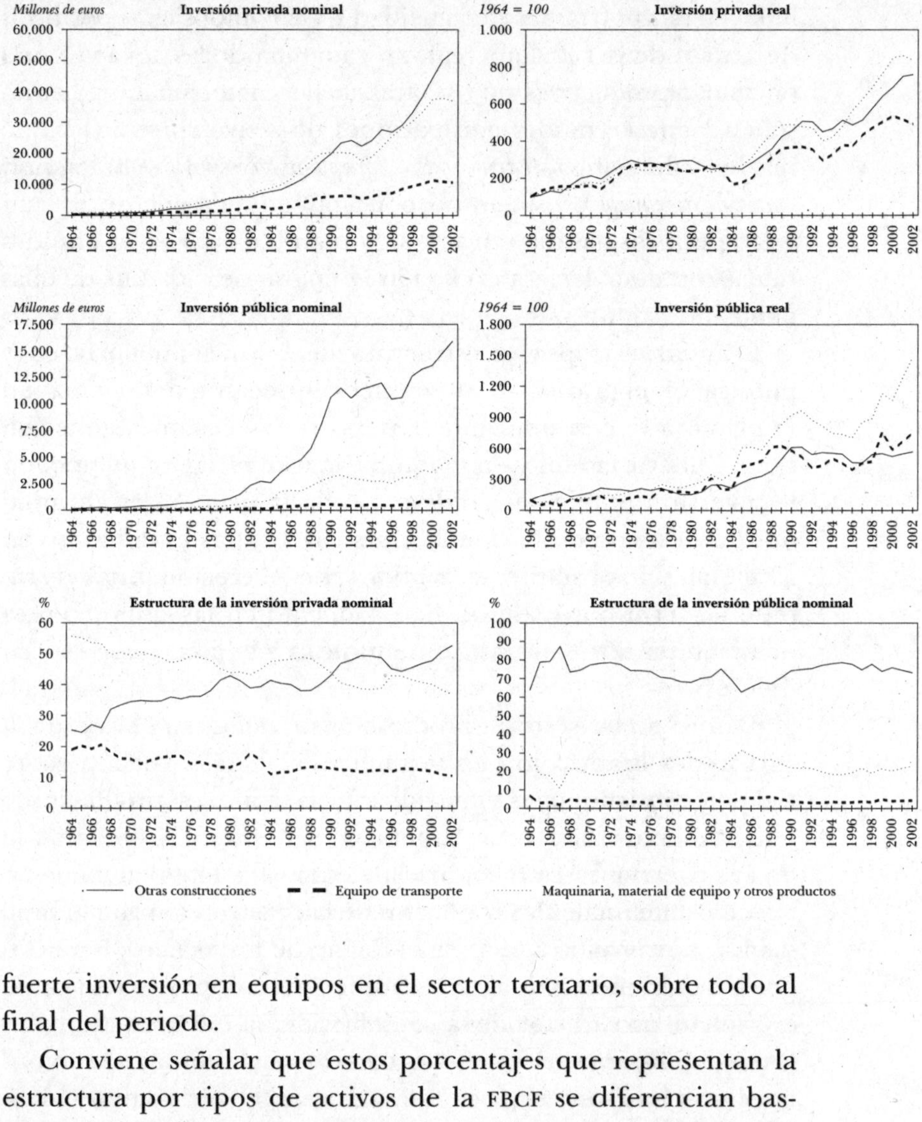

fuerte inversión en equipos en el sector terciario, sobre todo al final del periodo.

Conviene señalar que estos porcentajes que representan la estructura por tipos de activos de la FBCF se diferencian bastante de los que se observarán al considerar la estructura del capital. En esta última ganarán peso los activos más duraderos (las construcciones) en detrimento de la maquinaria y equipo. Precisamente por esta razón, es importante subrayar ahora, al hablar de la inversión, el peso que han alcanzado en la misma estos últimos tipos de activos, los que más crecen en términos reales.

GRÁFICO 13.31: Inversión privada no residencial en las principales ramas de actividad por tipo de activo

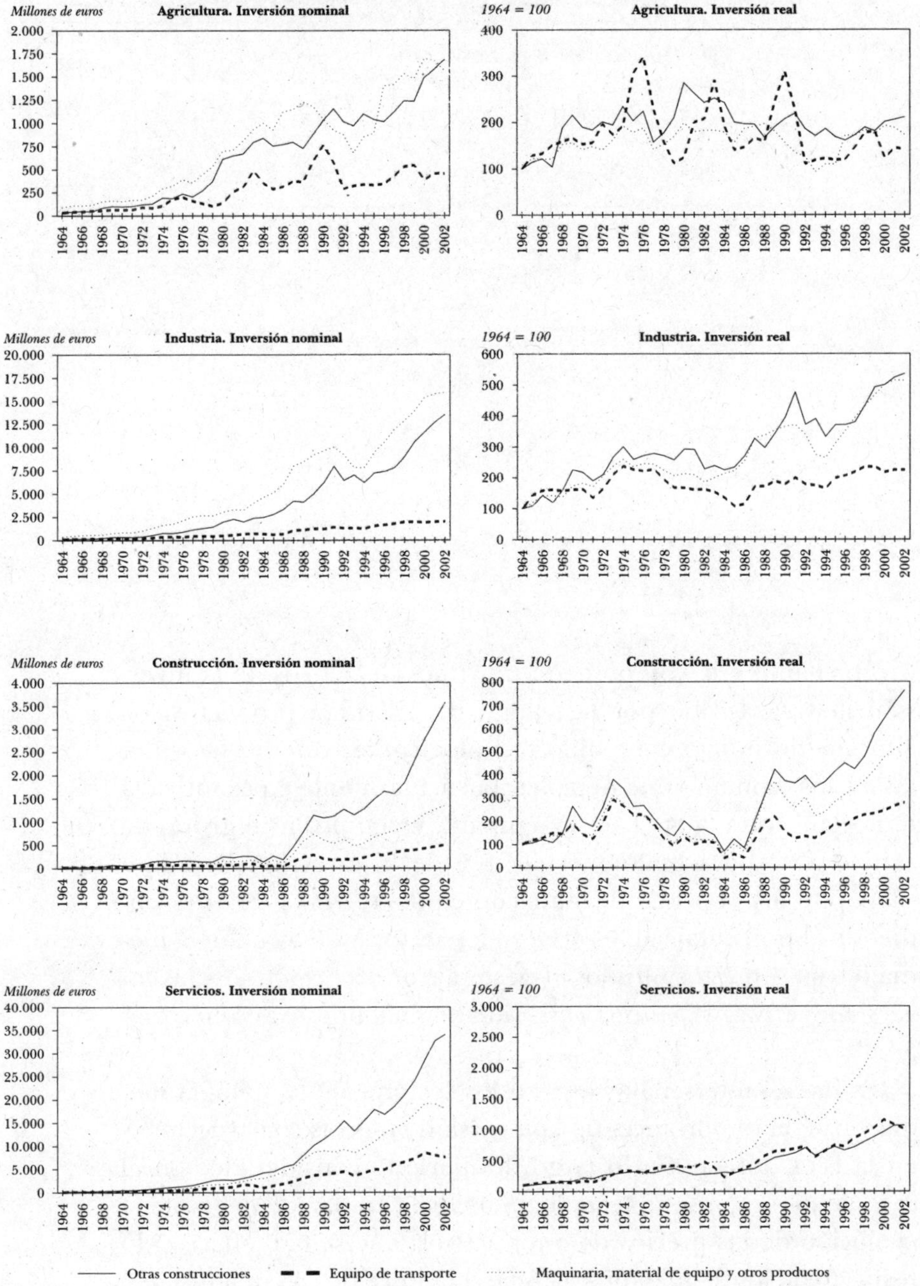

GRÁFICO 13.31 (*cont.*): **Inversión privada no residencial en las principales ramas de actividad por tipo de activo**

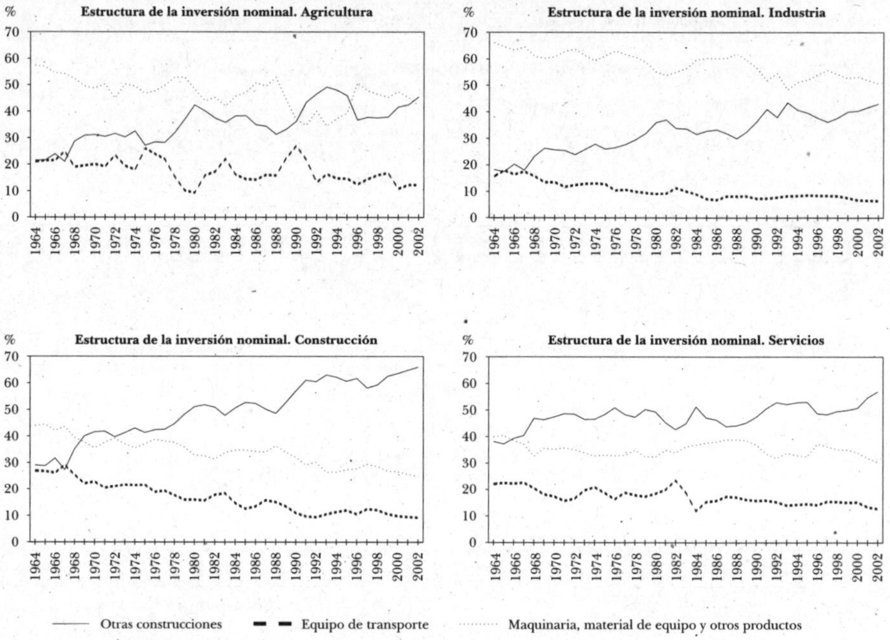

En cuanto a la composición por tipos de activos de la inversión llevada a cabo por las ramas de actividad productiva de alto, medio o bajo contenido tecnológico, las diferencias entre las mismas son más que notables, particularmente en cuanto a la importancia de la FBCF en maquinaria y equipo. Este grupo de activos absorbe actualmente el 70% de la inversión llevada a cabo por los sectores de alto contenido tecnológico, descendiendo el porcentaje al 30-40% en los sectores de tecnología media o baja. En estos últimos el peso mayor corresponde a las inversiones en *otras construcciones,* situado en ambos casos en torno al 50%.

Es interesante señalar que en los sectores de tecnología media y baja la importancia de la inversión en otras construcciones en la FBCF aumenta a lo largo del periodo considerado. En el caso de los sectores de tecnología media esto sucede debido a la evolución de los precios de estos activos, que se han encarecido respecto de los de maquinaria, pues el índice de crecimiento real de la inversión en maquinaria ha sido superior que el de los productos de la construcción. Así pues, dada la importancia que las construcciones tienen en el gasto en inversión en los sectores de tecnología media y baja, las mayores tasas de inflación de estos productos tienen consecuencias relevantes sobre el gasto en inversión y su composición.

GRÁFICO 13.32: Inversión privada no residencial por nivel tecnológico de la rama de actividad y tipo de activo

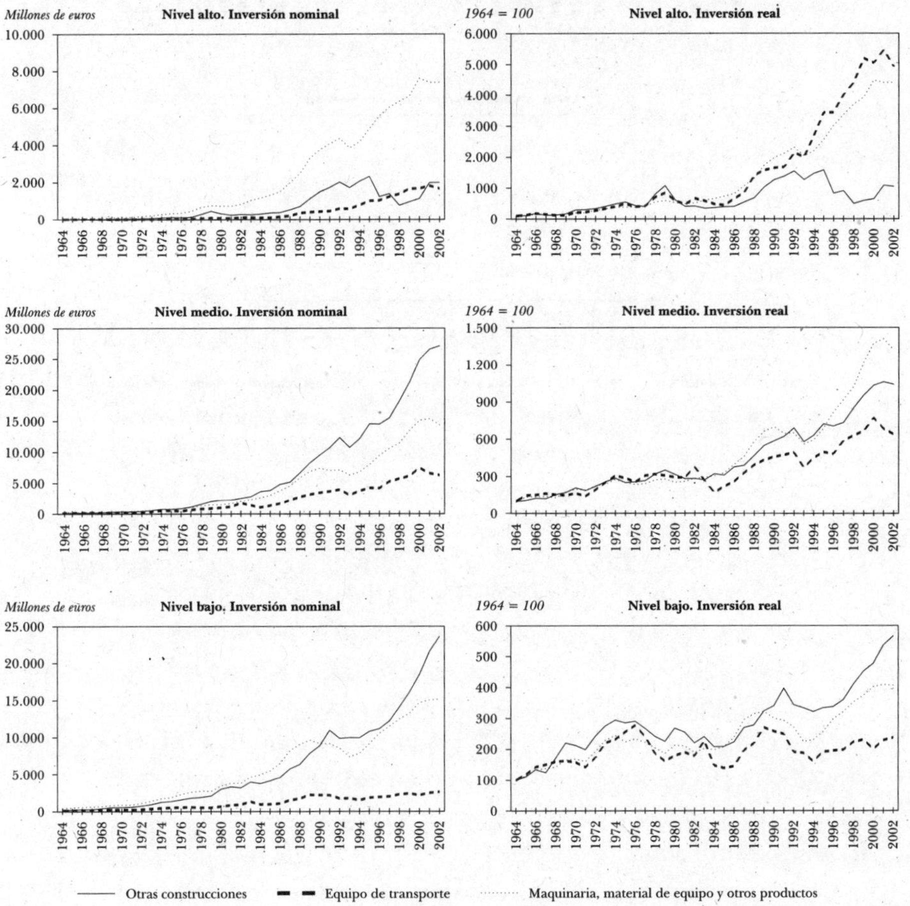

GRÁFICO 13.32 (*cont.*): **Inversión privada no residencial por nivel tecnológico de la rama de actividad y tipo de activo**

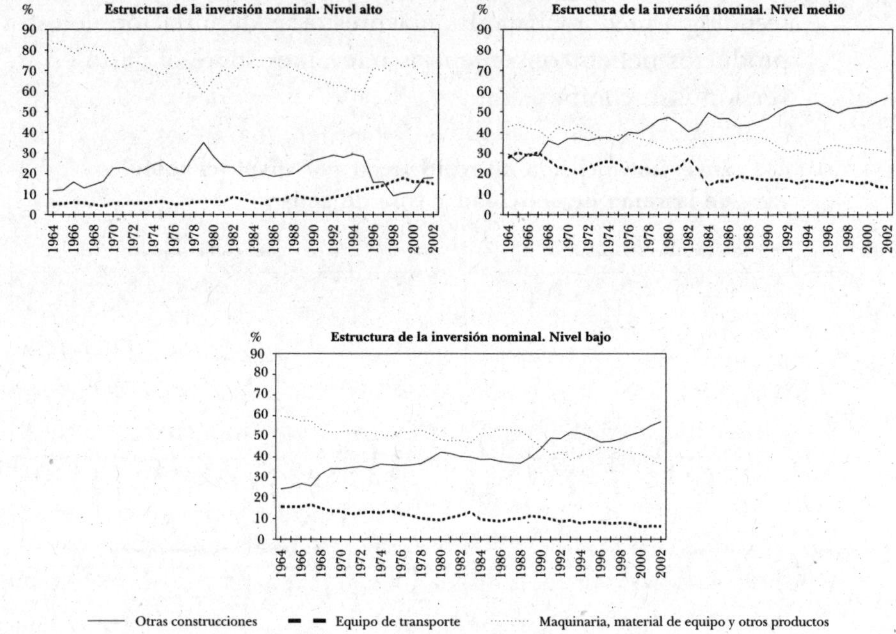

14. Capital bruto y capital neto

LA acumulación de inversiones pasadas genera el *stock* de capital existente en cada momento del tiempo. De acuerdo con la metodología utilizada, el capital puede ser medido de diferentes maneras, siendo más adecuada una u otra según la finalidad perseguida. En este capítulo se consideran los resultados de las estimaciones referidas a los conceptos más conocidos, el *capital bruto* y el *capital neto (capital riqueza)*, dejándose para el capítulo 15 el estudio del *capital productivo*, que es la novedad metodológica de esta edición.

De las dos medidas de capital que ahora se analizarán, la primera es menos relevante que la segunda. El capital bruto se obtiene por acumulación de las inversiones pasadas, descontando de las mismas aquellos activos que ya han sido retirados debido a su vejez o a daños accidentales. En cambio, el capital neto se obtiene del bruto tras descontar también la *depreciación* que sufren los capitales todavía activos y que representa una pérdida de eficiencia y del valor de los mismos. El capital neto se considera una mejor aproximación a la *riqueza producida* disponible, y de ahí su denominación como *capital riqueza.* El capital productivo, que se estudiará en el capítulo 15 y cuya finalidad principal es medir el flujo de servicios que el capital proporciona, recoge también los efectos de la pérdida de eficiencia, como es natural, pero no considera los cambios en el valor de los activos debidos a otros factores como la obsolescencia o la reducción de su precio derivada del acortamiento del tiempo que le resta de vida útil, porque son aspectos relevantes para valorar la riqueza pero no la productividad del capital.

Según lo señalado, los elementos relevantes para explicar la relación entre la inversión pasada y el capital neto existente son varios: las fechas en las que se realizó la inversión, de las cuales depende su antigüedad, las vidas medias de cada tipo de activos y sus ritmos de depreciación, y también otros factores que producen cambios en el valor de los activos. La importancia de la inversión en cada momento del tiempo queda reflejada en los perfiles de las series de inversión, ya analizadas. En cuanto a las vidas medias de los activos, es preciso subrayar que son muy distintas pues, como muestra el gráfico 14.1, las de algunos activos relacionados con la construcción son diez veces superiores a las de otros productos relacionados con las TIC. En general, los productos de la construcción refuerzan su peso en el *stock* de capital en relación con la importancia —elevada— que tienen en la inversión, debido a sus largas vidas medias; lo contrario sucede con los productos de inversión en maquinaria y equipo en general.

Aunque una vez seleccionado el activo su vida media está dada, en cambio, las vidas medias de los agregados pueden cambiar con el tiempo, debido a las variaciones que se producen en la composición de los capitales. En cuanto a las tasas de depreciación, parece conveniente prestarles una atención más detallada en este apartado, atendiendo a lo que se señala a continuación.

Las tasas de depreciación de los activos pueden variar a lo largo del tiempo, pues dependen de las vidas medias y también de la antigüedad del *stock* en cada momento del tiempo. Además, en el caso de los agregados las tasas de depreciación varían también por los cambios en la composición del capital.

Cuanto mayor sea la depreciación acumulada mayor será la diferencia entre capital bruto y neto. Para un mismo volumen de FBCF, una tasa de depreciación más elevada reduce la inversión neta y el ritmo de crecimiento del *stock* de capital riqueza. Teniendo en cuenta estas observaciones, la presentación de resultados seguirá un orden similar al utilizado al comentar los datos de FBCF, comenzando por los agregados y descendiendo después a un mayor detalle.

14.1. Capital total

Por lo que se refiere al capital total de la economía, la evolución del capital bruto y neto, en términos nominales y reales es la que

GRÁFICO 14.1: **Vidas medias de los activos**

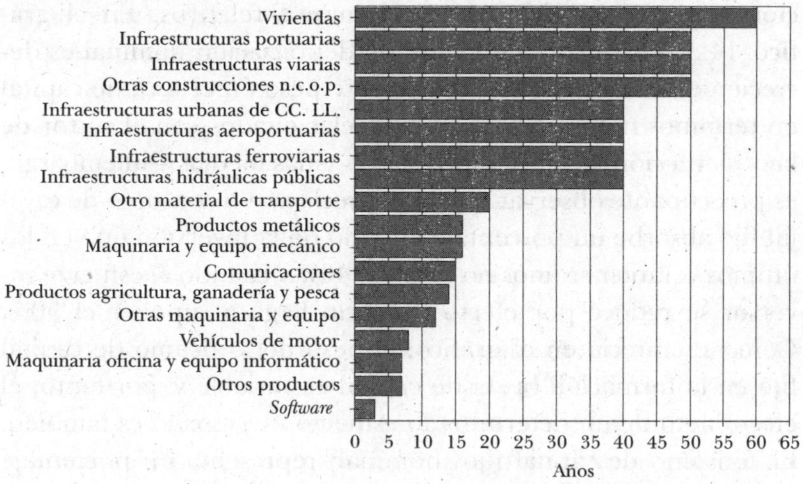

aparece en el gráfico 14.2. En el mismo se observa que el valor del capital bruto supera al del capital neto en términos nominales y que el crecimiento de la brecha que separa a ambos se amplía con el paso del tiempo en términos absolutos, e incluso también en términos relativos hasta mediados de los setenta, momento a partir del cual mantiene la proporción. El crecimiento acumulado del capital bruto y neto en términos reales ha sido muy notable, multiplicándose por más de 5 la riqueza acumulada, según indica el índice correspondiente.

GRÁFICO 14.2: ***Stock* de capital total**

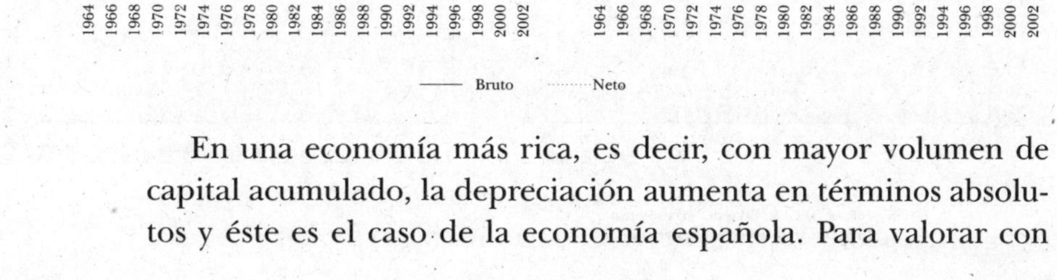

En una economía más rica, es decir, con mayor volumen de capital acumulado, la depreciación aumenta en términos absolutos y éste es el caso de la economía española. Para valorar con mayor precisión el efecto de la depreciación sobre la acumulación conviene considerarla en términos relativos. En el gráfico 14.3 se observa que la tasa de depreciación nominal es decreciente, lo cual se debe al creciente peso en el *stock* de capital en términos nominales de activos relacionados con el sector de la construcción, de alto valor y largas vidas medias. Sin embargo, es preocupante observar que la depreciación o consumo de capital fijo absorbe un porcentaje elevado de la inversión que en los últimos veinticinco años no baja del 40% y cuando el esfuerzo inversor se reduce por efecto del ciclo llega a suponer el 50%. Como se aprecia en el gráfico, el peso del consumo de capital fijo en la formación bruta de capital es variable y, por tanto, el efecto neto de un determinado esfuerzo inversor lo es también. El consumo de capital fijo (nominal) representa un porcentaje superior al 30% de la FBCF hasta mediados de los setenta para crecer veinte puntos cuando el esfuerzo inversor se reduce (du-

GRÁFICO 14.3: Depreciación del capital total

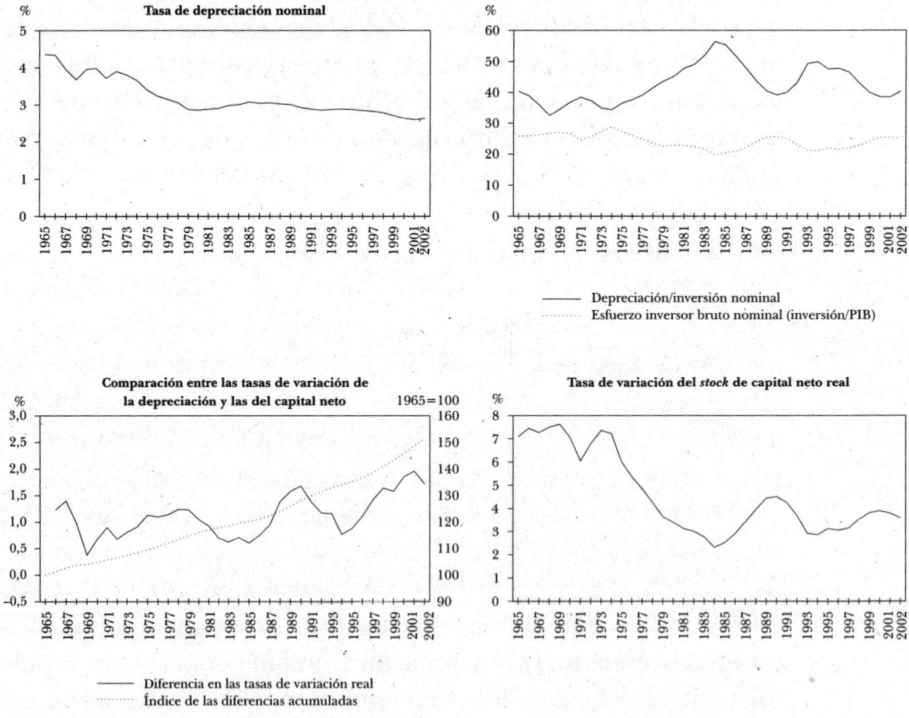

rante la crisis); posteriormente, el peso del consumo de capital en la inversión bruta ha oscilado con un perfil inverso al del esfuerzo inversor, pero se ha situado en todo caso en niveles superiores a los iniciales, como corresponde a una economía más capitalizada y que realiza un esfuerzo inversor algo menor.

Es importante advertir esa tendencia a la reducción de la tasa de depreciación en términos nominales no significa que la composición real de los activos que la economía española utiliza esté evolucionando hacia vidas medias más largas. Más bien sucede lo contrario, como se comprobará más adelante. Sucede, sin embargo, que el cálculo de tasas de depreciación en términos reales se enfrenta a problemas de agregación en los que ya se ha insistido mucho en esta monografía y, por ello, se prefiere no realizar esa estimación. Sin embargo, para captar el efecto que los cambios en la estructura real del capital tienen sobre la depreciación real basta con comparar las tasas de variación de la depreciación real y el capital neto real. La primera supera siempre a la segunda, de modo que la depreciación real pesa cada vez más en el *stock* de capital real. Para advertir de la importancia de este incremento del peso de la depreciación real, puede señalarse que el crecimiento de la depreciación a lo largo del periodo analizado supera en un 50% al del capital, lo que sin duda debe estar lastrando la tasa de crecimiento del capital neto en las últimas décadas.

El perfil de las tasas del crecimiento del capital neto en términos reales que muestra también el gráfico 14.3 señala dos aspectos muy relevantes para la valoración de la acumulación. El primero, que los ritmos de acumulación han sido sensibles al ciclo, reduciéndose en los periodos de menor nivel de actividad y más bajo ritmo inversor. En esos años, la depreciación sigue actuando y aumenta su peso en relación con una inversión bruta de menor volumen, de modo que la inversión neta es menor y la tasa de crecimiento del capital neto se reduce.

Más allá de las variaciones cíclicas de la tasa de crecimiento del capital neto, otro aspecto de su evolución puede tener un carácter más estructural: los ritmos de crecimiento del capital neto en los últimos periodos de expansión no han alcanzado las tasas de los años sesenta y primeros setenta, situándose en cifras medias muy alejadas de aquéllas. Aunque las consecuencias de esta trayectoria para el crecimiento económico no se pueden valorar con precisión hasta introducir el concepto de capital productivo, es importante señalar este hecho y advertir que algunas de las tendencias que pueden estar influyendo en él ya han sido presentadas. La primera es la tendencia a la reducción del esfuerzo inversor, que fue destacada al analizar la FBCF y reflejada en el gráfico 14.3. La segunda es la tendencia creciente de la depreciación real que se deriva del más rápido crecimiento de las inversiones en maquinaria y que, como se acaba de documentar, aumenta más que el capital neto. La tercera es la notable elevación que se ha producido en la relación capital-producto (casi un 50%), tras la fase inicial de intensa acumulación que finaliza en 1975 y la sucesiva crisis económica. Este último resultado aparece con mayor nitidez en la nueva estimación del capital neto que en las estimaciones anteriores de este mismo proyecto.

De las tres medidas del capital consideradas por la nueva metodología (bruto, neto y productivo) la más parecida a la utilizada en la metodología anterior es la denominada *stock* de capital neto *(capital riqueza)*. Por ello, merece la pena detenerse un momento a comparar las estimaciones del capital neto total presentadas con las de las anteriores series de la Fundación BBVA-Ivie. Los resultados no son iguales porque, aunque los conceptos sean similares, la nueva metodología introduce variantes en su procedimiento de cálculo respecto de la antigua y los criterios seguidos en la aplicación de la misma se han revisado en algunos aspectos, como se ha explicado detalladamente en las partes I y II de esta monografía.

En el gráfico 14.4 se observa el alcance de estas diferencias. Las nuevas estimaciones se separan paulatinamente de las anteriores, lo que significa que estamos revisando al alza la intensidad del proceso de acumulación de la economía española. La importancia de esta revisión puede valorarse teniendo en cuenta que, en términos reales, la tasa media anual de crecimiento del capital neto pasa del 4,09 al 4,57%, casi medio punto, y el índice base 100 en 1964 alcanza en 2002 según la nueva estimación el valor 568, mientras que según la antigua su valor era de 474.

GRÁFICO 14.4: ***Stock* de capital neto. Comparación entre la metodología actual y la anterior**

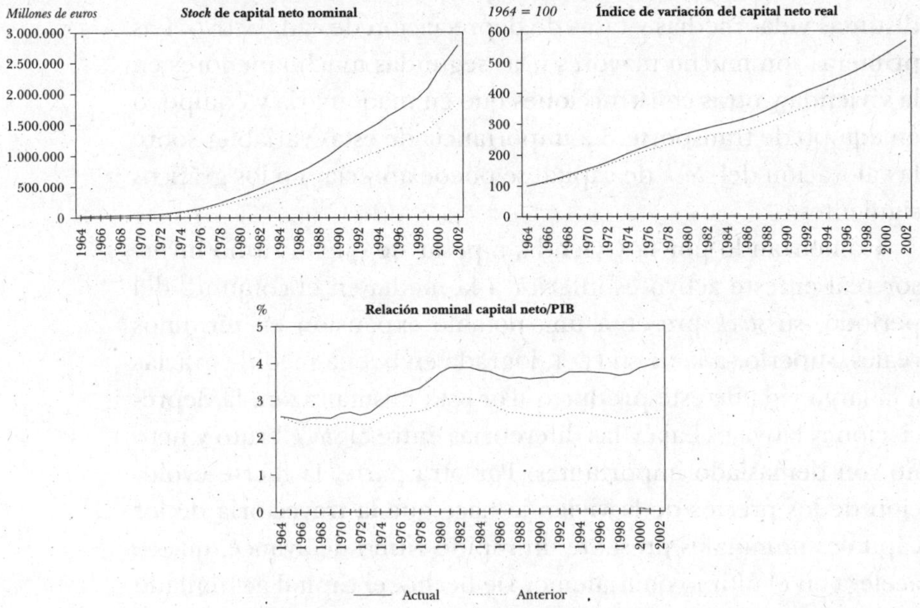

En el recuadro de este gráfico que presenta la evolución de la relación capital-producto según ambas estimaciones se observa que la intensificación del empleo de capital en las dos últimas décadas respecto a sus niveles al principio del periodo era mucho menos perceptible en la anterior estimación que en la actual. Esta revisión al alza del valor del capital neto acumulado, tanto absoluto como en términos relativos, se ha producido también en las estimaciones disponibles para aquellos países en los que se ha aplicado ya la nueva metodología (Canadá y Australia), de modo que, en este aspecto, el caso español no constituye una novedad.

14.2. Capital: principales agregados

En la evolución de la inversión se apreciaron diferencias muy importantes entre los principales subagregados, tanto en términos reales como, por efecto de la distinta evolución de los precios, en términos nominales. A continuación se comprobará la influencia de esas diferencias en el capital acumulado, pero debe recordarse que esta variable recoge también los efectos de las distintas vidas medias y tasas de depreciación de cada activo. Las primeras son mucho mayores y las segundas mucho menores en la vivienda y otras construcciones que en maquinaria y equipo, o en equipo de transporte. La importancia de estas variables sobre la valoración del *stock* de capital se puede apreciar en los gráficos siguientes.

Comenzando por la vivienda, a pesar de que el ritmo inversor real en este activo es inferior a la media en el conjunto del periodo, su *stock* presenta una notable expansión en términos reales, superior a la de su FBCF, lograda en buena medida gracias a la larga vida de este producto. Por esta misma razón, la depreciación relativa es baja y las diferencias entre el *stock* bruto y neto no son demasiado importantes. Por otra parte, la fuerte evolución de los precios de la vivienda hace que la trayectoria de los capitales nominales presente un rápido ritmo de avance, que se acelera en el último quinquenio. De hecho, el capital acumulado en viviendas sigue representando el mayor volumen de capital en términos nominales y reales de los cuatro grupos. Aunque el crecimiento real del capital en viviendas es menor que el de los otros activos, su peso en términos nominales en el capital riqueza se mantiene próximo al 50%, habiendo frenado su suave caída de las dos últimas décadas en los últimos años.

Si se considera la evolución de la depreciación del activo vivienda se aprecia que sus tasas son muy bajas, aunque tendencialmente resultan ligeramente crecientes debido a la composición por edades del *stock,* que experimentó un fortísimo crecimiento de este tipo de capital en la primera parte del periodo.

Las tasas de crecimiento del *stock* real de viviendas superaron el 5% en la expansión que terminó con la crisis del petróleo y, posteriormente, descendieron hasta un 2%. En los últimos veinte años se han situado por debajo del 3%, aproximándose más a esta cifra en el último periodo, debido a una conjunción de factores entre los que cabe destacar el aumento del precio de estos activos y la reducción de los tipos de interés, dos circunstancias que reducen el coste de uso por euro invertido en este

GRÁFICO 14.5: ***Stock* de capital en viviendas**

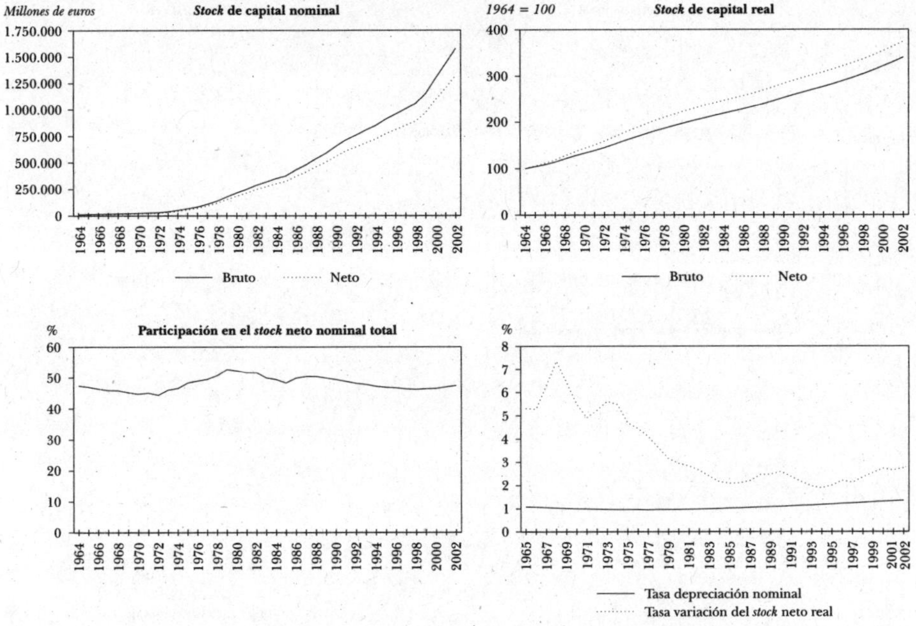

tipo de capitales, como luego se comprobará, e impulsan las decisiones de inversión en los mismos.

Pasando a considerar el *stock* de capital en *otras construcciones* (gráfico 14.6), su trayectoria tiene dos rasgos comunes con la de la vivienda: las limitadas diferencias entre el capital bruto y neto, debidas a unas bajas tasas de depreciación, se mantienen bastante estables; y la mayor aceleración que se produce en el capital en términos corrientes que constantes, a consecuencia de la notable alza de precios de estos activos. Sin embargo, otros rasgos son diferentes de los de la vivienda. Así, el crecimiento del capital en términos reales es el doble en este caso y, aunque su tasa de crecimiento cae también durante la crisis de los setenta, se recuperan tasas elevadas de acumulación posteriormente, por lo general, superiores al 4%, es decir, por encima de la media. Otro rasgo diferente, y consecuencia directa del anterior, ha sido que este agregado ha ganado más de diez puntos porcentuales en la composición del *stock* de capital total en términos nominales.

GRÁFICO 14.6: *Stock* de capital en otras construcciones

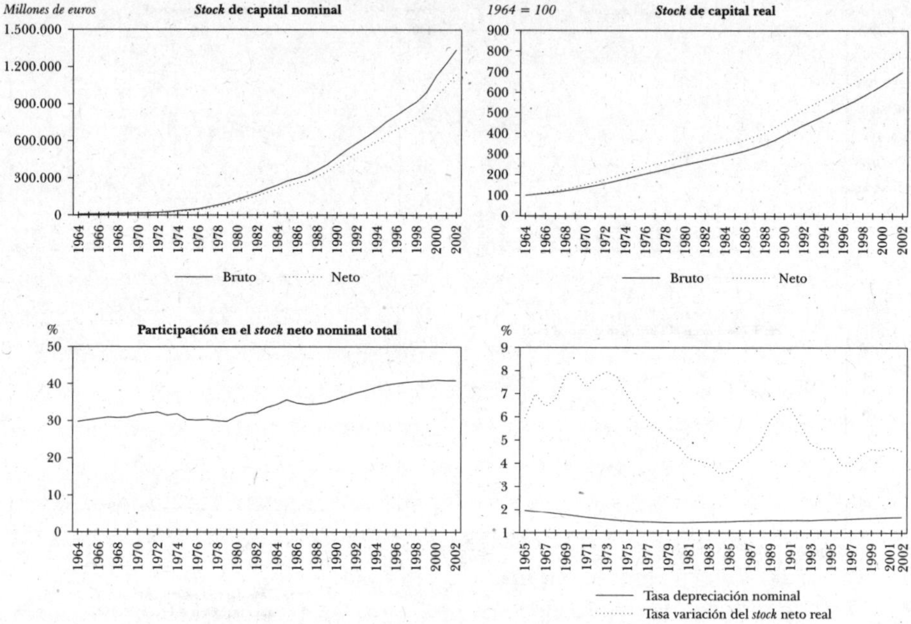

El tercer subagregado considerado, el *equipo de transporte,* es de mucha menor importancia en términos absolutos que los restantes y ha crecido en el conjunto del periodo a una tasa acumulada elevada, similar a la de la maquinaria y equipo, multiplicándose por 8 en términos reales. Aunque sus tasas de expansión han evolucionado con un perfil temporal diferente, es notable en ambos agregados la influencia del ciclo y la tendencia a moderar su crecimiento con el paso del tiempo. Se trata de activos sometidos a elevadas tasas de depreciación (superiores incluso a las de la maquinaria), que después de un periodo de reducción vuelven a crecer en los noventa, aproximándose al 15% anual.

El peso del capital en equipo de transporte en el *stock* total es modesto y menor que el que representa en la FBCF, debido al efecto anteriormente comentado de las elevadas tasas de depreciación, y fuertemente decreciente, debido a lo cual la participación nominal se reduce a la mitad.

El cuarto de los subagregados estudiados, el capital en *maquinaria y material de equipo,* presenta en la evolución de su *stock* un fuerte crecimiento real, superior a la media, pero inferior al que

GRÁFICO 14.7: ***Stock* de capital en equipo de transporte**

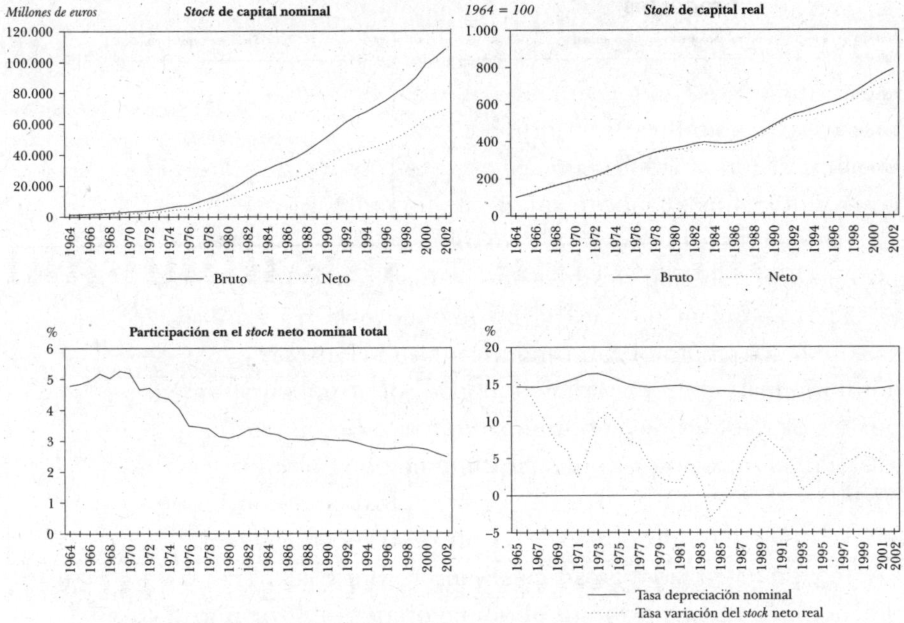

experimentaba su FBCF. Las diferencias entre capital bruto y neto son mucho más apreciables, lo cual se debe a que la inversión en maquinaria y equipo se deprecia más rápidamente. Como consecuencia de su más rápida depreciación, la participación de esta agrupación de productos en el *stock* neto es mucho menor que la que representaba en la FBCF total y, a pesar de sus mayor crecimiento en términos reales, pierde peso en el capital riqueza debido a las alzas de precios que experimentan los activos de la construcción.

Ya se había advertido que, dado un mismo gasto de inversión en dos activos con distintas tasas de depreciación, aquél en el que estas tasas son mayores (por corresponder a menores vidas medias) pesará menos en el capital *riqueza* que el otro. Si a ello se añade, como sucede en este caso, una evolución más moderada de los precios, el resultado paradójico que refleja el gráfico 14.8 es que la economía española invierte en términos reales cada vez más en maquinaria y equipo pero, sin embargo, su peso en el capital neto en términos corrientes no deja de reducirse, representando en los años recientes el 50% de su peso al

GRÁFICO 14.8: *Stock* de capital en maquinaria, material de equipo y otros productos

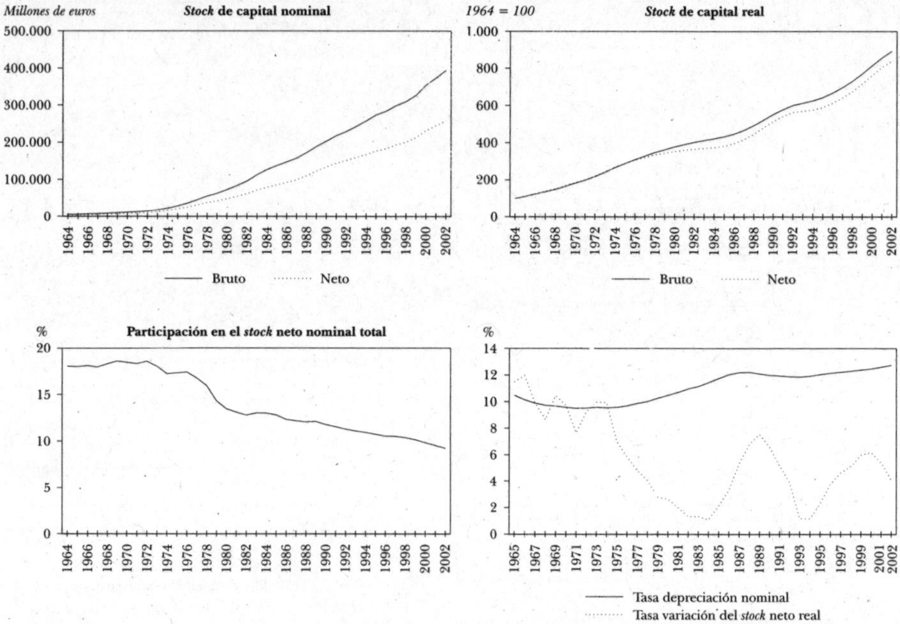

principio del periodo. Este fenómeno se acentúa en los noventa por efecto de dos factores: la tasa de depreciación de la maquinaria se eleva debido a la mayor importancia de activos relacionados con las TIC que, además, presentan caídas de precios relevantes.

Por lo que hace referencia a la tasa de crecimiento del capital neto, sus niveles promedio son elevados pero las oscilaciones de la misma son notables, siguiendo una pauta de evolución marcadamente procíclica. Pese a las altas tasas de acumulación de las dos últimas décadas, no se han recuperado las tasas anteriores a la crisis del petróleo y en los años de recesión alcanza niveles muy bajos, inferiores al 2%. Sin duda, en la dificultad de aumentar el ritmo de crecimiento del capital neto en maquinaria actúa como un freno el alto ritmo de depreciación nominal, que al final del periodo es diez puntos porcentuales superior a la media.

14.3. Capital por productos

En tres de las categorías de activos consideradas en el punto anterior se agrupan productos diversos —no así en el caso de la vivienda— en los que la acumulación de capital presenta algunos rasgos diferentes que merecen un comentario más detallado para cada activo, como se hizo al analizar la FBCF.

Comenzando por *otras construcciones,* como se recordará, en las mismas se integran la práctica totalidad de las infraestructuras públicas y también las inversiones privadas en construcción no residencial. Una cuarta parte de este subagregado lo constituye el *stock* de capital de seis infraestructuras públicas productivas, que la base de datos detalla y cuya evolución representan los gráficos 14.9 a 14.14. Todas ellas se caracterizan por sus largas vidas medias (40-50 años) y, consiguientemente, tasas de depreciación reducidas [38] (2-3%), debido a lo cual las diferencias entre los capitales bruto y neto son moderadas. También comparten una misma evolución de precios que, como en otros activos producidos por el sector de la construcción, es más inflacionista que en los productos de maquinaria y equipo.

Los perfiles que diferencian entre sí a estas infraestructuras públicas productivas son los siguientes:

- Las *infraestructuras viarias* (gráfico 14.9) son el activo de mayor peso dentro de este grupo y, además, su importancia ha sido notablemente creciente a lo largo del periodo en el capital total. Las tasas de crecimiento de estos capitales han superado a la media del capital total, gracias al fuerte impulso en la primera década y, posteriormente, en el periodo 1986-1996.
- Las *infraestructuras hidráulicas públicas* (gráfico 14.10) han perdido peso paulatinamente, como consecuencia de la

---

[36] Las tasas de depreciación nominales y reales coinciden siempre que se trata de activos simples, es decir, no agregados. Esta circunstancia ya se advirtió al comentar el caso de la vivienda y la distinción entre las dos tasas de depreciación será omitida por esta razón en los comentarios sobre activos simples.

progresiva reducción de la tasa de crecimiento, que ha descendido desde ritmos superiores al 10% anual a los inferiores al 3% de la segunda mitad de los noventa.

- Las *infraestructuras ferroviarias* pierden peso en el agregado hasta principio de los ochenta para estancarse después en un modesto 1,5%. Sin embargo, la irregular evolución de sus tasas de crecimiento presentan fuertes recuperaciones del capital ferroviario entre 1988 y 1991 y, sobre todo, a partir de 1997. Esas mayores tasas de crecimiento no se traducen con nitidez en mayores tasas de participación en el *stock* debido a que en esos años también el capital total crece con fuerza.
- Las *infraestructuras aeroportuarias* (gráfico 14.11) presentan tres etapas: pérdida de peso hasta principio de los ochenta, estancamiento hasta mediados de los noventa y fuerte recuperación posterior. Las tasas de crecimiento de este activo son muy irregulares, pero desde finales de los ochenta han superado la mayoría de los años el 4%.
- Las *infraestructuras portuarias* (gráfico 14.12) pierden peso a lo largo del periodo, en consonancia con unos ritmos de crecimiento raramente superiores al 4% e inferiores al 3% en muchos años de las tres últimas décadas.
- Las *infraestructuras urbanas* (gráfico 14.13) presentan en su evolución dos etapas muy diferenciadas: hasta la formación de los ayuntamientos democráticos y después de su constitución. Durante la primera, la evolución de este tipo de capital es irregular pero su ritmo no supera en promedio al del capital total, razón por la cual su peso en el agregado se mantiene. En cambio, después de 1979 las tasas de crecimiento superan a las del agregado y estas infraestructuras ganan peso en el total de manera ininterrumpida, duplicando sobradamente en la actualidad el porcentaje de participación inicial. El ritmo de acumulación fue particularmente intenso en los ochenta y primera mitad de los noventa, pero, pese a su desaceleración posterior, la participación en el capital neto ha seguido aumentando debido a que sus tasas de crecimiento siguen siendo elevadas y superiores a la media.

GRÁFICO 14.9: *Stock* de capital en infraestructuras viarias

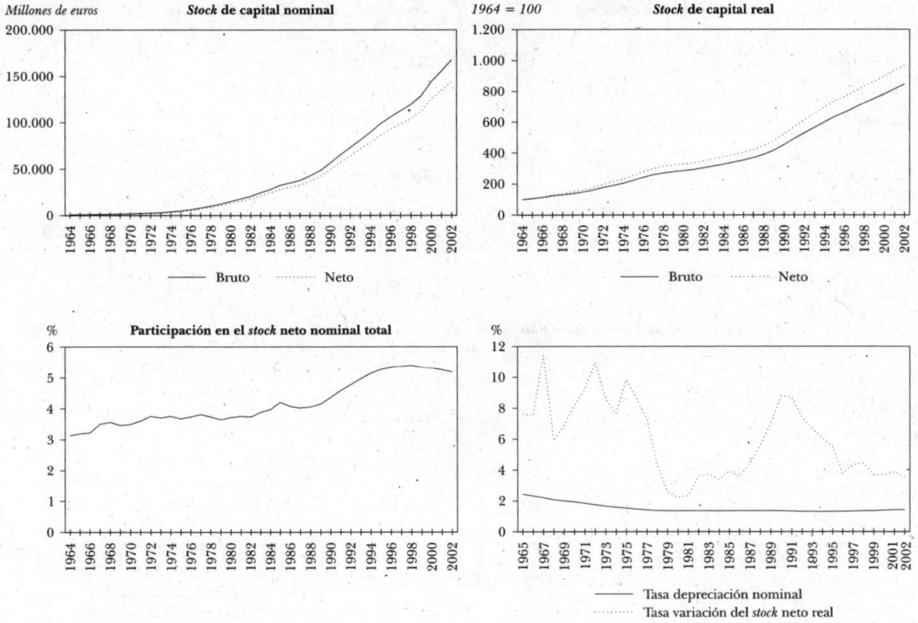

GRÁFICO 14.10: *Stock* de capital en infraestructuras hidráulicas públicas

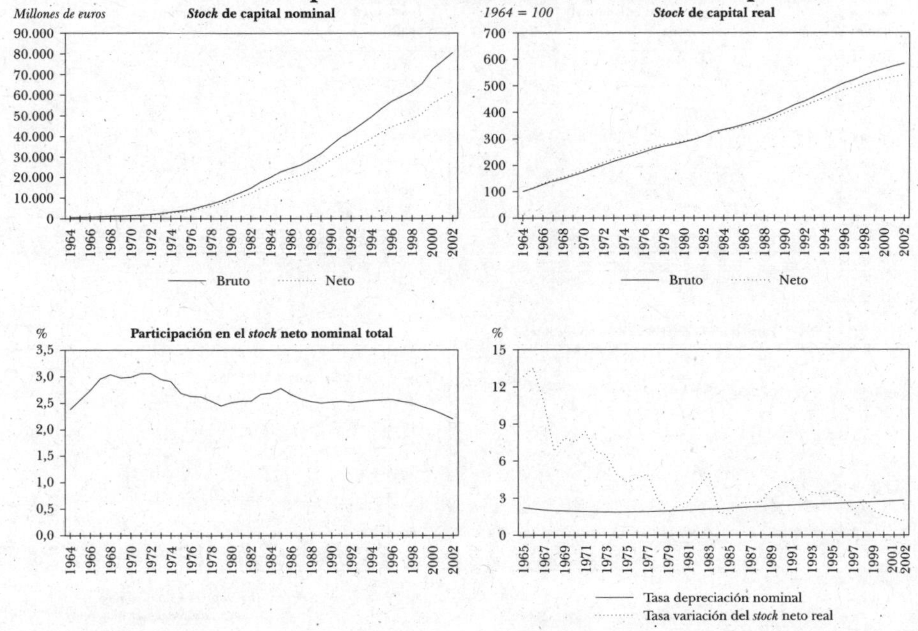

GRÁFICO 14.11: *Stock* de capital en infraestructuras ferroviarias

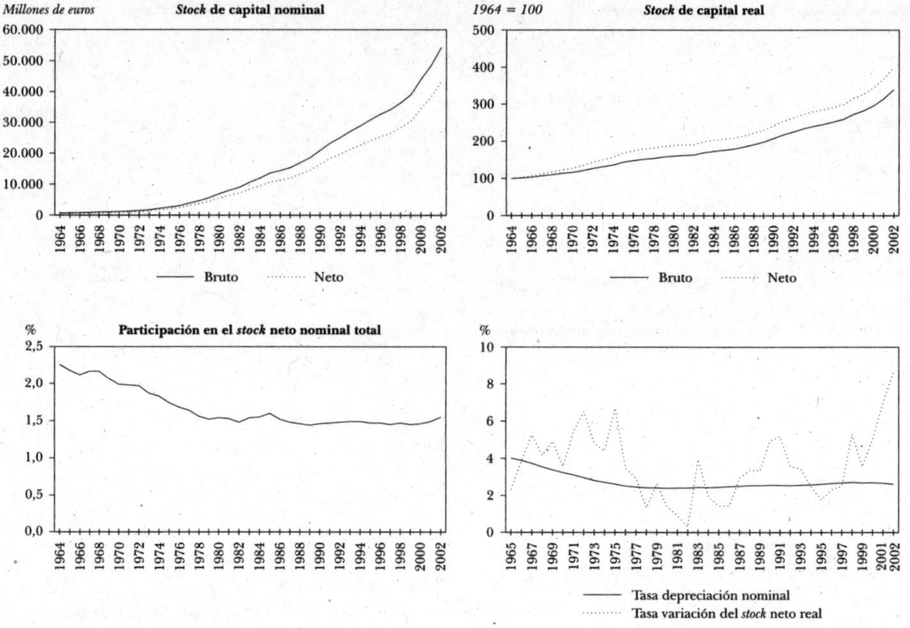

GRÁFICO 14.12: *Stock* de capital en infraestructuras aeroportuarias

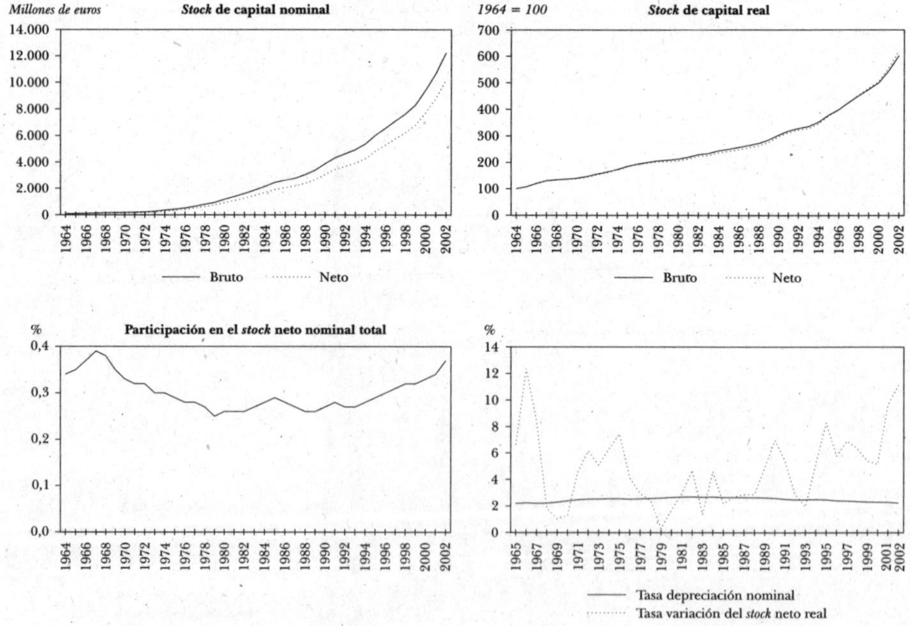

GRÁFICO 14.13: *Stock* de capital en infraestructuras portuarias

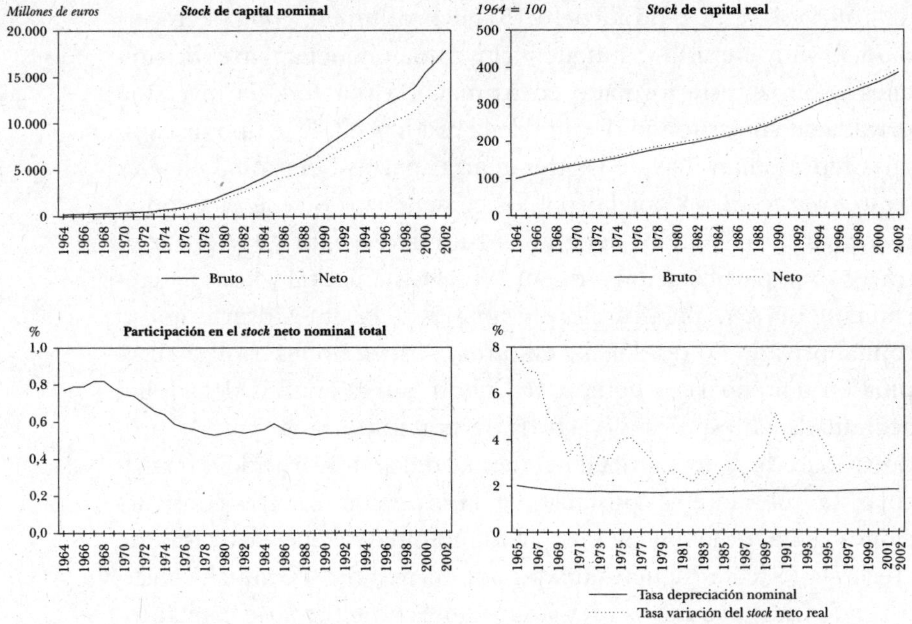

GRÁFICO 14.14: *Stock* de capital en infraestructuras urbanas de CC. LL.

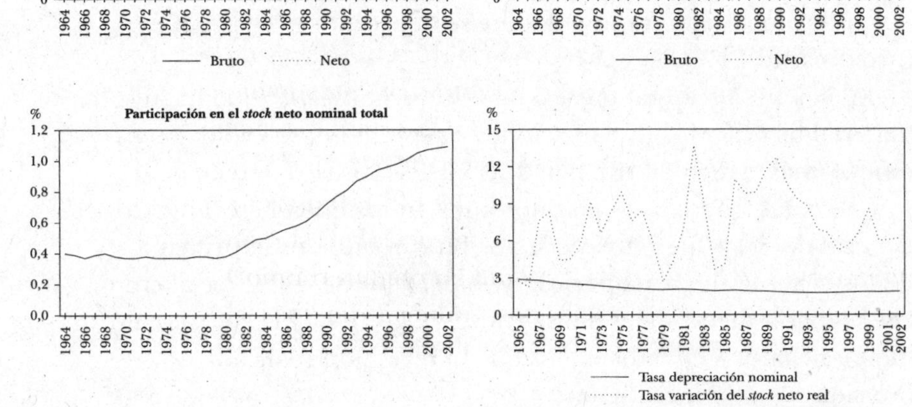

El activo que completa este subagregado es el denominado *otras construcciones n.c.o.p.* (gráfico 14.15) cuyo volumen, como se recordará, es muy elevado y, aunque incluye una pequeña parte de capitales públicos, está formado en su mayoría por toda la inversión privada en construcción distinta de la residencial. Este tipo de capitales representan más de las tres cuartas partes del capital en *otras construcciones,* razón por la cual los comentarios que se hicieron al presentar los resultados del gráfico 14.6 sirven para caracterizar su trayectoria: participación creciente en el capital total y tasas de crecimiento del *stock* procíclicas y elevadas. Es relevante advertir que el capital privado no residencial en otras construcciones triplica al capital en maquinaria y equipo, de modo que el análisis del capital acumulado en ese tipo de activos es muy importante para la productividad de la economía en general y del sector privado en particular. Lo relevante es constatar que la inversión en otras construcciones gana peso en el *stock* neto nominal y que sus tasas de crecimiento reales siguen situadas por encima del 4% anual, constituyendo unos productos muy importantes en el *stock* de capital total y en el *stock* de capital privado.

Algo parecido a lo señalado al principio del párrafo anterior se puede decir al comentar la evolución del *stock* en *vehículos de motor* (gráfico 14.16): su trayectoria es muy similar a la del *equipo de transporte,* presentada en el gráfico 14.7, del cual constituye el componente mayoritario. Como en aquel caso, el activo pierde peso en el capital total en términos reales, pero sobre todo en términos nominales, como consecuencia de unos ritmos de crecimiento del capital neto modestos (e incluso negativos) en los que influyen las altas tasas a las que se deprecian estos productos (próximas al 20%).

En cuanto al capital en *otro material de transporte* (que incluye material ferroviario, embarcaciones y aeronaves), su evolución es mucho más irregular (gráfico 14.17). Las tasas de crecimiento son elevadas, sobre todo en unos años en los que el crecimiento general del *stock* fue muy modesto. En cambio, desde principios de los ochenta su participación no ha dejado de reducirse al crecer este tipo de capitales a tasas moderadas, e incluso ocasionalmente negativas en años en los que la inversión realizada no cubre siquiera la depreciación.

GRÁFICO 14.15: *Stock* de capital en otras construcciones n.c.o.p.

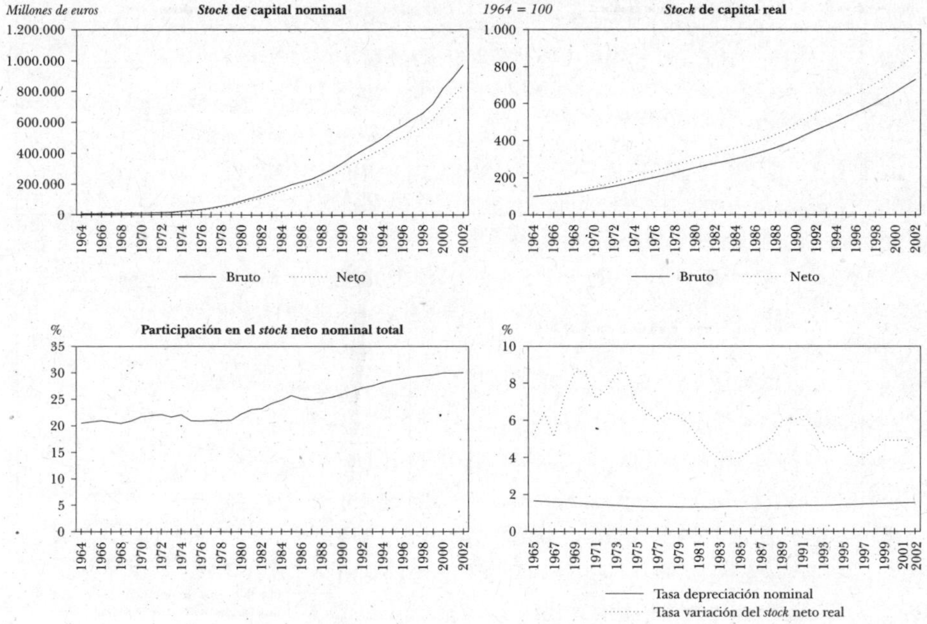

GRÁFICO 14.16: *Stock* de capital en vehículos de motor

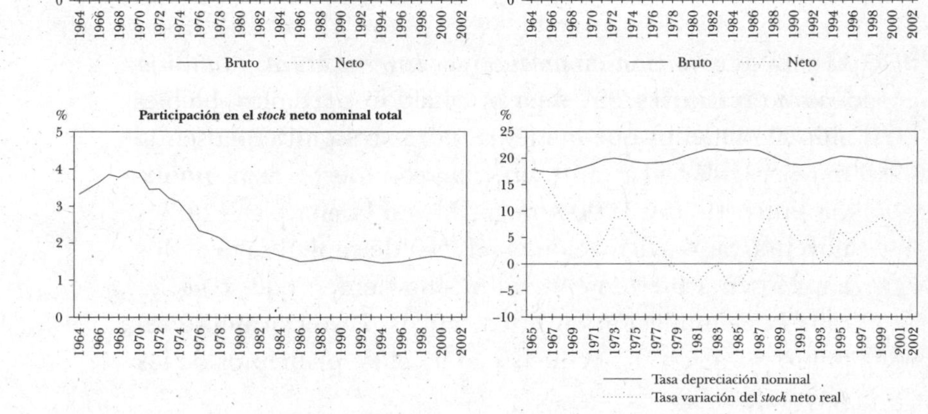

GRÁFICO 14.17: *Stock* de capital en otro material de transporte

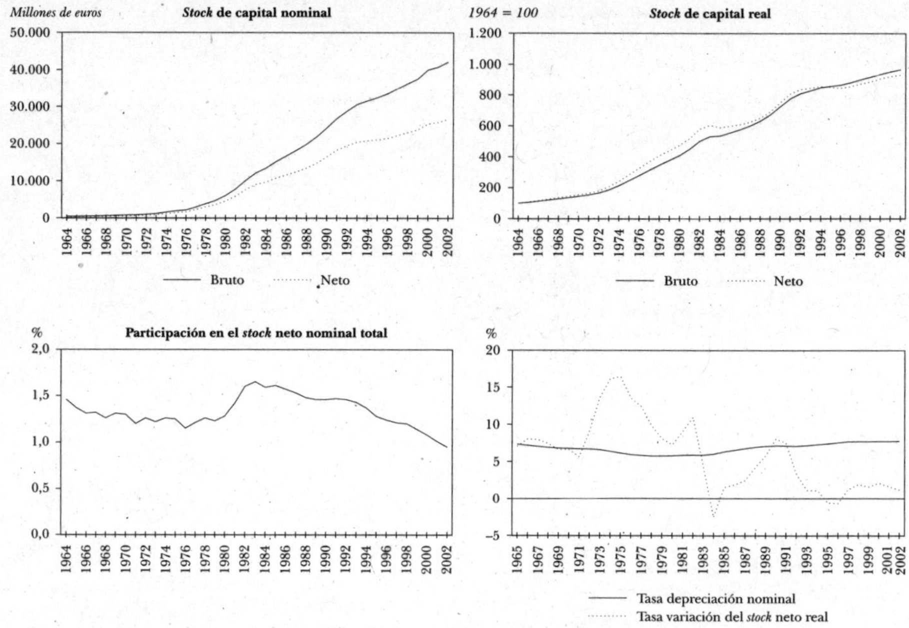

El último subagregado cuya composición debe ser analizada es el de *maquinaria y material de equipo,* que presenta más diversidad de activos que los anteriores. Como se recordará, la trayectoria de su participación en el capital total nominal era decreciente a pesar del fuerte ritmo de acumulación en términos reales. Esto se debe a la relativa moderación con la que evolucionan los precios de estos activos, aunque entre ellos hay diferencias muy relevantes, que serán comentadas repasando las tres categorías siguientes:

a) El capital invertido en *productos de la agricultura, ganadería y pesca* (gráfico 14.18), de muy escasa importancia, ha crecido algo menos que la media, pero siguiendo una senda muy irregular y bastante singular, con fuertes tasas positivas entre 1970 y 1990 y negativas en buena parte de los noventa. Su participación en el *stock* de capital cayó en los años sesenta fuertemente, al mismo tiempo que se aceleraba la acumulación en otros activos. Posteriormente repuntó para volver a reducirse al nivel de principios de los setenta.

GRÁFICO 14.18: ***Stock* de capital en productos de la agricultura, ganadería y pesca**

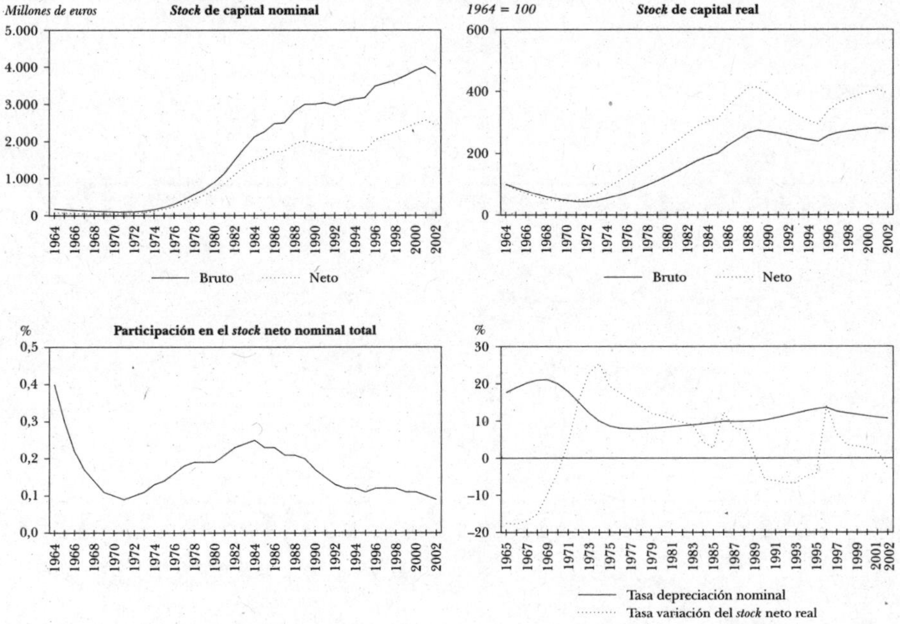

b) El *stock* de capital en *productos metálicos y maquinaria* (gráfico 14.19), que representa el 90% del capital en maquinaria y equipo, sigue una trayectoria prácticamente idéntica que el subagregado del que forma parte, por lo que es más interesante comentar las diferencias entre los cinco productos que lo integran, cuyas trayectorias presentan los gráficos 14.20 a 14.24. Los dos primeros activos están relacionados con las TIC y los otros tres no lo están, presentando características más similares entre sí:

- El capital en *maquinaria de oficina y equipo informático,* (gráfico 14.20) dentro del cual se contabiliza el *hardware,* llama la atención por la fuerte discrepancia entre las trayectorias de las variables en términos corrientes y constantes. Mientras la primera presenta estancamiento en buena parte de los años noventa, el índice en términos reales experimenta esos años una aceleración casi exponencial, con tasas de crecimiento anuales de estos capitales supe-

GRÁFICO 14.19: *Stock* de capital en productos metálicos y maquinaria

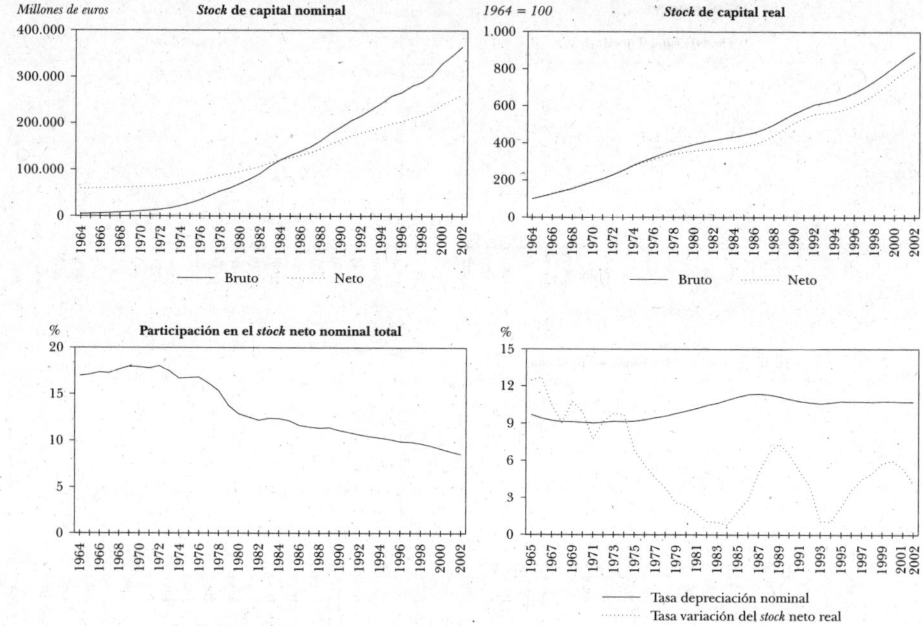

riores durante muchos años al 15% en términos reales, pese a las fuertes tasas de depreciación de este tipo de productos, próximas al 20% anual. Las irregularidades en las tasas de participación de este tipo de activos en el capital total en términos nominales responden a la combinación de los efectos de precios y cantidades, pues mientras las segundas aumentan, los primeros experimentan una fuerte caída, ya comentada, que ha abaratado extraordinariamente estos productos.

- El capital acumulado en *comunicaciones* (gráfico 14.21) destaca por la intensidad de su crecimiento en términos reales y por la importante distancia entre el *stock* bruto y neto, como corresponde a unas tasas de depreciación relativamente elevadas (próximas al 10% anual). Sus tasas de crecimiento fueron superiores al 10% hasta el comienzo de la crisis de los setenta y posteriormente han oscilado en torno al 5%, con aceleraciones en los periodos de expansión de las dos últimas décadas. Su participación en el capital total, en términos nominales, ha oscilado a lo

GRÁFICO 14.20: *Stock* de capital en maquinaria de oficina y equipo informático

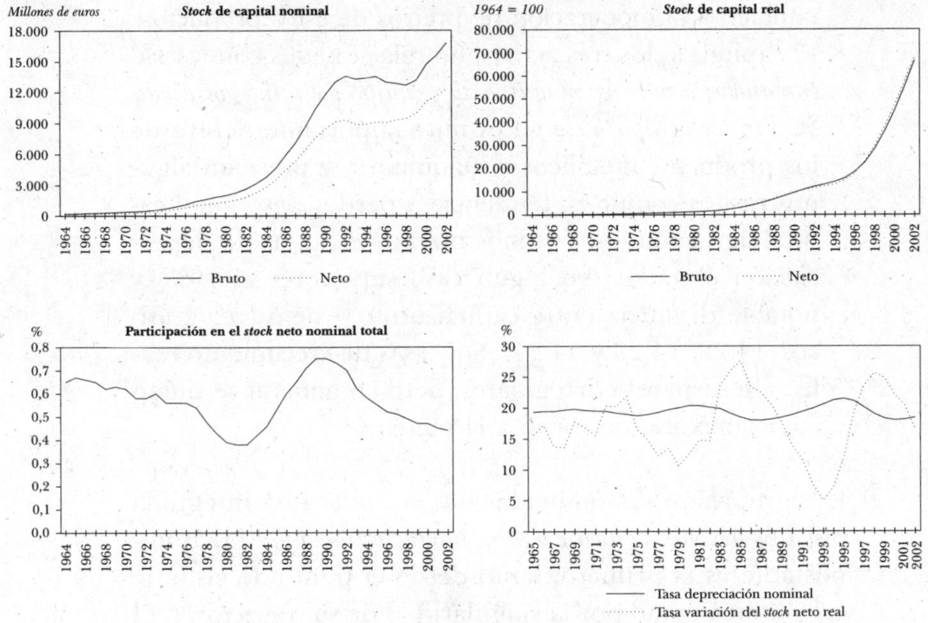

GRÁFICO 14.21: *Stock* de capital en comunicaciones

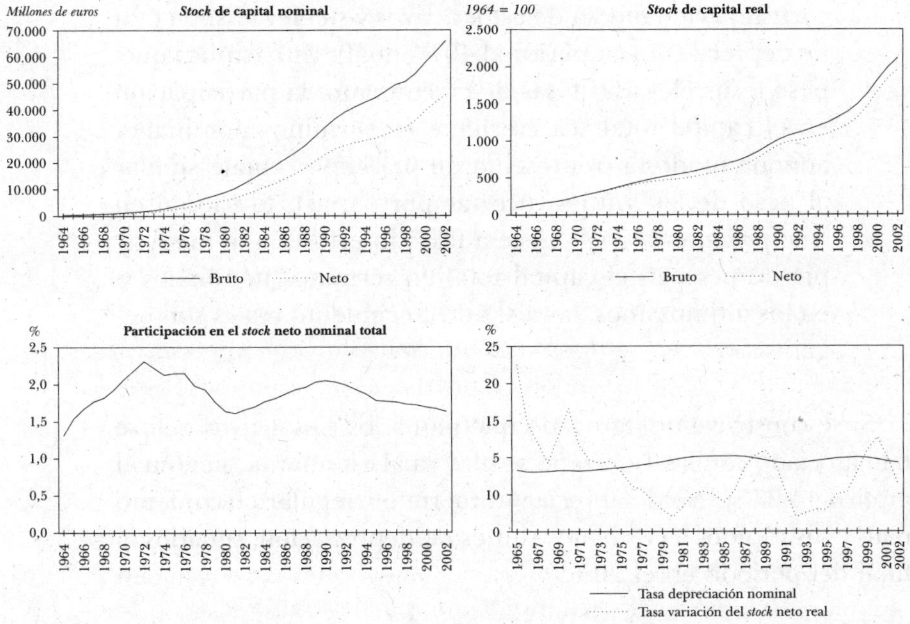

largo del periodo pese a su fuerte crecimiento real debido también a la moderación de precios de estos productos.

- El capital de los tres activos no relacionados con las TIC (*productos metálicos; maquinaria y equipo mecánico; otra maquinaria y equipo n.c.o.p.*) es muy importante dentro de los productos metálicos y maquinaria y presenta algunos rasgos comunes: tendencia a perder peso en el capital agregado en términos nominales, tasas de depreciación elevadas (en algún caso superiores al 10%) y notable distancia entre capital bruto y neto (ver gráficos 14.22, 14.23 y 14.24). Sus tasas de crecimiento reales son dispares e irregulares, pero en general se sitúan como máximo en torno a la media.

c) La agrupación denominada *otros productos* está integrada por dos activos: *software* y *otros productos n.c.o.p.* El más importante es el primero, tanto desde el punto de vista de su volumen como por la singularidad de su trayectoria. El capital en *software* (gráfico 14.25) ha crecido a tasas muy elevadas en términos reales y nominales; las primeras superiores al 15% en casi todo el periodo, y ello pese a la cortísima vida media de estos activos y su elevadísima tasa de depreciación (superior al 40% anual). Esto explica que, pese a sus elevadas tasas de crecimiento, la participación en el capital total sea creciente en términos nominales, aunque modesta (representa un 0,5%, porcentaje similar al peso de las infraestructuras portuarias). El capital en *otros productos n.c.o.p.* crece a tasas inferiores a la media y pierde peso en el capital total en términos nominales y, en los últimos años, las tasas de crecimiento reales son negativas.

Si se construye un agregado que reúna los tres activos que se han asociado con las TIC, como se hizo ya al estudiar la FBCF, en el gráfico 14.27 se puede apreciar su fuerte e irregular crecimiento real, y sus rápidos y crecientes ritmos de depreciación, situados al final del periodo en el 20%.

GRÁFICO 14.22: *Stock* de capital en productos metálicos

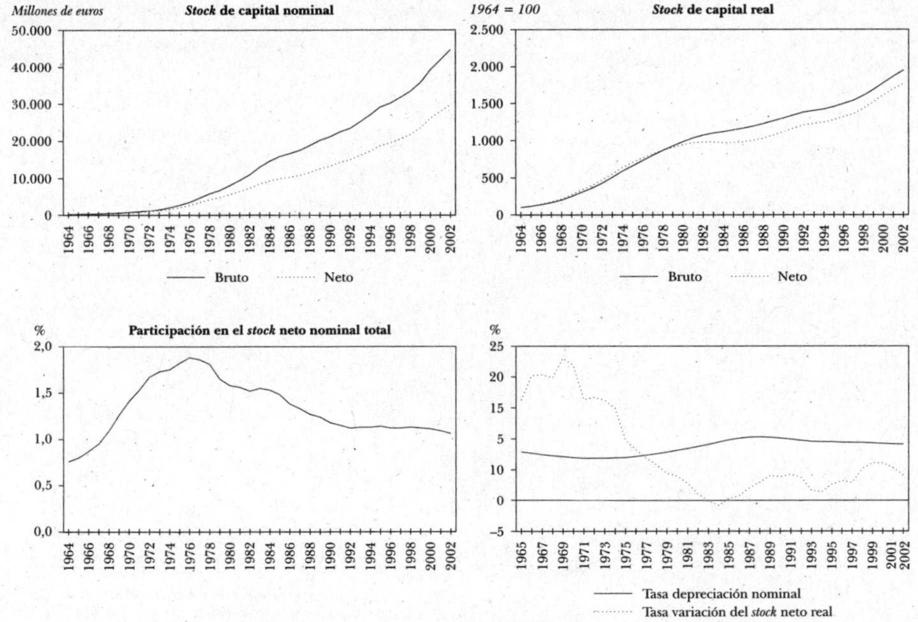

GRÁFICO 14.23: *Stock* de capital en maquinaria y equipo mecánico

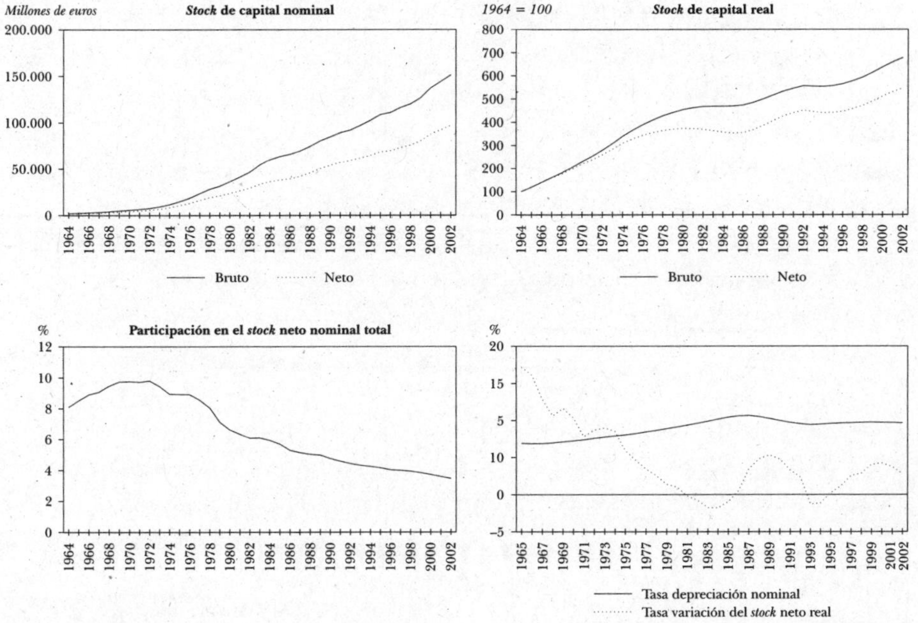

GRÁFICO 14.24: *Stock* de capital en otra maquinaria y equipo n.c.o.p.

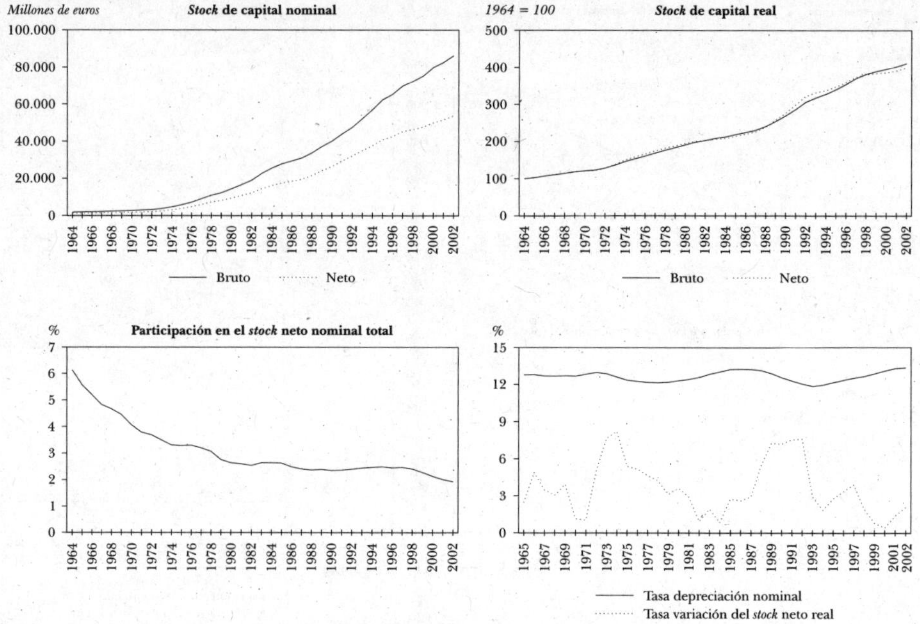

GRÁFICO 14.25: *Stock* de capital en *software*

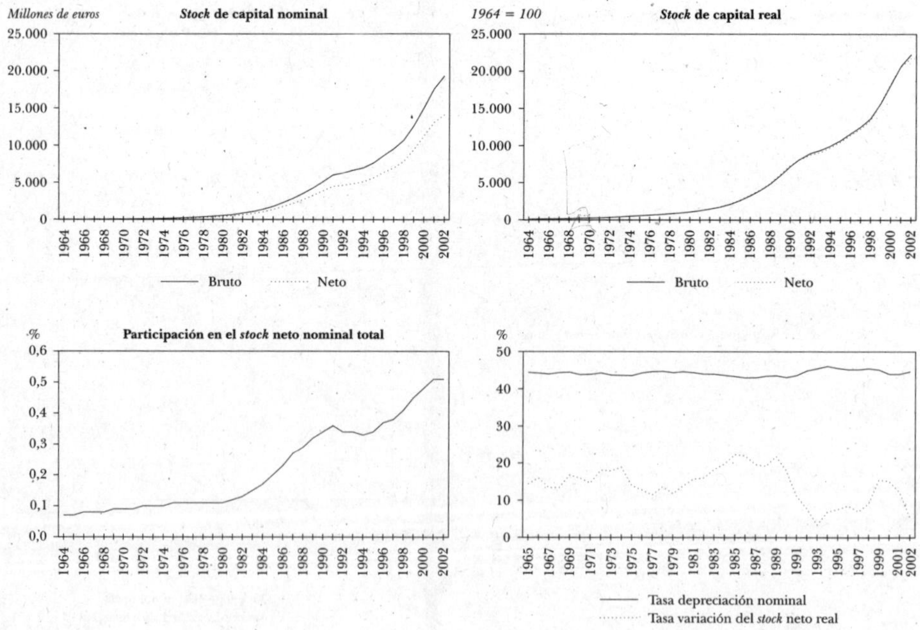

GRÁFICO 14.26: *Stock* de capital en otros productos n.c.o.p.

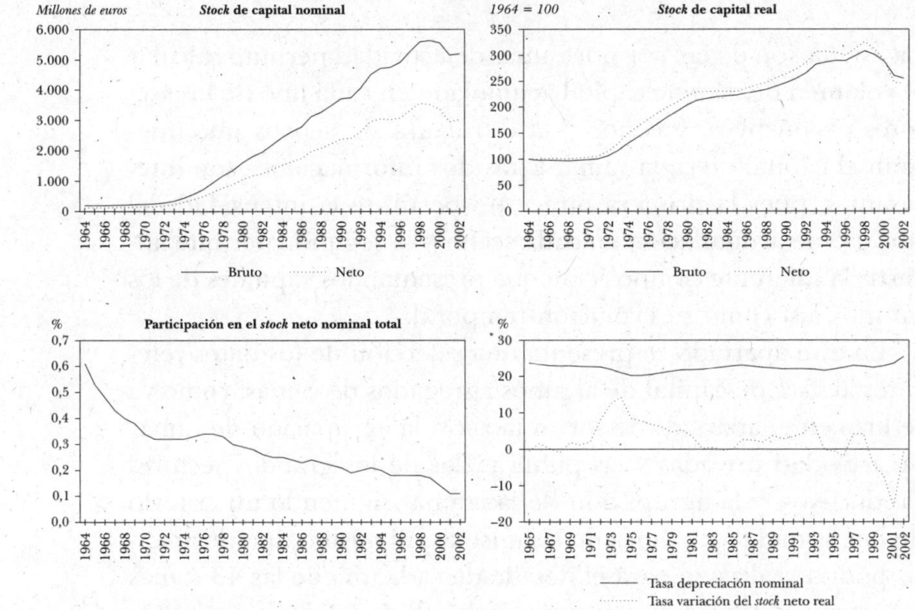

GRÁFICO 14.27: *Stock* de capital en productos de las tecnologías de la información y las comunicaciones (TIC)

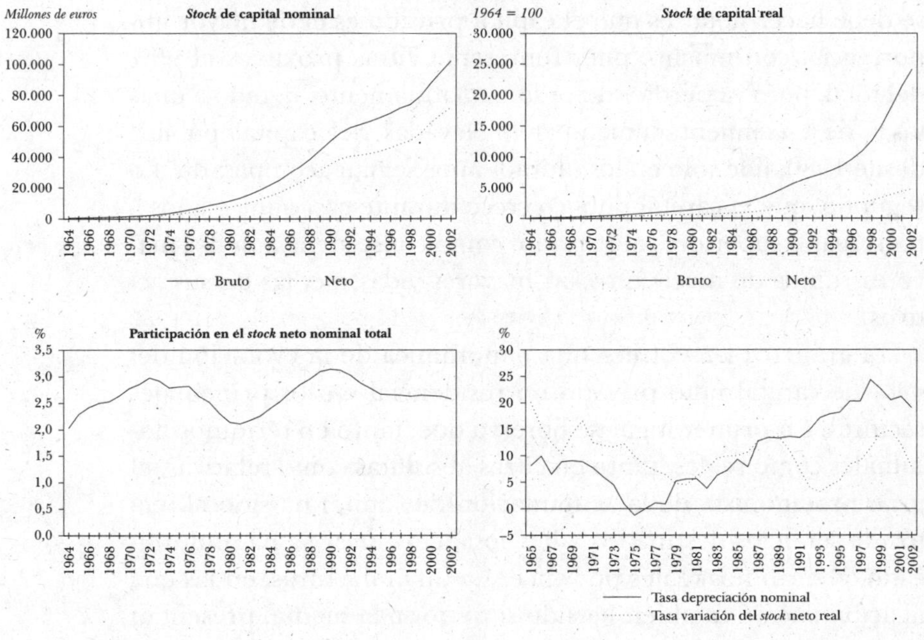

14.4. Capital por ramas de actividad

La asignación de la FBCF por ramas de actividad permite calcular el volumen de *stock* de capital acumulado en cada uno de los sectores productivos, y conocer la estructura de activos que integran el capital de cada rama. Estas dos informaciones son interesantes, pues la primera ofrece un perfil de la intensidad del proceso de acumulación en cada sector y la segunda permite advertir la diferente composición que presentan los capitales de los mismos, así como su evolución temporal.

En este apartado se presenta una selección de los datos referidos al *stock* de capital de algunos agregados de ramas, como ya se hizo en el apartado 13.4 con la FBCF: la agrupación de ramas de actividad privadas y las públicas, las de los grandes sectores productivos, y la agrupación de las ramas siguiendo un criterio de intensidad tecnológica de las mismas. El mismo tipo de análisis podría realizarse para el detalle de cada una de las 43 ramas de actividad consideradas, pero desbordaría los límites razonables de esta monografía.

El gráfico 14.28 presenta la información correspondiente a la evolución del *stock* de capital privado y público. Lo primero que se debe hacer notar es que el capital privado es el de mayor importancia, con mucho, pues representa cifras próximas al 90% del total, pero va perdiendo peso paulatinamente, debido a unas tasas de crecimiento mucho más elevadas del capital público desde 1980, que sólo en los últimos años se han acompasado. Lo segundo, que el capital público crece durante casi quince años a tasas reales superiores al privado, como consecuencia de los mayores ritmos de inversión y las mayores vidas medias de sus activos.

El gráfico 14.29 ofrece una panorámica de la evolución del *stock* de capital neto privado no residencial en los principales sectores. En primer lugar se observa que, tanto en términos nominales como reales, tanto en cifras absolutas como relativas, el gran protagonista de la acumulación de capital ha sido el sector de servicios destinados a la venta, cuyo *stock* se ha multiplicado en términos reales por once. Las manufacturas, en las que la acumulación también ha sido superior a la media, presentan

GRÁFICO 14.28: *Stock* de capital público y privado

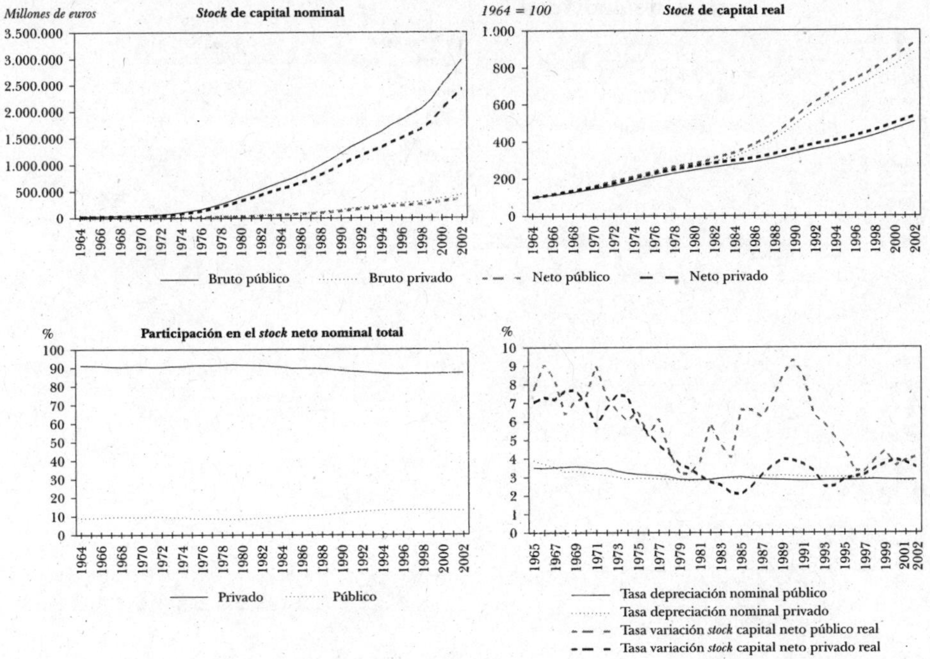

un índice de crecimiento acumulado que es sólo la mitad que el de los servicios, habiéndose multiplicado por seis. Los *stocks* de la industria y los servicios fueron similares hasta principios de los ochenta, pero posteriormente las diferencias de tamaño se han hecho muy grandes. El sector de la construcción y el de la agricultura se sitúan en una posición inferior en volumen a los otros dos y su importancia relativa en el *stock* está en retroceso, como muestra la pérdida de peso en la estructura del capital real.

En la evolución de la estructura sectorial del capital del sector privado no residencial gana peso el sector servicios destinados a la venta y lo pierden todos los demás. El capital de los servicios representa en el total más del 50% en la actualidad, habiendo comenzado su expansión en los setenta y superando a las manufacturas a principio de los ochenta. Las manufacturas fueron el primer sector en importancia inicialmente, pero en la actualidad su peso se ha reducido en una cuarta parte en términos nominales.

GRÁFICO 14.29: *Stock* de capital privado no residencial en las principales ramas de actividad

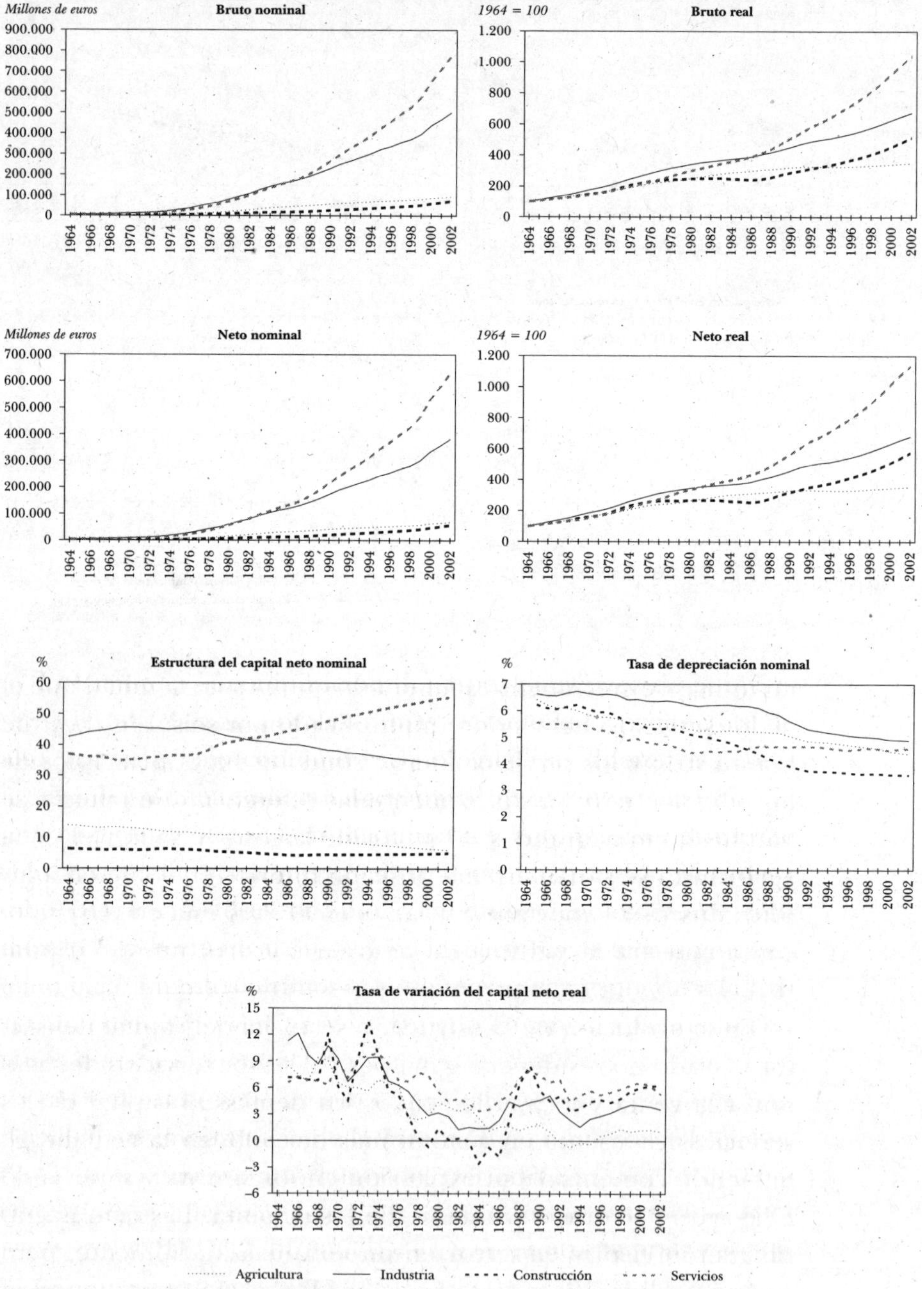

Las tasas de depreciación de las distintas ramas difieren sensiblemente y explican parte de la evolución de los capitales netos. La industria, por la composición de activos en los que invierte, tiene una tasa de depreciación mayor, pero la de los servicios se ha aproximado a la de la industria en los años noventa.

En cuanto a las tasas de crecimiento del capital por sectores, en general las de los servicios son las más elevadas. El segundo lugar lo ocupó la industria hasta la segunda mitad de los setenta y desde la mitad de los ochenta lo ocupa la construcción. La agricultura aparece desde hace casi veinte años con las menores tasas de crecimiento del *stock,* llegando en algunos años a ser negativas.

La agrupación de las ramas de actividad atendiendo a su intensidad tecnológica indica que el *stock* se concentra mayoritariamente en las ramas de bajo contenido tecnológico, pero que las que más rápidamente acumulan capital son las contenido tecnológico alto. Esta situación, ilustrada en el gráfico 14.30, refleja la orientación mayoritaria de la economía española hacia actividades tradicionales y maduras con escasa orientación tecnológica. Asimismo permite advertir que, pese a que el dinamismo de la acumulación de capital en los sectores de alto contenido tecnológico supera la velocidad de los otros sectores, si se consideran las estructuras porcentuales del capital en términos nominales se advierte que su transformación se produce lentamente. Ello se debe al abrumador peso inicial de los sectores de bajo contenido tecnológico y a la dinámica inflacionista de los productos relacionados con la construcción, en los que se concentran más los capitales de las actividades de menor contenido tecnológico.

Es muy llamativa la diferencia en las tasas de depreciación que soportan los capitales de estas tres categorías de sectores. Los de intensidad tecnológica alta presentan tasas de depreciación que casi doblan a las de intensidad tecnológica media y baja, apenas distintas entre sí. Éste es otro factor que dificulta que los capitales de los sectores de mayor nivel tecnológico ganen peso en el agregado y la razón es que la composición por tipos de activos difiere entre sectores.

GRÁFICO 14.30: *Stock* de capital privado no residencial por nivel tecnológico de las ramas de actividad

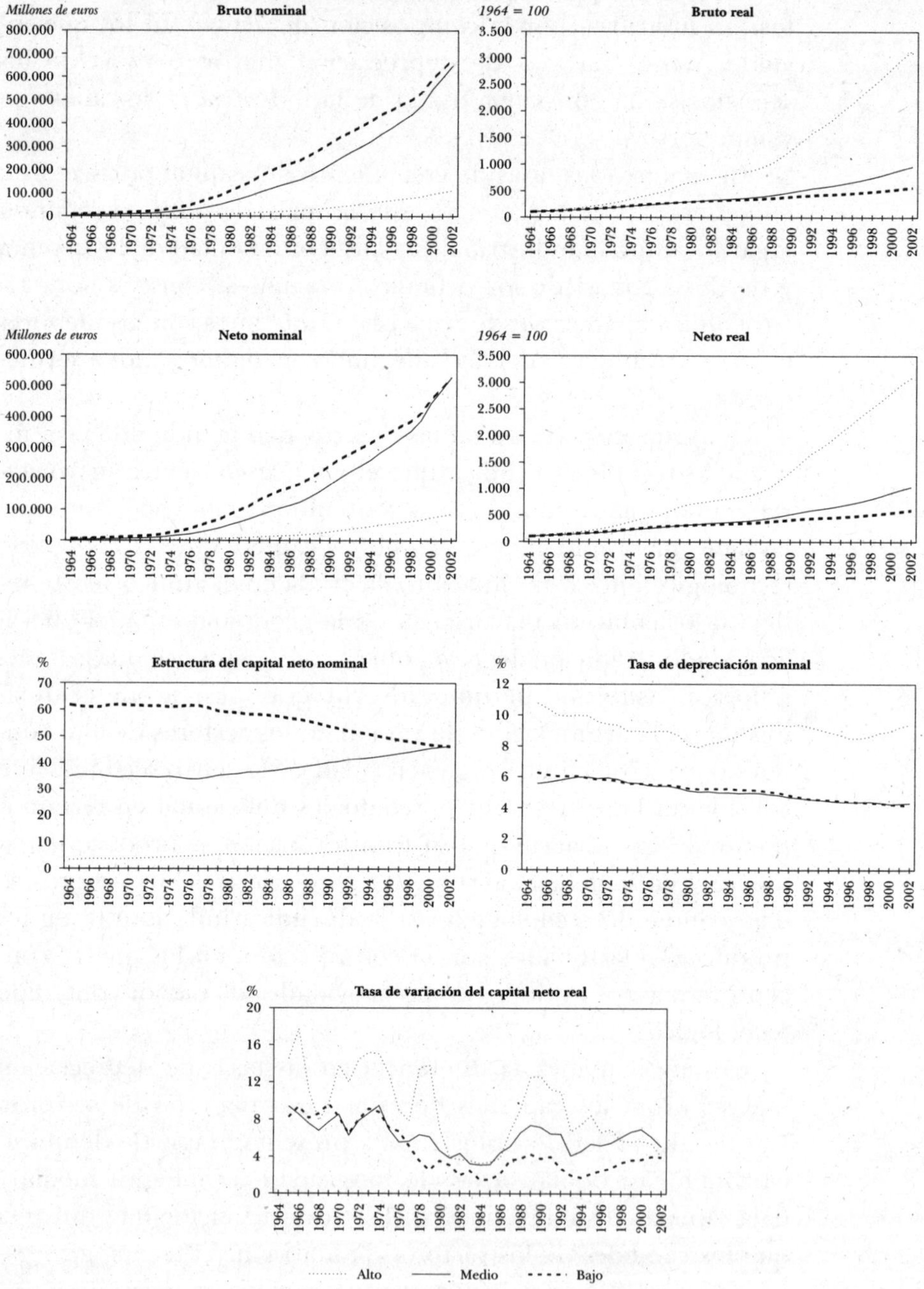

Al analizar la composición por tipos de activos del capital utilizado por las agrupaciones de ramas de actividad que se están considerando en este apartado, el detalle de los productos se limita a los tres grandes grupos de activos no residenciales *(otras construcciones, material de transporte* y *maquinaria y material de equipo)*. En general, los activos de la construcción son los que mayor peso tienen en todos los sectores, sean públicos o privados, lo cual se debe en parte a que los precios de estos activos han crecido más. Esta circunstancia es relevante también a la hora de explicar la evolución de su dinamismo en términos no-

GRÁFICO 14.31: *Stock* de capital neto no residencial privado y público por tipo de activo

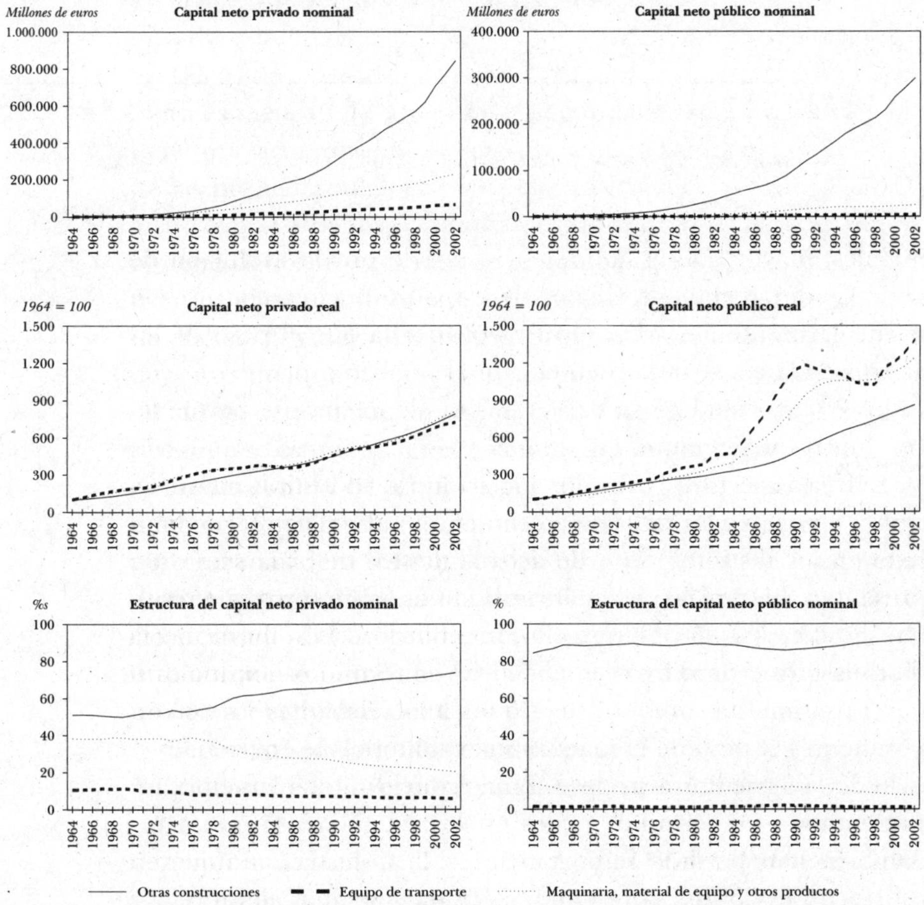

GRÁFICO 14.31 (*cont.*): ***Stock* de capital neto no residencial privado y público por tipo de activo**

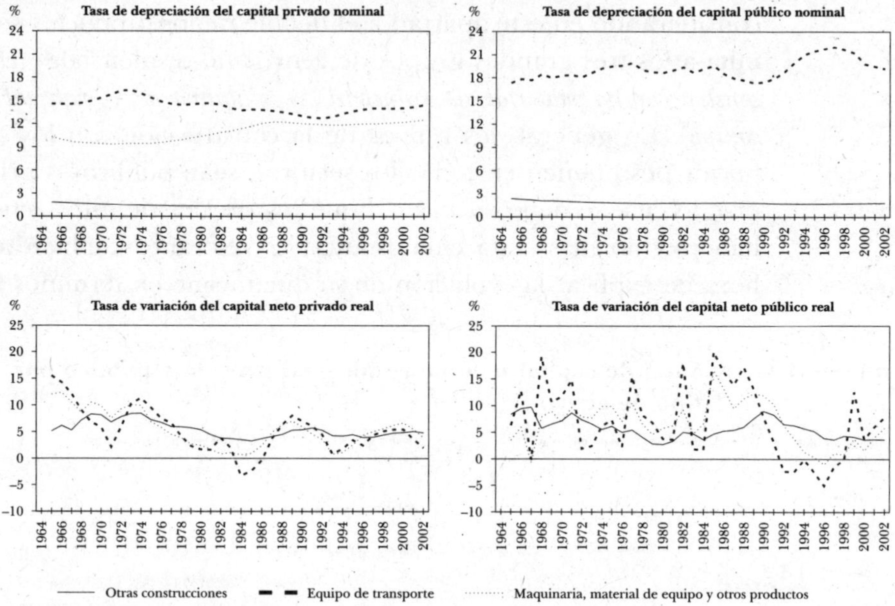

minales, mayor que el que le corresponde por la evolución de las tasas de crecimiento reales de estos productos, que no son particularmente elevadas. Otra razón por la que el peso de los activos de la construcción en el capital público o privado es elevado es que, debido a su bajas tasas de depreciación, permanecen mucho más tiempo en el *stock*.

Entre los sectores privados (agricultura, industria, construcción y servicios), las tasas de crecimiento real del capital acumulado en los distintos tipos de activos dentro de cada sector no presentan diferencias sistemáticas de unos sobre otros que resulten significativas. A pesar de ello, la evolución de la importancia de cada grupo de activos en el capital en términos nominales sí que experimenta cambios, siendo los más relevantes los correspondientes al peso de la maquinaria y material de equipo. En el caso de la agricultura su peso se ha reducido notablemente, representando en términos reales en la actualidad sólo el 20%. También han perdido importancia en la industria, aunque en este sector es donde representan un porcentaje más elevado, casi

GRÁFICO 14.32: *Stock* de capital privado neto no residencial en las principales ramas de actividad por tipo de producto

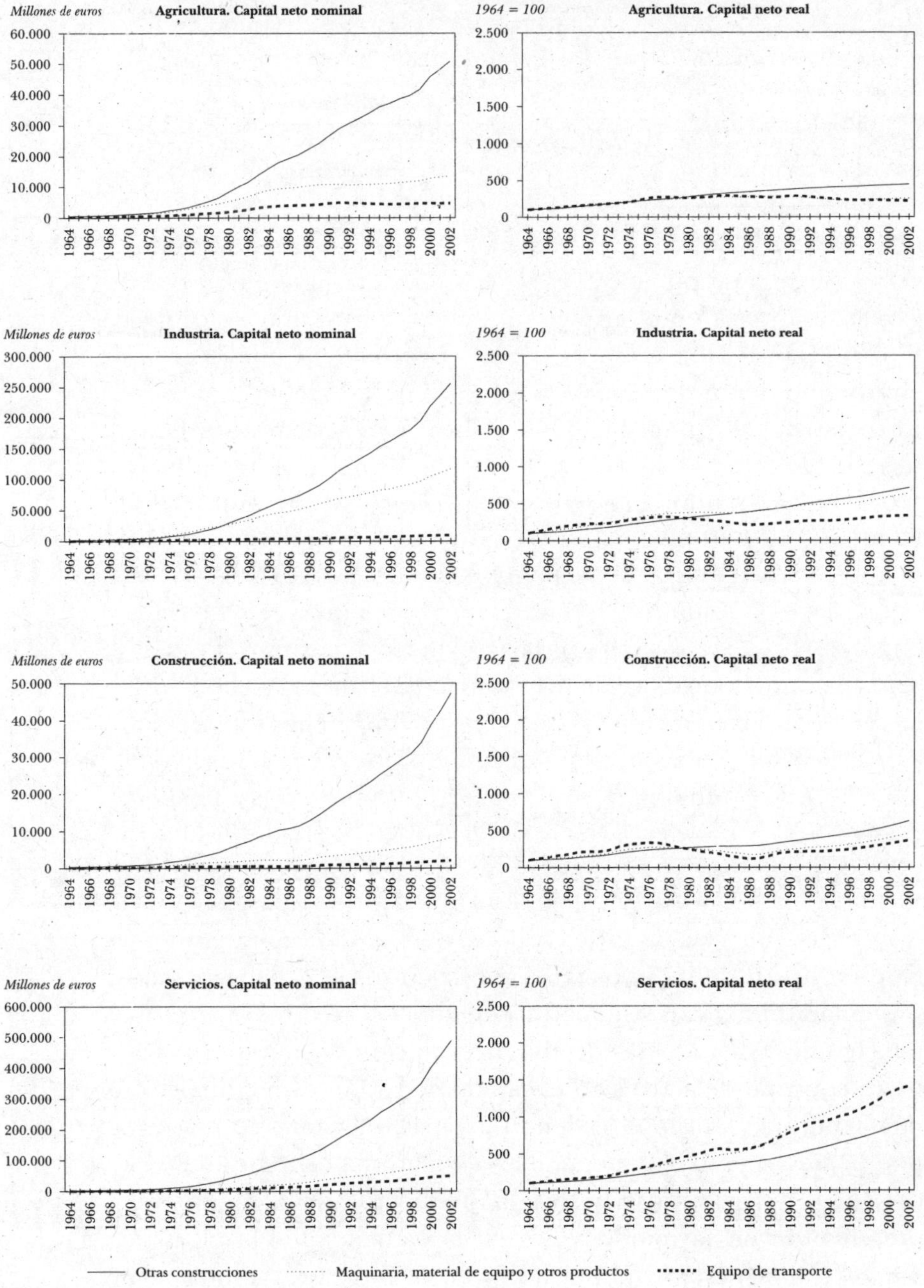

GRÁFICO 14.32 (*cont.*): ***Stock*** **de capital privado neto no residencial en las principales ramas de actividad por tipo de producto**

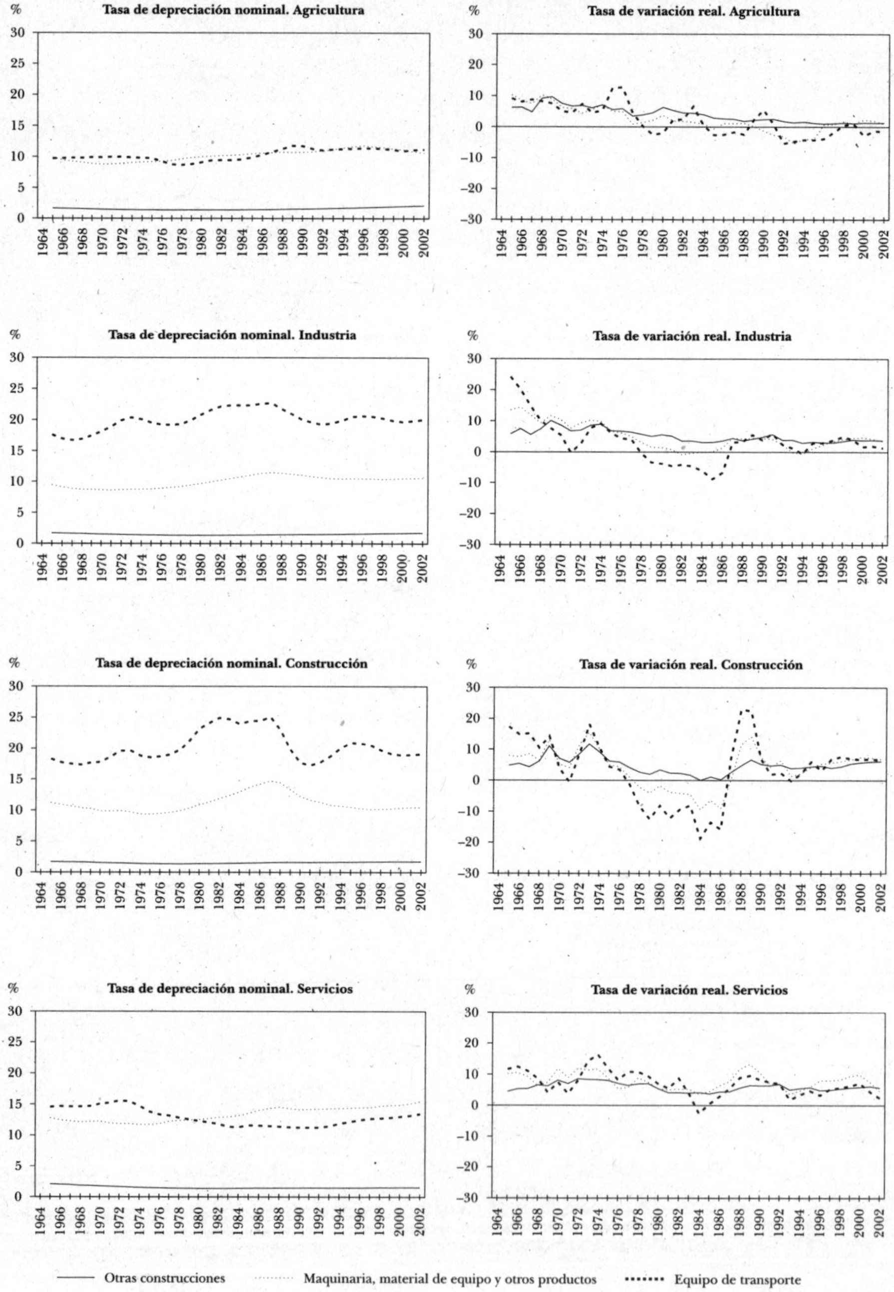

GRÁFICO 14.32 (*cont.*): ***Stock* de capital privado neto no residencial en las principales ramas de actividad por tipo de producto**

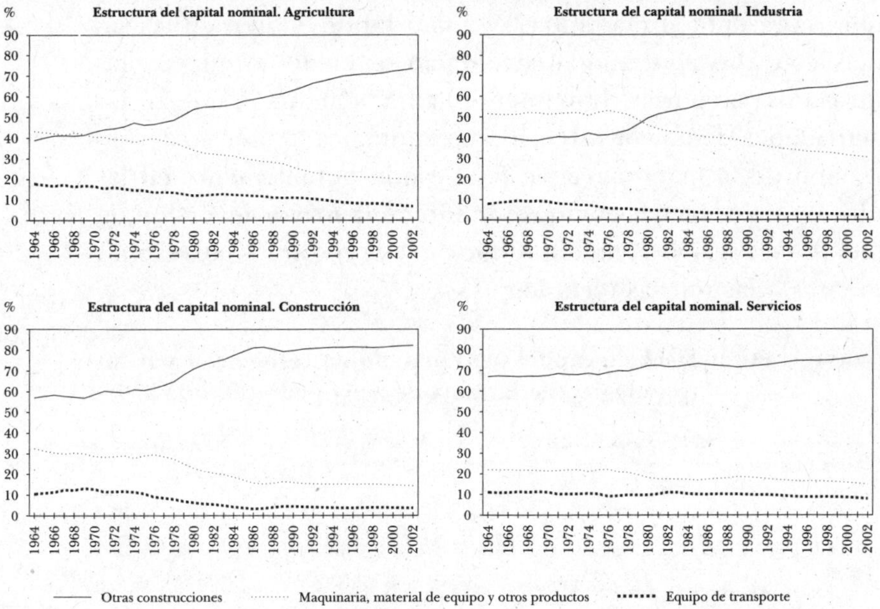

un tercio del total. En el sector de la construcción y en los servicios el peso de la maquinaria vuelve a ser muy limitado (inferior al 20%), alcanzando los activos de *otras construcciones* porcentajes cercanos al 80% en los años noventa. En definitiva, el peso en el capital riqueza de la maquinaria se reduce y ello no se debe a que sus capitales crezcan menos sino a que la evolución de sus precios es más desfavorable.

En cuanto a las tasas de depreciación, en la agricultura son similares las de maquinaria y material de equipo y las de equipo de transporte; algo parecido sucede en los servicios. En cambio, en la industria y la construcción las diferencias entre las tasas de estos dos tipos de productos son más notables, siendo muy superiores los de equipo de transporte.

Si se observan las características diferenciales en función del nivel tecnológico de la rama de actividad (gráfico 14.33) se repite de nuevo la ausencia de ventajas de un tipo de activos sobre otros en lo que se refiere a las tasas de crecimiento reales. Asimismo cabe destacar que en los tres casos se confirma la pérdida de peso de la maquinaria en el capital riqueza en términos nominales. Dentro de esa tónica el peso que representa la maquinaria y material de equipo en las ramas con alto contenido tecnológico es el doble que en las otras dos categorías. Igualmente llama la atención que en las actividades de mayor intensidad tecnológica la tasa de depreciación de la maquinaria se ha elevado notablemente en las últimas dos décadas como resultado de la mayor inversión en bienes con una vida media reducida, como son los correspondientes a las nuevas tecnologías.

GRÁFICO 14.33: *Stock* de capital neto privado no residencial por nivel tecnológico de la rama de actividad y tipo de activo

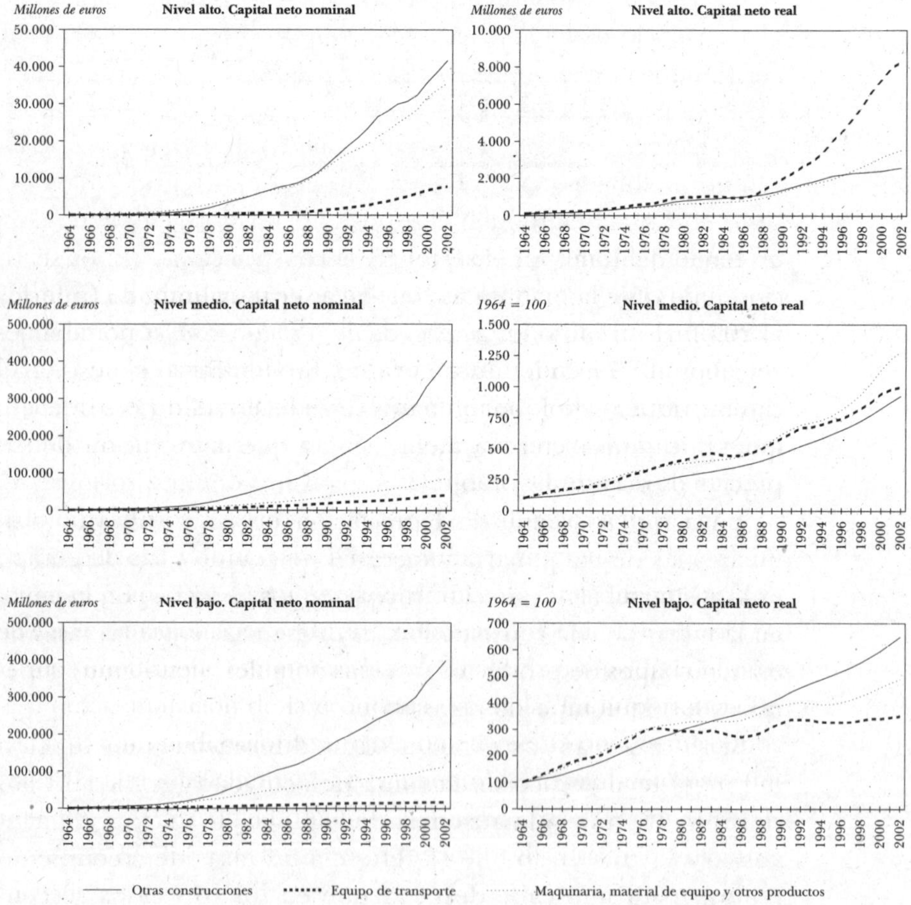

GRÁFICO 14.33 *(cont.)*: ***Stock* de capital neto privado no residencial por nivel tecnológico de la rama de actividad y tipo de activo**

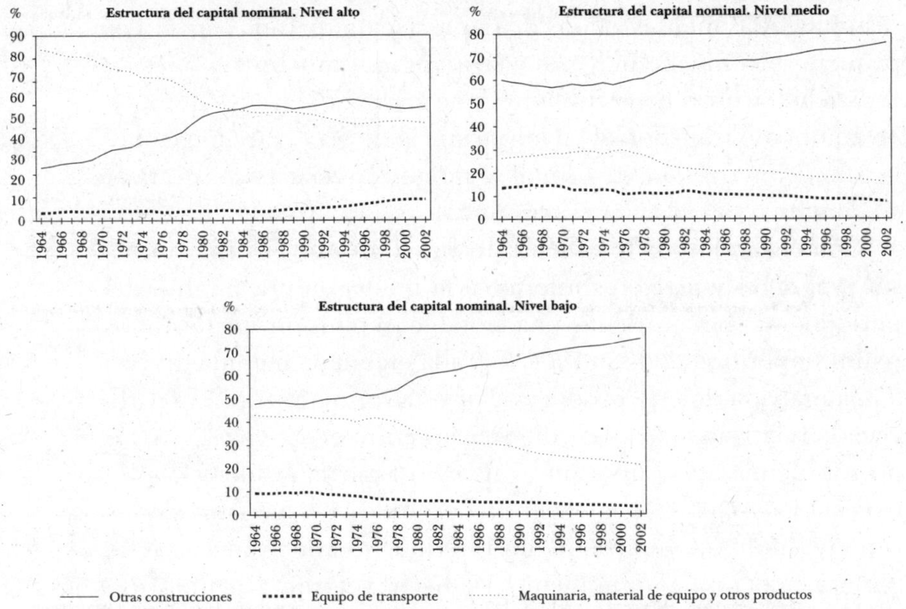

En definitiva, la conclusión que cabe extraer de estos últimos gráficos es que en la práctica totalidad de las agrupaciones de ramas de actividad consideradas la acumulación en los distintos grupos de activos se ha producido a tasas de crecimiento reales no demasiado dispares en promedio. Sin embargo, debido a la distinta evolución de los precios de los productos de la construcción y de la maquinaria y equipo, los primeros ganan peso en el capital riqueza expresado en euros corrientes y la maquinaria lo pierde. Así pues, debe advertirse que la dinámica inflacionista de los productos de la construcción (sin tener en cuenta en este caso la vivienda) hace que la concentración de nuestra riqueza productiva en dichos activos sea muy elevada, próxima al 80% de su valor.

GRÁFICO 14.33 (*cont.*): ***Stock* de capital neto privado no residencial por nivel tecnológico de la rama de actividad y tipo de activo**

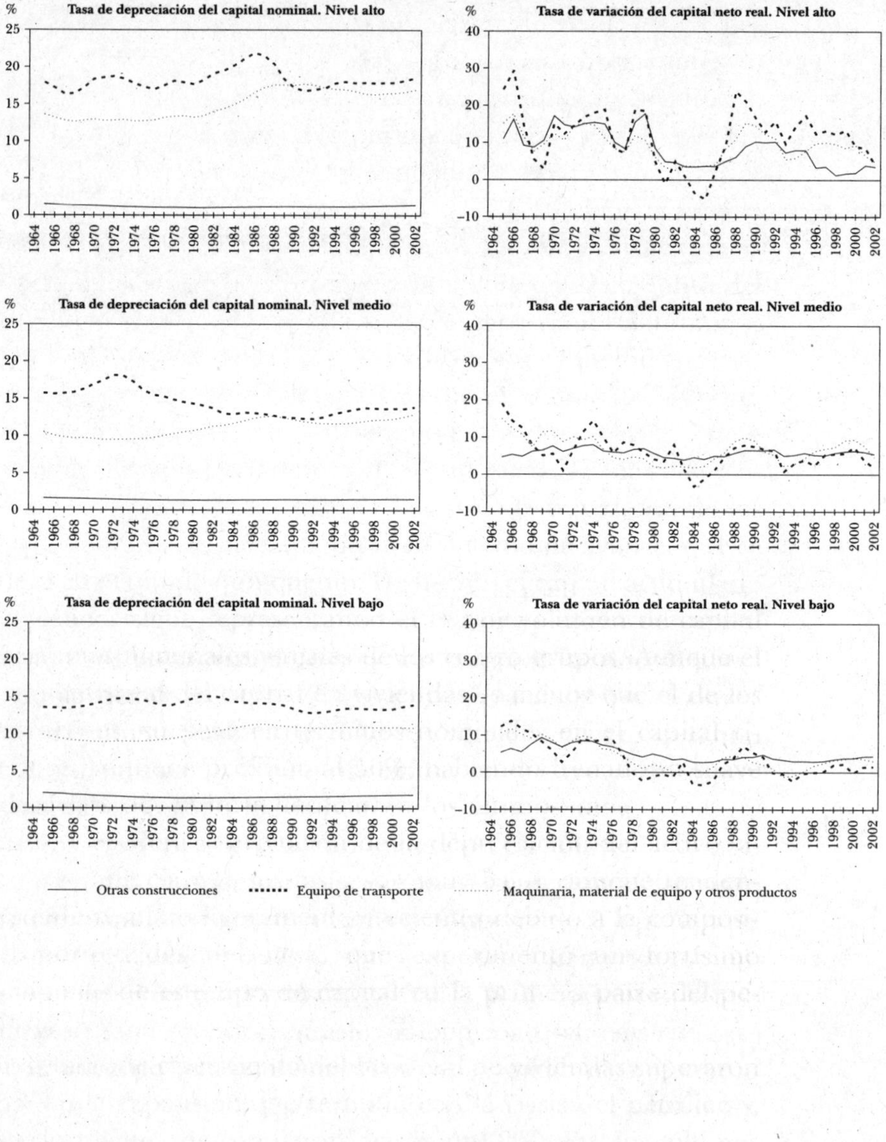

15. Servicios del capital: capital productivo

LA nueva metodología pone un especial cuidado en advertir que el *stock* de capital neto (capital riqueza) puede ser un indicador inadecuado del *flujo de servicios del capital,* es decir, de la cantidad de servicios que el *stock* de capital aporta al proceso productivo. Lo que se acaba de indicar sobre la composición de los capitales por tipos de activos y la importancia de los productos de la construcción o de la maquinaria podría considerarse una referencia interesante en este sentido: ¿son los servicios del capital de estos dos activos proporcionales a su importancia en el capital riqueza?

La variable relevante para estimar la contribución del capital a la producción es el flujo de servicios que cada tipo de capital proporciona, del mismo modo que las horas de trabajo de distinta cualificación representan una aproximación al flujo de servicios de los trabajadores. Así pues, es relevante lograr una satisfactoria aproximación a la medida de ese flujo, sobre todo para realizar estudios de crecimiento económico. Por esa razón, el mayor esfuerzo de la nueva metodología consiste en estimar los servicios del capital, resolviendo un buen número de problemas metodológicos que han sido considerados con detalle en la parte I. De esos problemas se deben recordar aquí, sobre todo, dos:

a) En primer lugar, se ha destacado la importancia de tener en cuenta la *eficiencia* con la que el *stock* de capital riqueza es capaz de producir servicios. El concepto de *capital productivo* se define con esa finalidad, teniendo en cuenta que la edad de los activos afecta a su eficiencia productiva. Dado que la cantidad de capital productivo de un activo o producto es una medida de la eficiencia que mantiene el *stock* de capital, se considera que la cantidad de dicho *stock* y el flujo de servicios que éste proporciona son equivalentes o proporcionales. El capital productivo es, por tanto, una aproximación al volumen o cantidad de servicios que un tipo específico de capital proporciona, es decir, es una medida de *cantidades* o de *volumen,* o si se prefiere, *física* [38].

b) En segundo lugar, la metodología subraya la dificultad de agregar esos flujos de servicios del capital que proporcionan distintos activos, por ser heterogéneos. Para poder hacerlo, dado el interés de disponer de indicadores agregados de servicios del capital, se debe utilizar el precio de los servicios del capital y no el de los bienes que los generan. El precio de los servicios es su *coste de uso* que, bajo ciertas condiciones, coincidirá con su productividad marginal. El coste de uso depende de variables cuyos valores ya han sido presentados en capítulos anteriores de esta parte III, algunas de las cuales (como los deflactores o las tasas de depreciación) pueden diferir mucho de unos productos a otros. Como consecuencia de ello, el valor de los servicios del capital de un producto (que resulta de multiplicar el volumen de servicios por su precio) puede seguir una trayectoria diferente que el volumen de servicios del capital (representada por la cifra de capital productivo correspondiente si se supone, como es habitual, que mantienen una proporcionalidad igual a la unidad).

Como sucede con cualquier índice agregado de cantidades, la trayectoria del volumen de servicios de capital agregado reflejará los criterios de valoración utilizados para ponderar sus componentes. Asimismo, refleja también el tipo de índice utilizado. En el caso del capital productivo se utilizan índices de Törnqvist, en los que las ponderaciones (en este caso, los pesos que los valores de los servicios del capital de cada activo tienen en el valor

[38] Debe advertirse que las medidas de capital neto o riqueza también incorporan las correcciones por pérdida de eficiencia que considera el capital productivo, aunque añaden elementos que tienen que ver con cambios en el valor del capital que no son relevantes para la productividad del capital y que el capital productivo no computa.

total de los servicios del capital) son cambiantes a lo largo del tiempo [39].

La orientación del concepto del capital productivo a proporcionar una medida de los servicios del capital explica los criterios de agregación expuestos y justifica que no se ofrezcan estimaciones del capital productivo agregado, sino del volumen de servicios derivados del mismo. En el caso de los activos simples, el volumen de capital productivo coincide con el volumen de los servicios que éste proporciona, pero el significado que interesa de esa cifra es el segundo. En cambio, en el caso del agregado no se dispone de una medida del *stock* o volumen de capital productivo agregado, sino sólo de un volumen de servicios del capital obtenida por un procedimiento de agregación que utiliza precios de los servicios (costes de uso) [40].

En realidad el *stock* de capital productivo no se necesita, ni para estudiar la contribución del capital a la producción —pues lo que interesa son los servicios— ni para estudiar la evolución del capital como riqueza agregada, pues ya se dispone de la medida de capital neto, en cuya agregación sí se usan los precios de los activos. Debido a estas razones, al comparar la evolución de los servicios productivos del capital y del capital neto no tiene sentido hacerlo mediante valoraciones monetarias. En cambio, sí puede hacerse mediante tasas de crecimiento o mediante los índices generados por acumulación de las mismas, igualando a 100 el valor del año considerado como base.

En la parte I de esta obra se han presentado algunos ejemplos del alcance que las dos cuestiones recordadas pueden tener a la hora de presentar la trayectoria del *stock* de capital o sus tasas de variación. Los ejemplos correspondían a productos relacionados con las TIC, cuyo análisis ha estado muy presente en to-

---

[39] Véase parte I, apartado 3.6.

[40] La valoración del capital productivo en términos nominales puede hacerse sin problemas de cálculo y se ofrece en el banco de datos, pero su significado económico directo no es claro. Su papel es servir de punto de partida para el cálculo del valor de los servicios del capital. Esa es la razón por la que no será comentada aquí dicha variable. La valoración del capital productivo agregado en términos reales no tiene sentido más que como indicador de volumen de los servicios del capital.

dos los trabajos internacionales recientes sobre las medidas del capital y sobre las fuentes del crecimiento. Esos productos se caracterizan por tener altas tasas de depreciación y rápidas pérdidas de eficiencia, así como una trayectoria de precios muy particular, con fuertes caídas de los mismos. Todo ello hace que los costes de uso de algunos productos TIC sean muy elevados, mucho más que los de otros activos con menores tasas de depreciación o cuyos precios aumentan y los revalorizan. Por esta razón, el valor de los servicios del capital de las TIC aumenta, además de porque el volumen de servicios lo hace, porque el coste de uso de las mismas es superior al de otros productos.

Este razonamiento se puede aplicar también a la maquinaria en su conjunto, cuyo coste de uso es bastante mayor que el de los productos de la construcción. De este modo, como se verá, la importancia relativa de estos dos tipos de activos en el capital productivo no será la misma que la que en páginas anteriores constatábamos que tenían en el capital riqueza. Este comentario se justifican porque al presentar los resultados referidos al capital productivo será interesante valorar si de se desprende una imagen general muy distinta de la que nos ofrecía el capital riqueza, o los cambios se limitan a algunos casos singulares, como sucede con los productos TIC.

La exposición seguirá el mismo esquema de los apartados anteriores, comenzando por los agregados y descendiendo posteriormente en el nivel de detalle, pero los comentarios serán más breves, por considerar que la evolución de algunas de las variables en casos concretos no merecen valoraciones particulares.

15.1. Capital productivo total (no residencial)

Antes de comentar las estimaciones del capital productivo total es importante hacer una advertencia más. Dado que los servicios del capital correspondiente a las viviendas no son considerados un *input* de otros procesos productivos, sino que se entiende que forman parte directamente del consumo final de las familias, el capital productivo correspondiente a las viviendas se considera nulo y no se incluye en el cálculo del capital productivo agregado. Esta hipótesis puede ser considerada extrema, en el sentido de que una parte de las viviendas sí que proporcionan servicios de mercado, en particular en un país con una fuerte especialización turística como España. No obstante, ese es el criterio generalmente aceptado en los estudios internacionales y ha sido también el utilizado en este caso. Así pues, los datos de capital productivo total excluyen el capital residencial y en las comparaciones de esta variable con el capital neto se ofrece también la cifra corregida de este último (capital neto sin viviendas) para garantizar la homogeneidad de las variables comparadas.

Como se puede observar en el gráfico 15.1, la trayectoria del índice agregado de volumen de los servicios del capital no difiere demasiado del índice correspondiente al *stock* de capital neto sin viviendas en términos reales hasta mediados de los noventa, pero posteriormente las diferencias son más importantes. Así se comprueba tanto en el índice que toma base 100 en 1965 como en la evolución de las tasas de variación de ambas variables. En cambio, los datos del capital productivo y el capital neto sin viviendas muestran, desde hace muchos más años, una tra-

GRÁFICO 15.1: **Capital productivo y capital neto. Total**

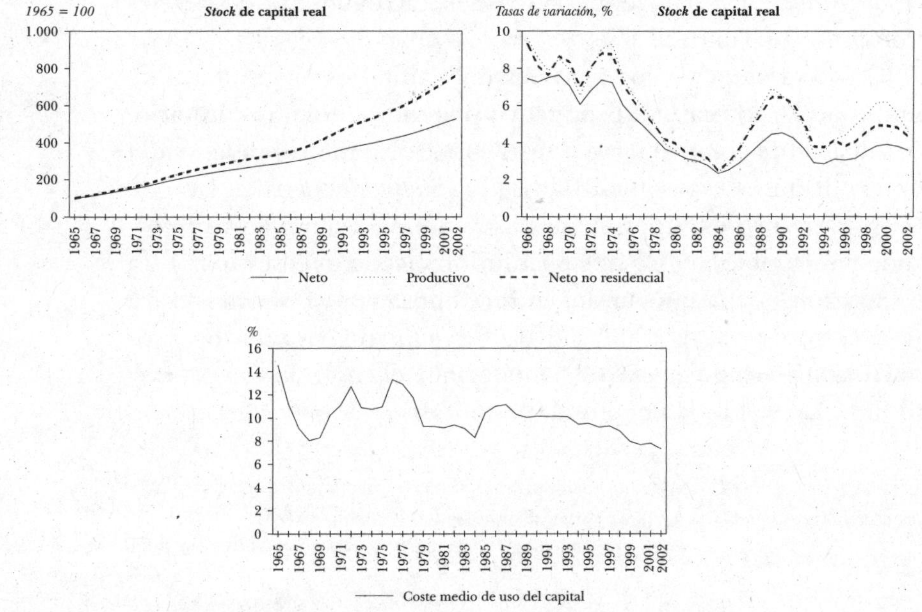

yectoria de crecimiento más rápido que cuando se incluye el activo vivienda.

Por consiguiente, la primera respuesta que obtenemos a la cuestión antes planteada acerca de la relevancia cuantitativa de la distinción metodológica entre capital riqueza y productivo depende, para el caso del capital total, del periodo de tiempo observado. En su caso, las dos medidas del capital siguen una evolución similar hasta la mitad de los noventa pero no en los últimos años. Esto significa que esa distinción es particularmente relevante en el periodo en el que la inversión en nuevas tecnologías se ha acelerado y proporciona una primera justificación para utilizar medidas del capital que capten lo mejor posible sus singularidades.

Se debe subrayar, una vez más, que este índice de capital productivo es el resultado de agregar los volúmenes de capital productivo de cada producto, o activo, ponderados según el peso que tiene el valor de los servicios del correspondiente activo en el valor total de los servicios del capital. Por lo que se refiere al coste de uso medio por cada unidad monetaria de capital empleado, merece la pena señalar que se sitúa en una banda entre el 8 y el 12% en la práctica totalidad del periodo, habiendo sido decreciente en los noventa, situándose actualmente en niveles mínimos, inferiores al 8%.

Como el valor de los servicios del capital es el resultado de multiplicar cada capital productivo por su coste de uso unitario, es interesante comprobar si éste es superior o inferior a la media en los distintos casos analizados. En aquellos activos en los que el coste de uso es superior, su peso en el agregado se ve reforzado; en cambio, en los que es inferior sucede lo contrario. Ésta es la razón por la que, en los gráficos posteriores, se visualizará si el coste de uso por unidad de servicios del capital del producto considerado es mayor o menor que el coste de uso promedio que se acaba de comentar.

15.2. Capital productivo: principales agregados

Por las razones señaladas al principio del apartado anterior, al excluirse la vivienda los agregados considerados pasan a ser sólo tres. Por lo que respecta a *otras construcciones,* la trayectoria del capital productivo se sitúa ligeramente por debajo de la del capital neto. Las tasas de crecimiento son algo menores en el caso del capital productivo al principio del periodo, no siendo distinguibles las diferencias posteriormente (gráfico 15.2). El coste de uso de estos capitales es inferior al coste de uso promedio del capital no residencial en casi cuatro puntos porcentuales, como consecuencia de sus tasas mayores de inflación y menores de depreciación, y sigue también una tendencia decreciente al final del periodo. En consecuencia, el valor de los servicios del capital de otras construcciones pesa mucho menos en el valor total de los servicios del capital de lo que pesa este subagregado en el capital riqueza: su importancia se reduce a la mitad. Por todo ello, la contribución del capital productivo en otras construcciones al valor de los servicios del capital será menor de la que realiza este tipo de capitales al capital neto total.

GRÁFICO 15.2: **Capital productivo y capital neto. Otras construcciones**

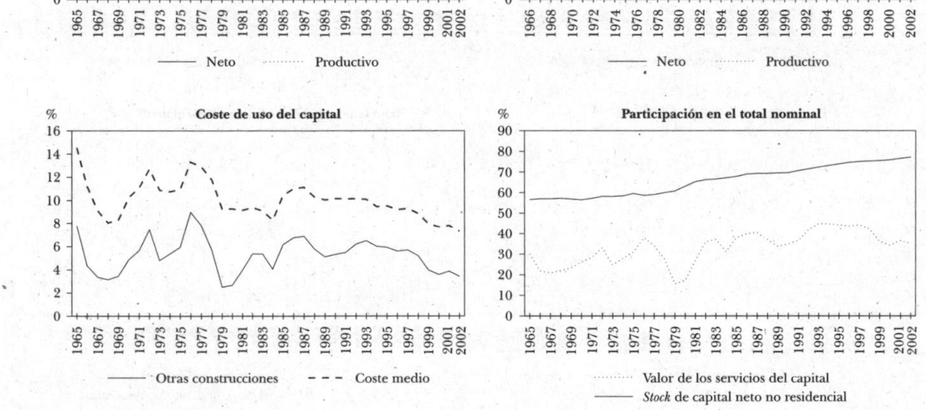

Las diferencias entre el primer subagregado comentado y el del *equipo de transporte* no son significativas en cuanto a la trayectoria relativa del índice del capital productivo y el capital neto: el segundo es superior al primero indicando que, en promedio, las tasas de crecimiento del capital riqueza es algo mayor que la del volumen de servicios de capital (gráfico 15.3). En cambio, en cuanto a la contribución de estos activos al valor agregado de servicios del capital la situación es la inversa: el coste de uso, como se puede observar éste es, en términos unitarios, mucho más elevado que el de otras construcciones y que el promedio, pues se sitúa en valores en torno al 20% desde hace casi quince años. Por tanto, al contrario de lo que sucedía en el caso anterior, las contribuciones del equipo de transporte al valor agregado de servicios del capital son mucho mayores que las que este grupo de activos realizaba al capital riqueza, pues su participación en el valor de los servicios del capital dobla, e incluso triplica, su peso en el capital neto.

GRÁFICO 15.3: **Capital productivo y capital neto. Equipo de transporte**

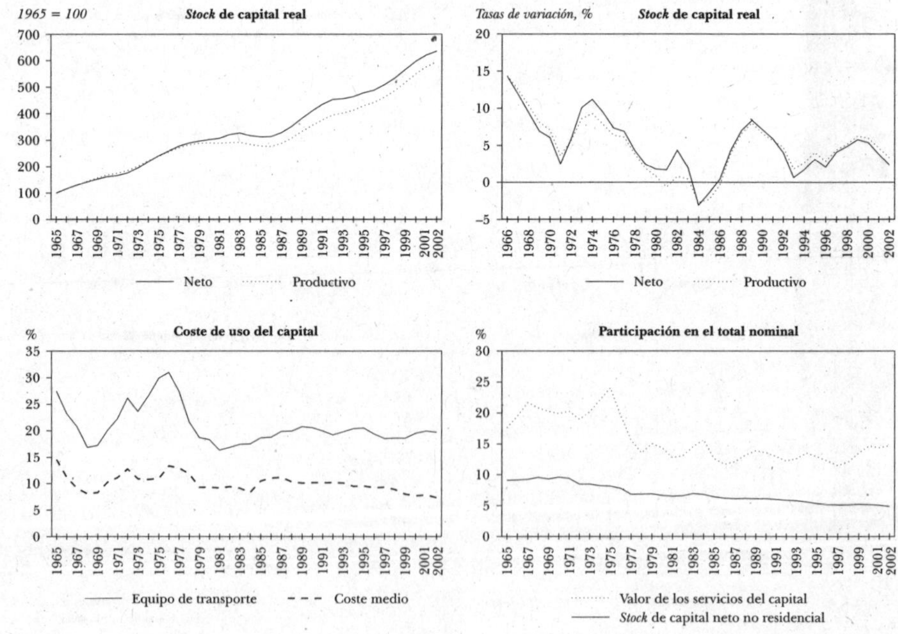

El agregado *maquinaria, material de equipo y otros productos* (en el que debe recordarse que se incluyen los activos TIC) es distinto del de *otras construcciones* en todos los sentidos. En primer lugar, la evolución del *stock* de capital productivo es más rápida que la del correspondiente capital neto o riqueza. En segundo lugar, las cifras del coste de uso son superiores a la media y crecientes, en vez de decrecientes. Tras este mayor coste de uso se encuentran unas tasas de depreciación más altas y unas menores alzas de precios de estos activos (incluso en algunos casos, caídas de precios de los mismos). Así pues, también en este caso las contribuciones de este subagregado al volumen de servicios del capital productivo superarán a las que el mismo realiza al capital neto total no residencial. En este caso, eso sucederá por dos razones: la tasa de crecimiento del volumen de servicios de estos activos es mayor y su precio (coste de uso) también. En el gráfico 15.4 puede observarse que el peso de estos activos en el valor de los servicios del capital se sitúa en el 50% y más que duplica la importancia que tenían en el capital riqueza, en el que era decreciente.

GRÁFICO 15.4: Capital productivo y capital neto. Maquinaria, material de equipo y otros productos

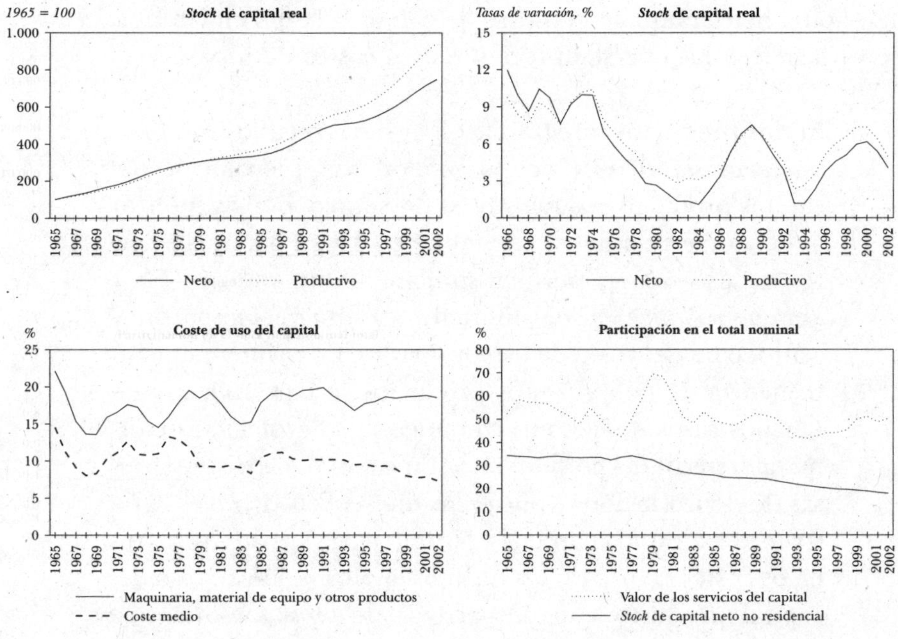

15.3. Capital productivo por productos

Es importante no perder de vista que los tres tipos de activos que se acaban de comentar son el resultado de procesos de agregación y que, por tanto, los indicadores de volumen de servicios del capital son construidos a partir de los costes de uso de los activos simples que forman parte de ellos. Por tanto, en la evolución del capital productivo de las tres categorías estudiadas influyen tanto las trayectorias de crecimiento del capital productivo derivados de la acumulación llevada a cabo en los productos concretos como sus respectivos costes de uso. Ésta es la razón para, al considerar en este apartado los datos de servicios del capital por productos, tener también presentes cada uno de los costes de uso. Cuando el coste de uso de un tipo de capital es elevado, el valor de los servicios del capital de ese producto es mayor y su contribución al indicador de volumen de servicios del capital de los agregados en los que participa más valiosa.

Siguiendo este criterio, los distintos casos van a ser comentados muy sintéticamente, constatando las diferencias que presenta la evolución de los servicios del capital productivo con la del capital neto (tanto en el índice de volumen como en las tasas de variación) y las que se aprecian en los costes de uso:

a) En los productos integrados en el subagregado *otras construcciones* se advierte por lo general que la evolución del capital productivo sigue un ritmo similar o algo inferior al del correspondiente capital neto. Por su parte, sus costes de uso tienen perfiles similares entre todos ellos y, aunque sus niveles son diferentes, se sitúan siempre muy por debajo del coste de uso promedio. Lo primero es consecuencia de que en estos productos se han utilizado en muchos casos deflactores comunes, cuya evolución determina el perfil del coste de uso. En cambio, las distintas tasas de depreciación explican las diferencias de niveles. La trayectoria de los capitales productivos y, sobre todo, los bajos costes de uso de los mismos explican que el peso del capital productivo de los activos de *otras construcciones n.c.o.p.* se sitúe siempre muy por debajo de su peso en el capital neto.

b) Dentro del subagregado de *material de transporte* son destacables las diferencias entre el coste de uso de los vehículos a motor y de otro material de transporte, siendo superior el del primero y mucho más claramente mayor que la media. Ésta es la razón por lo que la contribución de los vehículos a motor al valor de los servicios del capital resulta más reforzada en comparación con su peso en el capital riqueza.

c) Dentro del subagregado *maquinaria y material de equipo,* la diversidad de posiciones relativas del capital neto y el productivo es notable. En el caso de los productos de agricultura, el índice del capital productivo se sitúa por debajo; en comunicaciones, productos metálicos, y maquinaria y equipo mecánico por encima; en el resto, ambas trayectorias se superponen. Las diferencias también son importantes en los costes de uso y, si bien en general estos son elevados, destacan los altísimos niveles de esta variable en el caso de *maquinaria de oficina y equipo informático* y sobre todo del *software,* que doblan a los del subagregado y multiplican por cinco los del conjunto de la economía. Esto se debe tanto a las altas tasas de depreciación como a la evolución a la baja de los precios y, al elevarse el coste de uso, aumenta el valor de los servicios de estos capitales y su peso en el agregado correspondiente.

Los mismos rasgos señalados por separado para los activos TIC se aprecian en el gráfico 15.23, que presenta el agregado de esos productos de capital relacionados con las nuevas tecnologías. Su coste de uso triplica el del conjunto de la economía, de modo que cabe esperar que se soporte porque su contribución a los servicios del capital sea mucho mayor de lo que indica su peso en el capital neto. En efecto, el peso de los activos TIC en el valor de los servicios del capital evolucionan rápidamente y llega a representar al final del periodo el 20% del total, mientras su peso en el capital neto sólo era el 5%.

GRÁFICO 15.5: Capital productivo y capital neto. Infraestructuras viarias

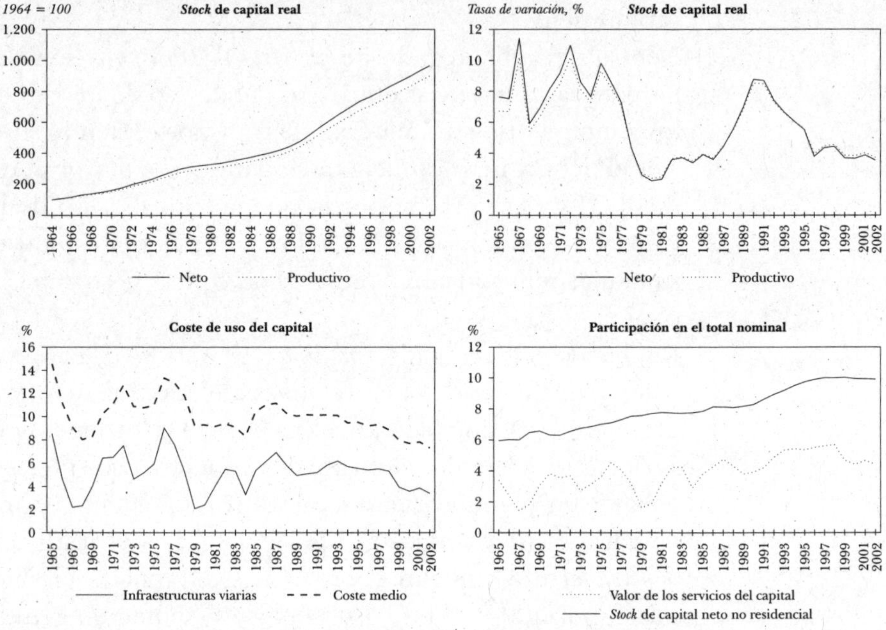

GRÁFICO 15.6: Capital productivo y capital neto. Infraestructuras hidráulicas públicas

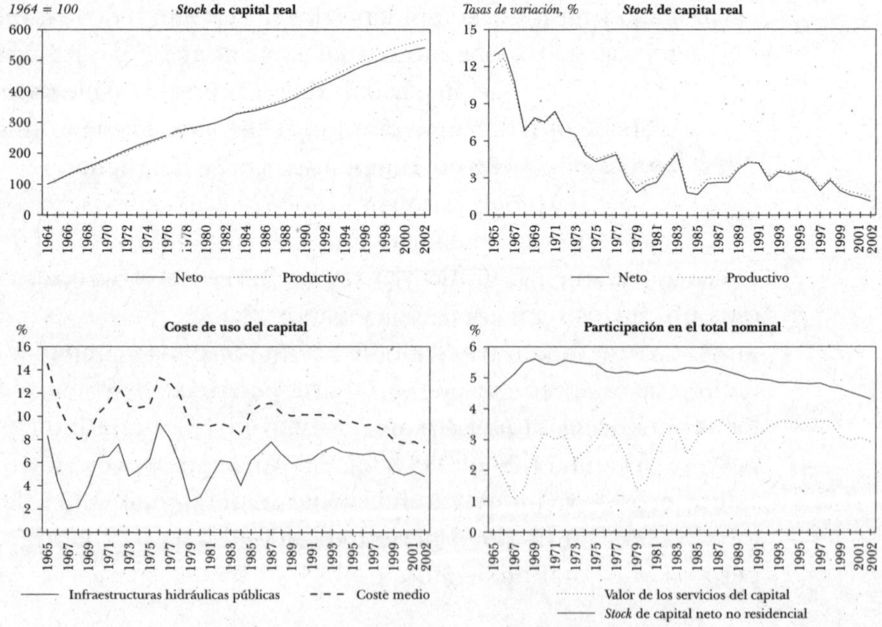

GRÁFICO 15.7: Capital productivo y capital neto. Infraestructuras ferroviarias

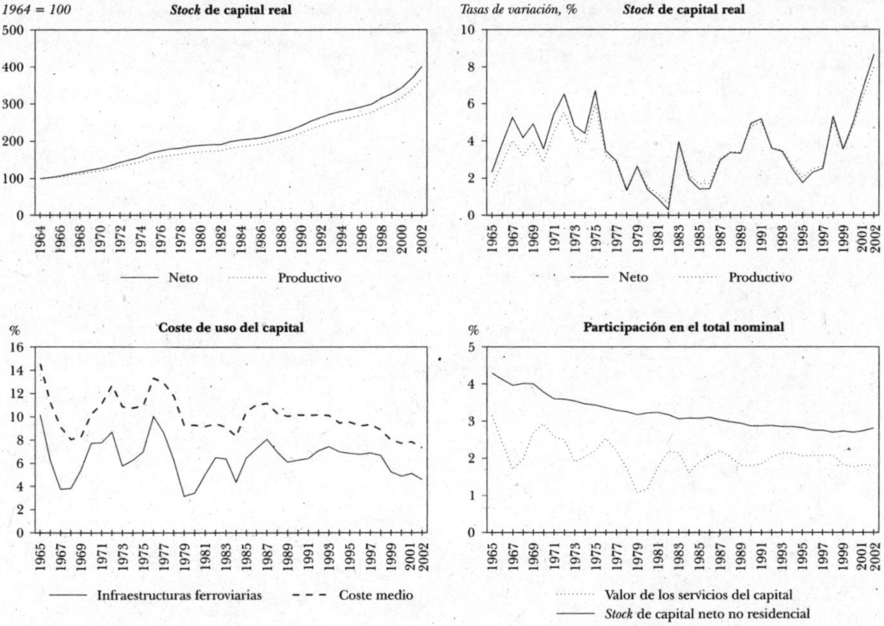

GRÁFICO 15.8: Capital productivo y capital neto. Infraestructuras aeroportuarias

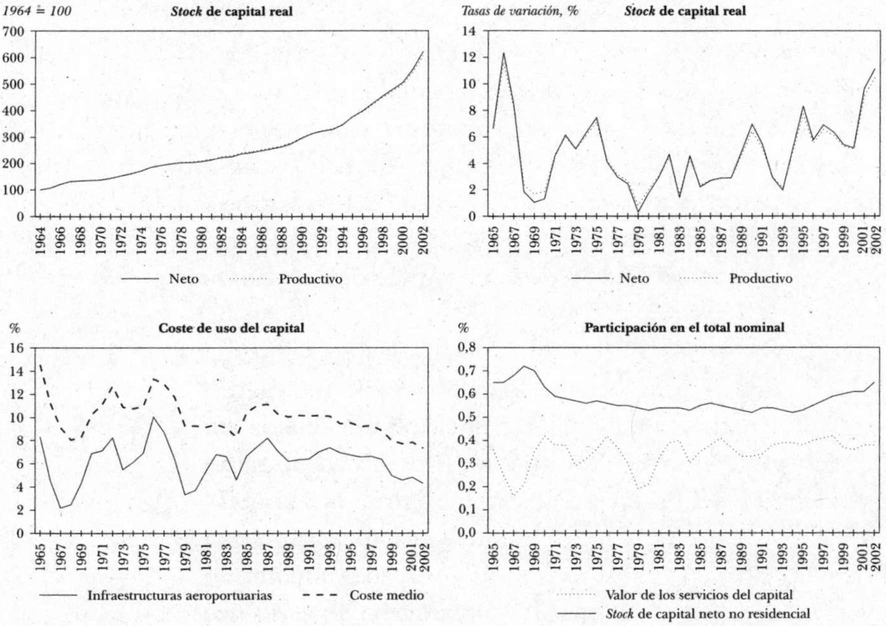

GRÁFICO 15.9: Capital productivo y capital neto. Infraestructuras portuarias

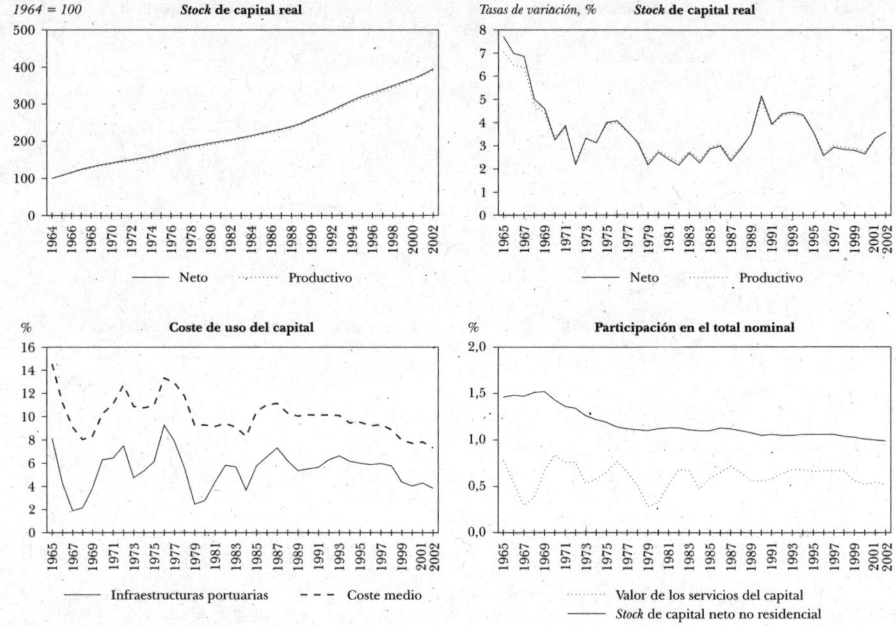

GRÁFICO 15.10: Capital productivo y capital neto. Infraestructuras urbanas de CC. LL.

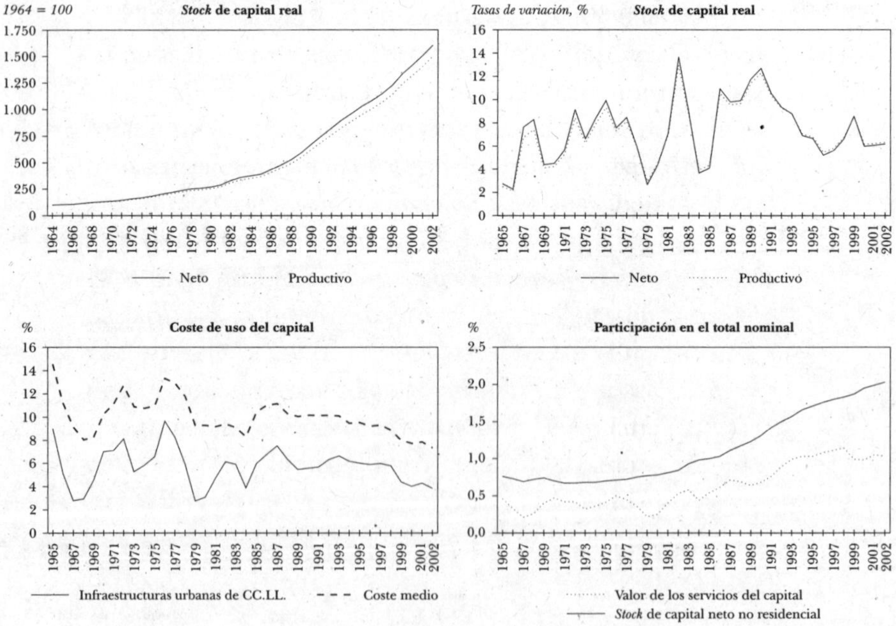

GRÁFICO 15.11: Capital productivo y capital neto. Otras construcciones n.c.o.p.

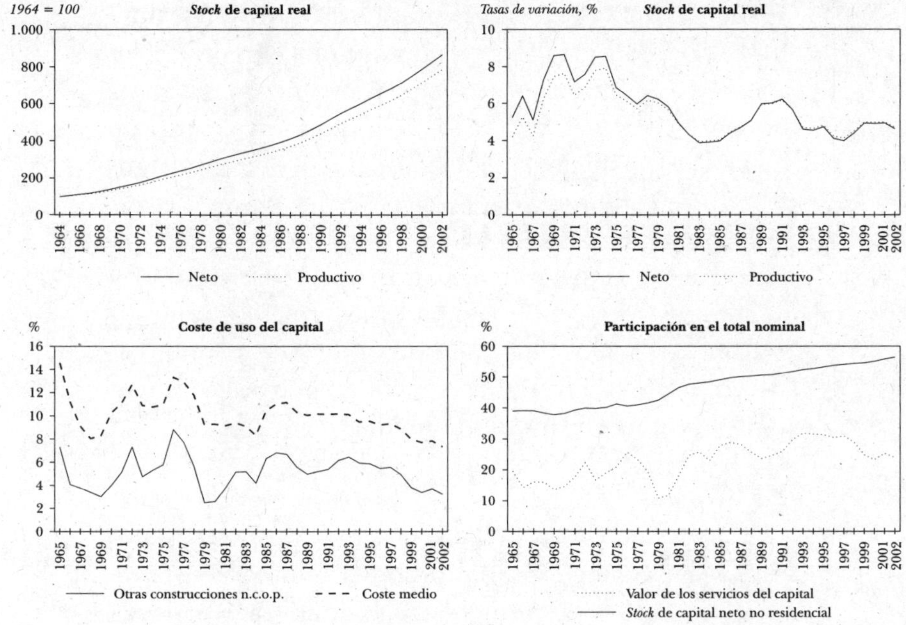

GRÁFICO 15.12: Capital productivo y capital neto. Vehículos de motor

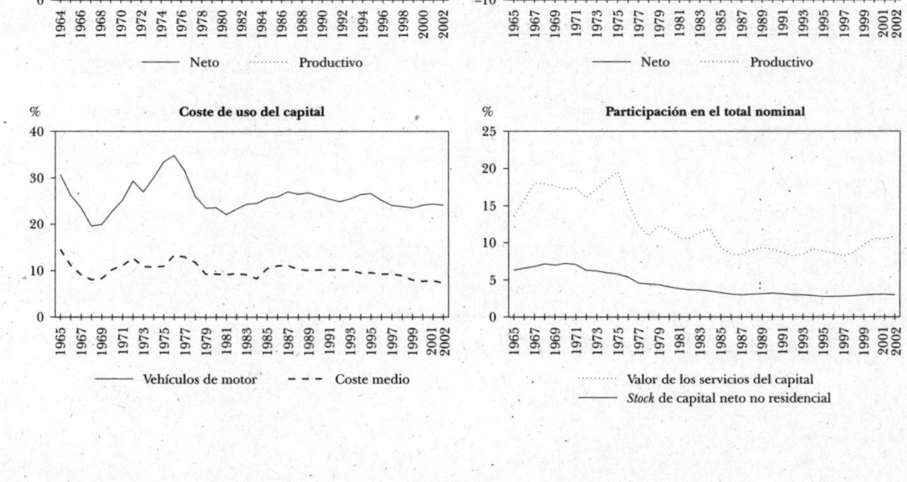

GRÁFICO 15.13: Capital productivo y capital neto. Otro material de transporte

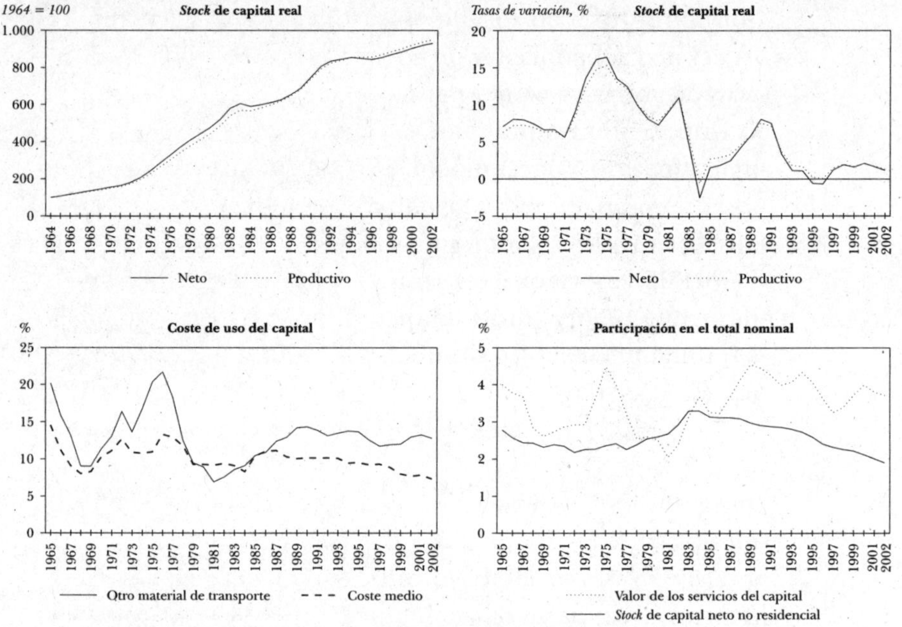

GRÁFICO 15.14: Capital productivo y capital neto. Productos de la agricultura, ganadería y pesca

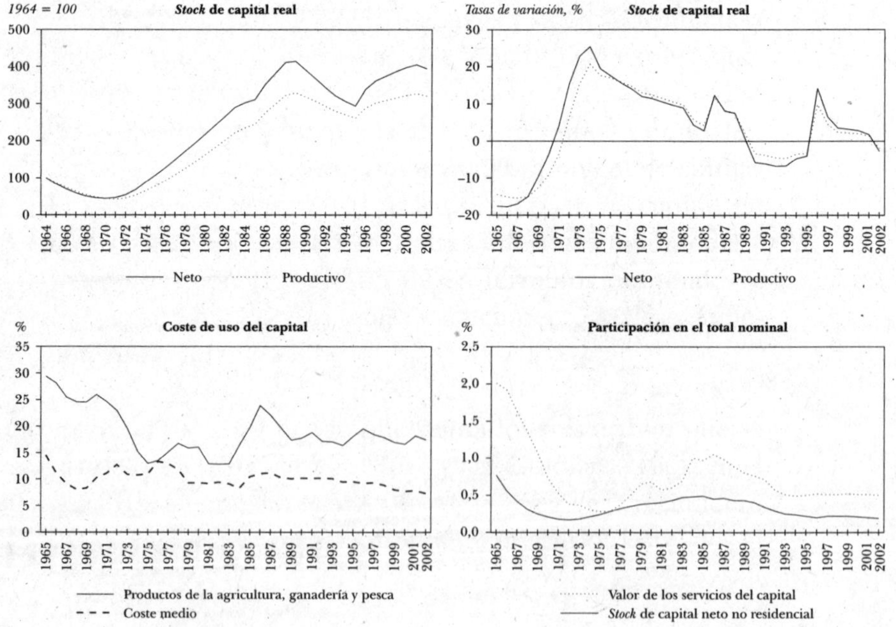

GRÁFICO 15.15: Capital productivo y capital neto. Productos metálicos y maquinaria

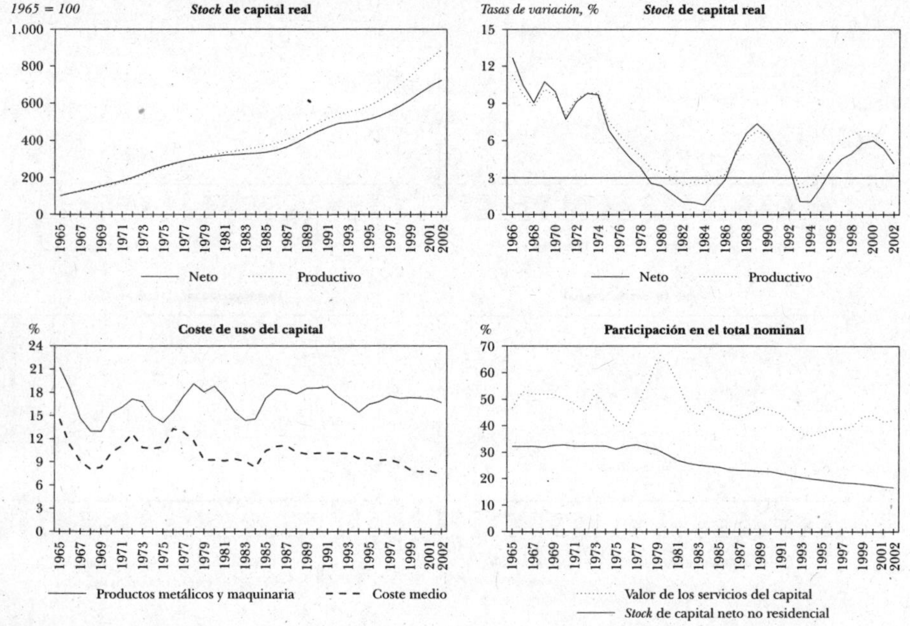

GRÁFICO 15.16: Capital productivo y capital neto. Maquinaria de oficina y equipo informático

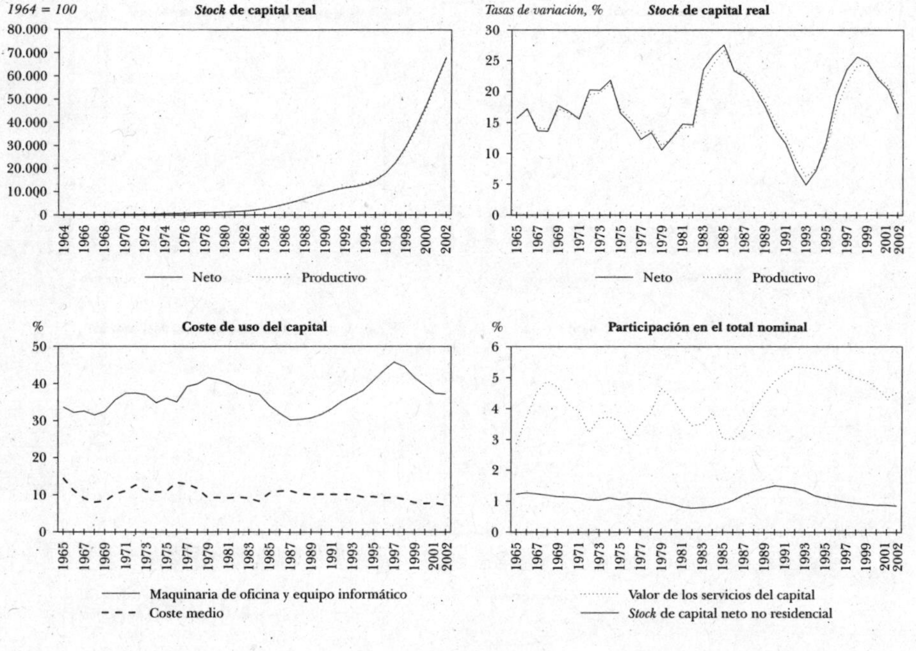

GRÁFICO 15.17: Capital productivo y capital neto. Comunicaciones

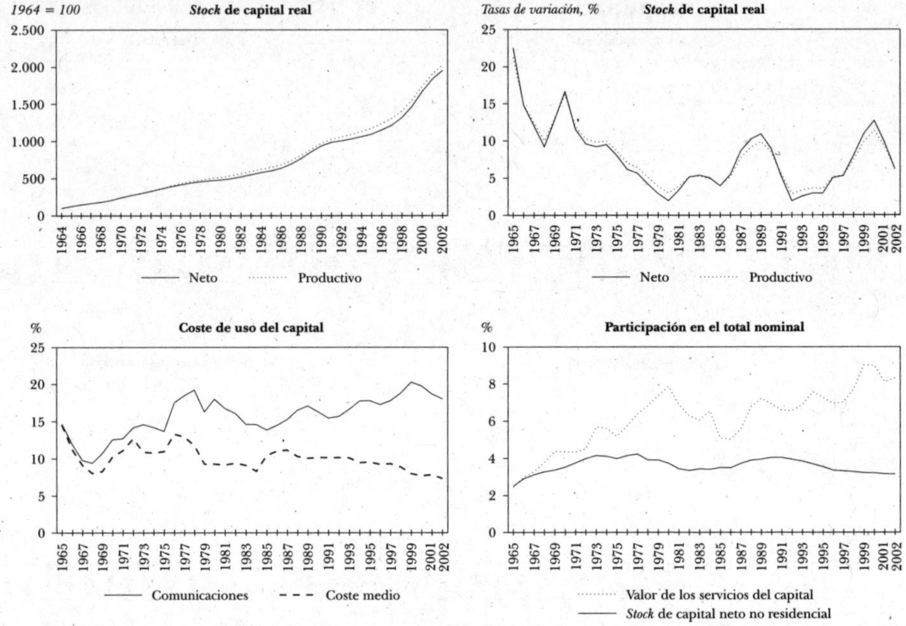

GRÁFICO 15.18: Capital productivo y capital neto. Productos metálicos

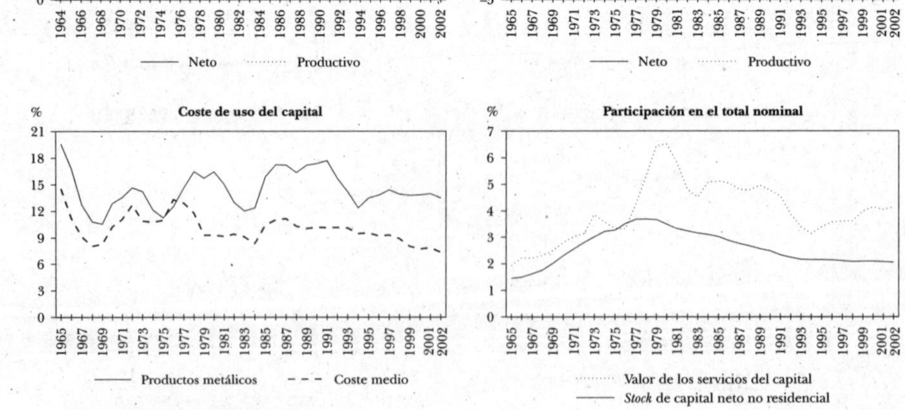

GRÁFICO 15.19: Capital productivo y capital neto. Maquinaria y equipo mecánico

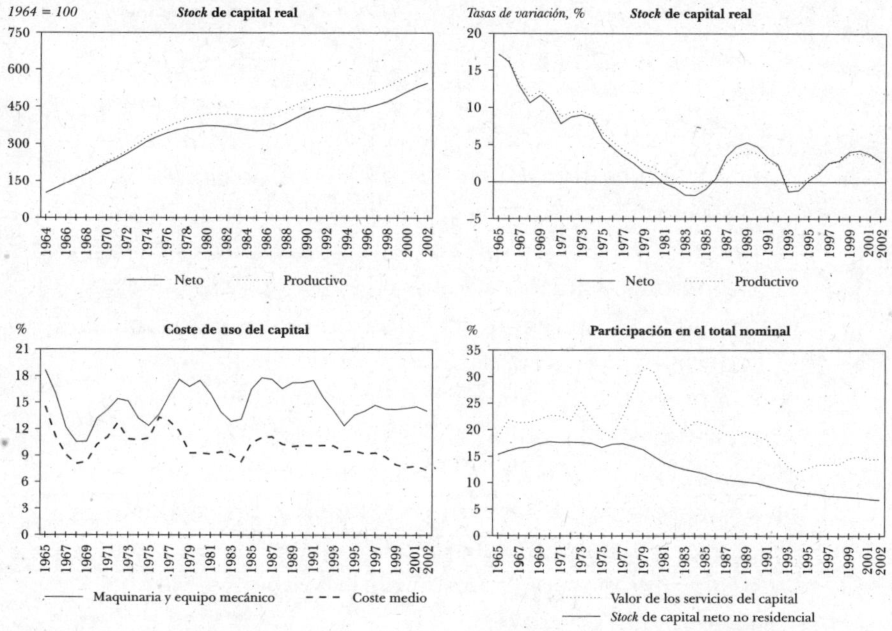

GRÁFICO 15.20: Capital productivo y capital neto. Otra maquinaria y equipo n.c.o.p.

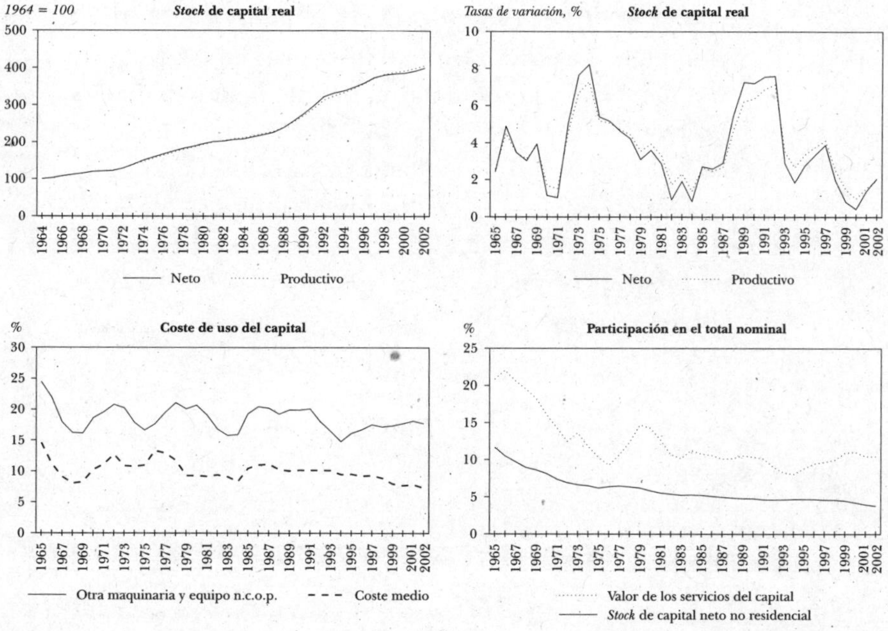

GRÁFICO 15.21: Capital productivo y capital neto. *Software*

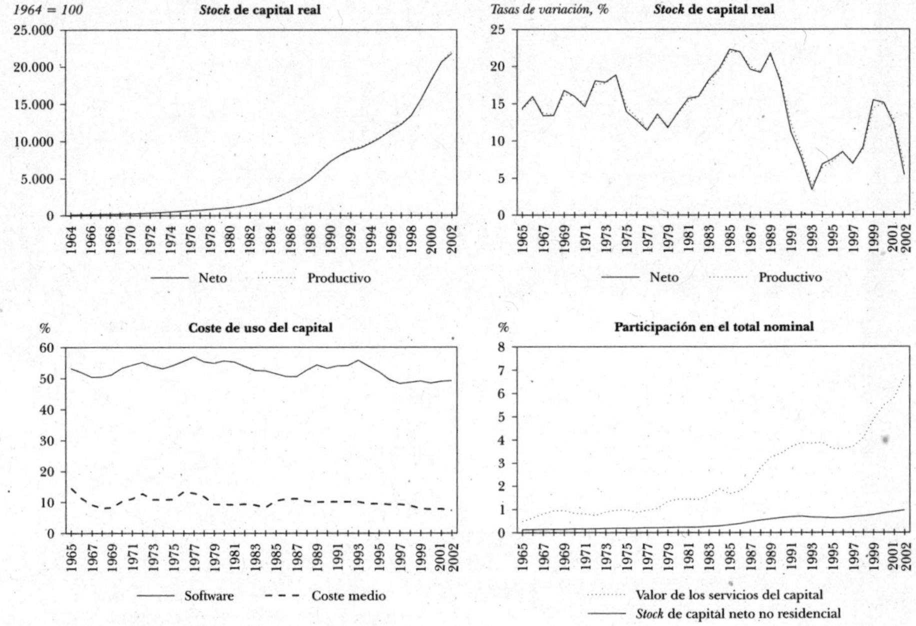

GRÁFICO 15.22: Capital productivo y capital neto. Otros productos n.c.o.p.

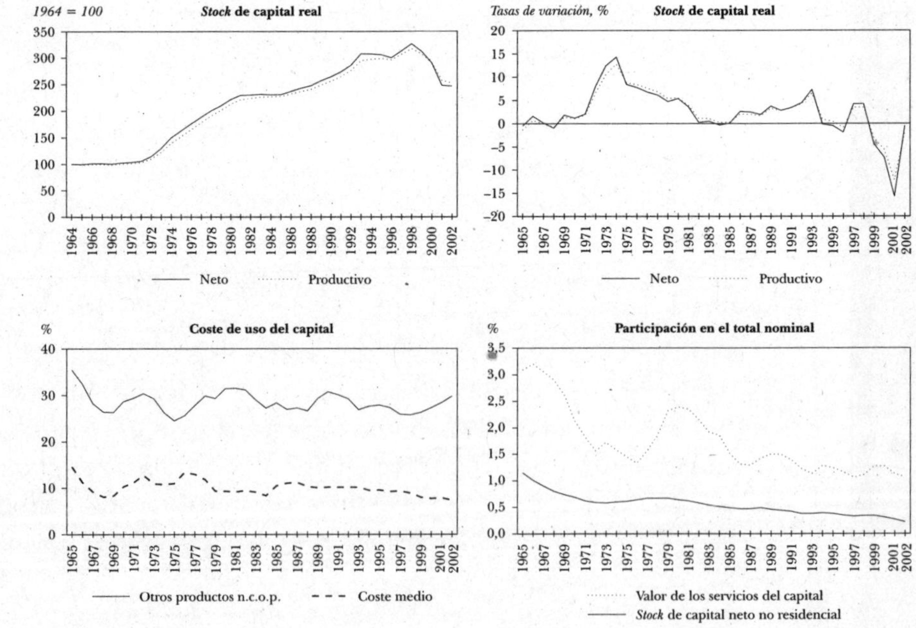

GRÁFICO 15.23: **Capital productivo y capital neto. Productos de las tecnologías de la información y las comunicaciones (TIC)**

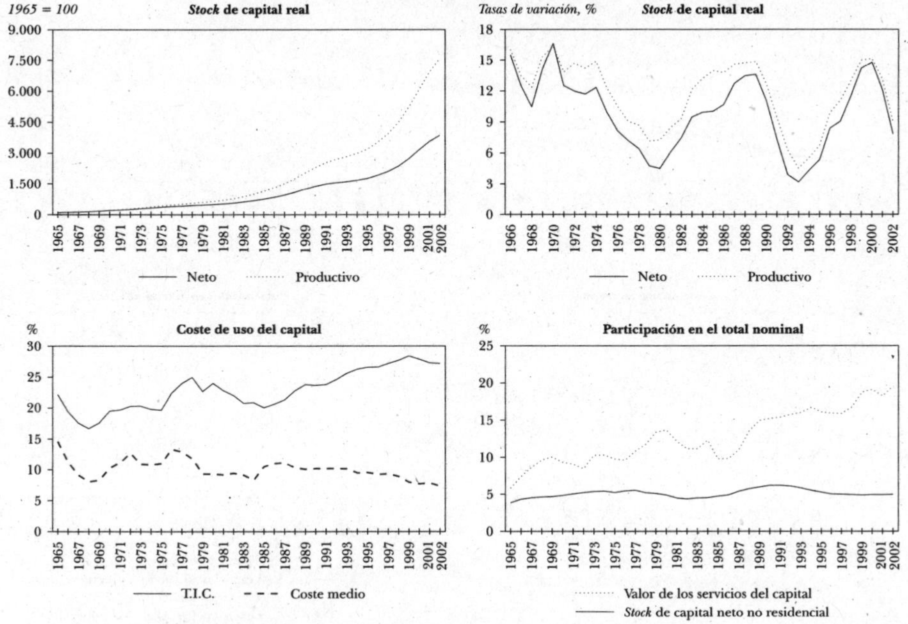

15.4. Capital productivo por ramas de actividad

El estudio de la evolución del volumen de servicios del capital productivo según el destino de las inversiones por ramas de actividad permitirá señalar de nuevo diferencias interesantes entre la evolución del capital riqueza y los servicios del capital. Comenzando por la agrupación de ramas públicas y privadas, en el gráfico 15.24 se puede observar que el índice de evolución del capital neto privado se sitúa por debajo del correspondiente al volumen de servicios del capital de esas actividades; sucediendo lo mismo en el caso del capital público. Las tasas de crecimiento de los servicios del capital privado son claramente superiores a las del capital neto privado, en los últimos años, lo cual no sucede en el caso del capital público con intensidad semejante. Esta circunstancia resultará, probablemente, relevante para analizar la contribución al crecimiento de ambos tipos de capitales, pues mientras que las tasas de crecimiento del capital riqueza público y privado eran similares, en el caso del capital productivo las tasas de crecimiento

GRÁFICO 15.24: Capital productivo y capital neto. Privado y público

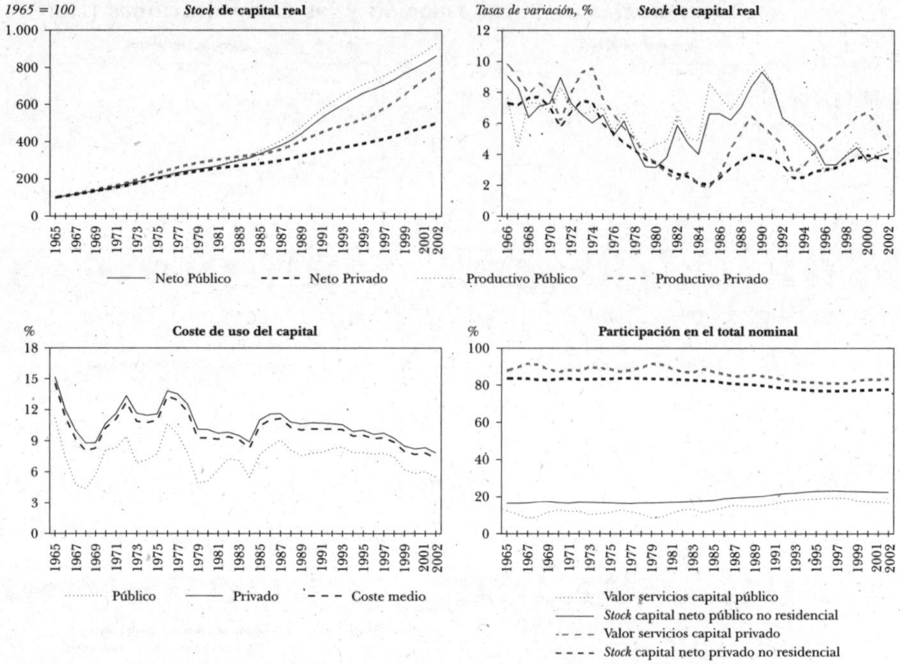

privadas superan claramente a las públicas al final del periodo. Las tasas de crecimiento del capital productivo público han sido superiores durante más de quince años a las del capital productivo privado, pero desde 1995 la situación se ha invertido.

El coste de uso del capital privado y el público difieren sensiblemente, siendo mucho menor este último. Como resultado de ello, el peso que el sector público tiene en el valor de los servicios del capital es menor del que el corresponde en el capital riqueza y lo contrario sucede con el valor de los servicios del capital privado, que gana peso en comparación con su importancia en el capital neto.

En los grandes sectores productivos no se aprecian diferencias dignas de mención al comparar los resultados según el capital productivo y el capital neto, ni en tasas de variación ni en índices acumulados de crecimiento. Tampoco se aprecian diferencias remarcables en el coste de uso del capital, excepto en el caso del sector de la construcción que es menor, ni entre el peso en el valor de los servicios y en el capital neto.

GRÁFICO 15.25: Capital productivo y capital neto privado en las principales ramas de actividad

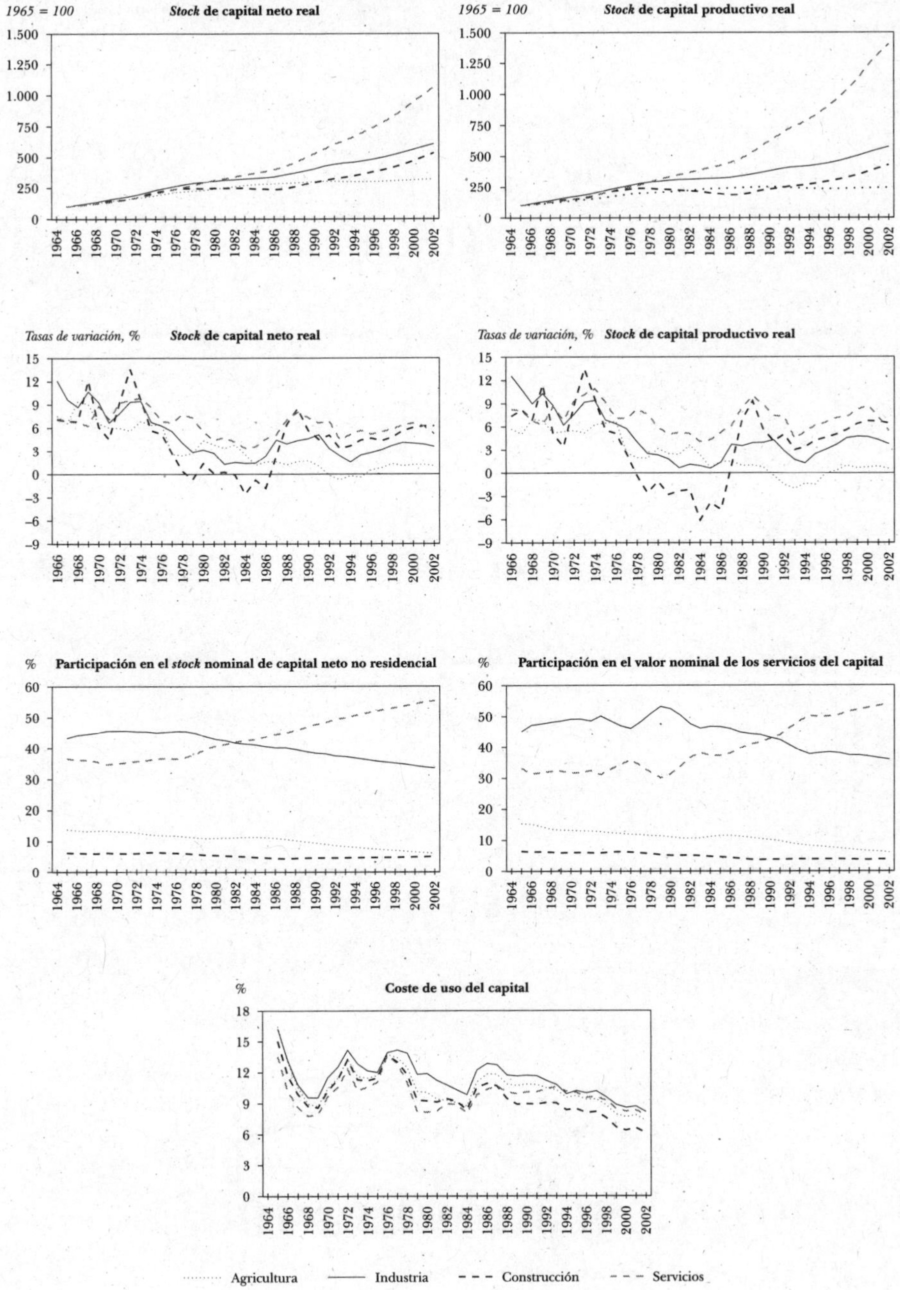

GRÁFICO 15.26: Capital productivo y capital neto privado por nivel tecnológico de las ramas de actividad

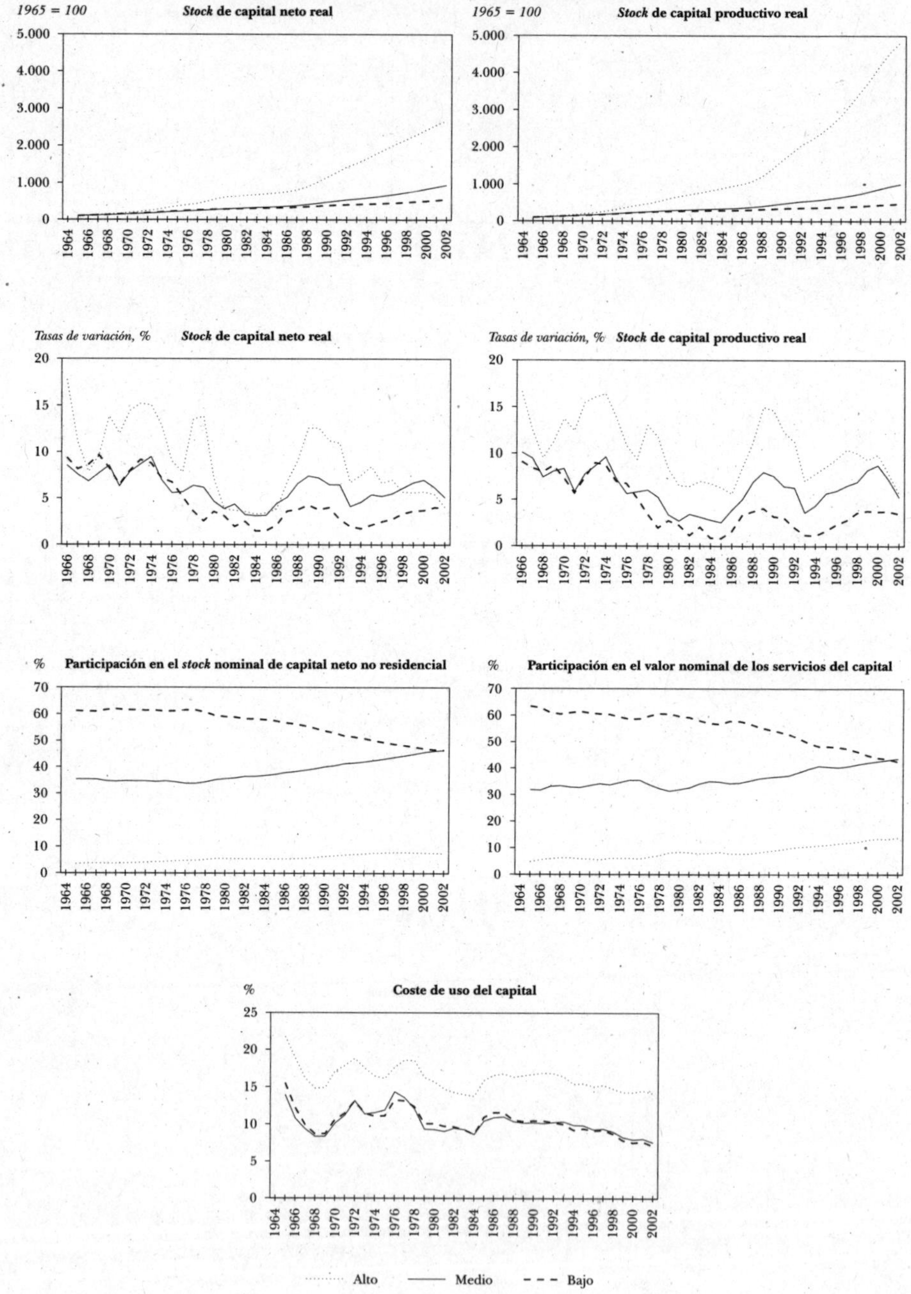

GRÁFICO 15.27: Capital productivo privado y público por tipo de activo

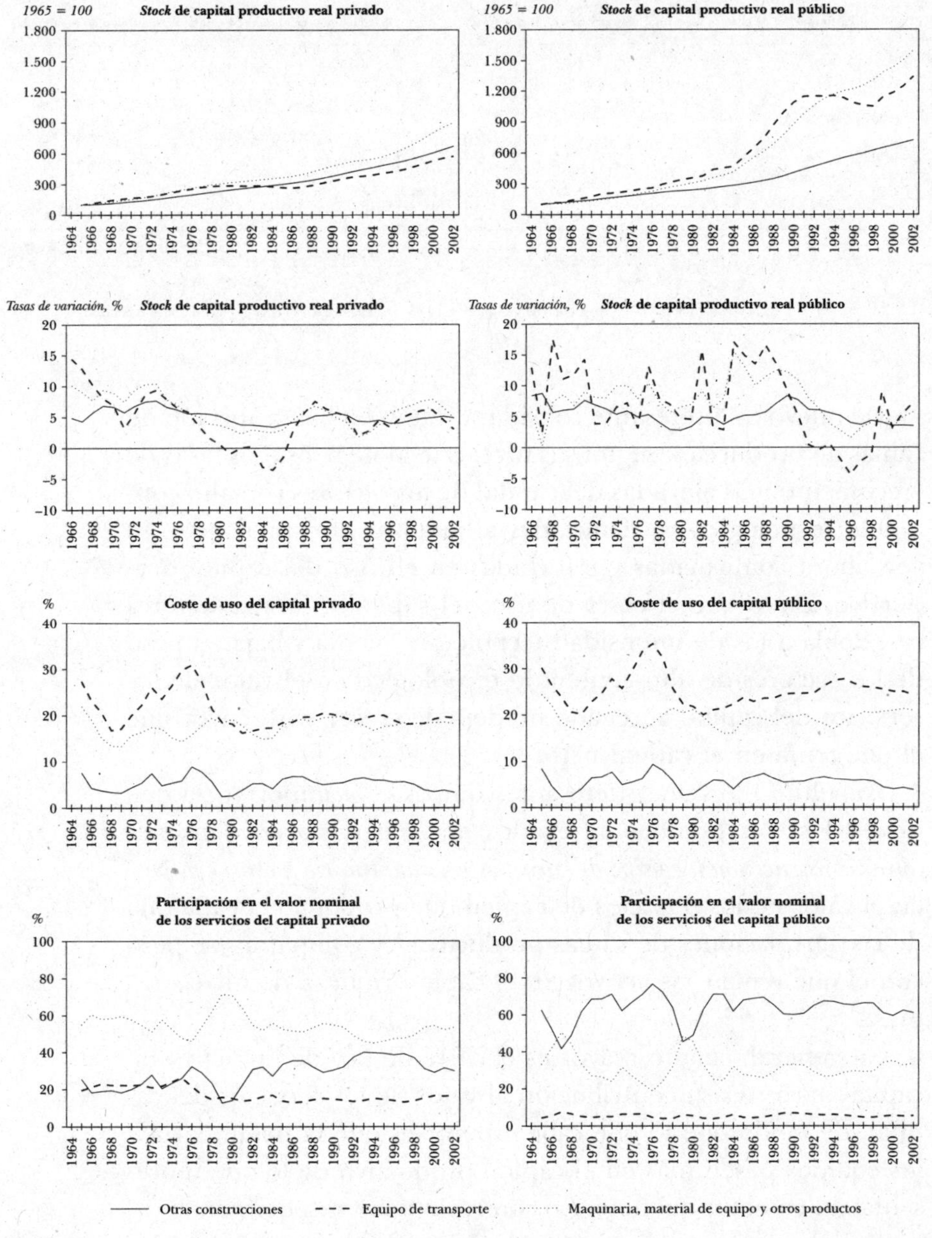

GRÁFICO 15.27 *(cont.)*: **Capital productivo privado y público por tipo de activo**

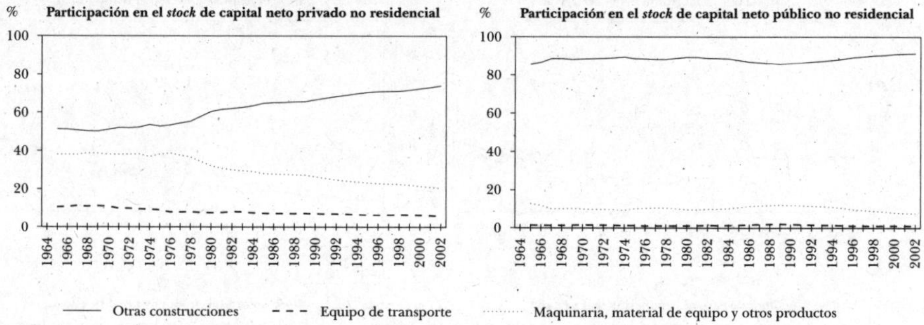

De nuevo es interesante considerar también la agrupación de ramas de producción según sus niveles tecnológicos. Las tasas de crecimiento más elevadas del capital de los sectores con alto contenido tecnológico ya detectadas al analizar el capital neto, se ven ahora confirmadas y reforzadas en el caso del capital productivo. Dado que el coste de uso del capital en estos sectores casi dobla a los de intensidad tecnológica media y baja, el peso de los sectores de alto contenido tecnológico en el valor de los servicios del capital agregado no deja de crecer y es mayor que el que tenía en el capital neto.

Por último, resulta interesante comparar la importancia que tienen los tres grandes agregados de activos no residenciales *(otras construcciones, equipo de transporte y maquinaria y otros equipos)* en el valor de los servicios de capital que proporciona cada una de las agrupaciones de ramas productivas, y comparar ese peso con el que tenían los activos en el capital riqueza de dichas ramas.

En general, cuanto mayor es el coste de uso de un activo de capital mayor es su contribución al valor de los servicios del capital, de modo que lo que cabe esperar es que la maquinaria y los equipos pesen más en el capital productivo de lo que representaban en el capital neto. Lo contrario debe suceder con el capital de otras construcciones. El reflejo de estos cambios en las distintas agrupaciones de ramas que estamos considerando es mayor cuanto más diferencias hay entre ellas en cuanto a la composición de su *stock* de capital por tipos de activos.

GRÁFICO 15.28: Capital productivo privado en las principales ramas de actividad por tipo de activo

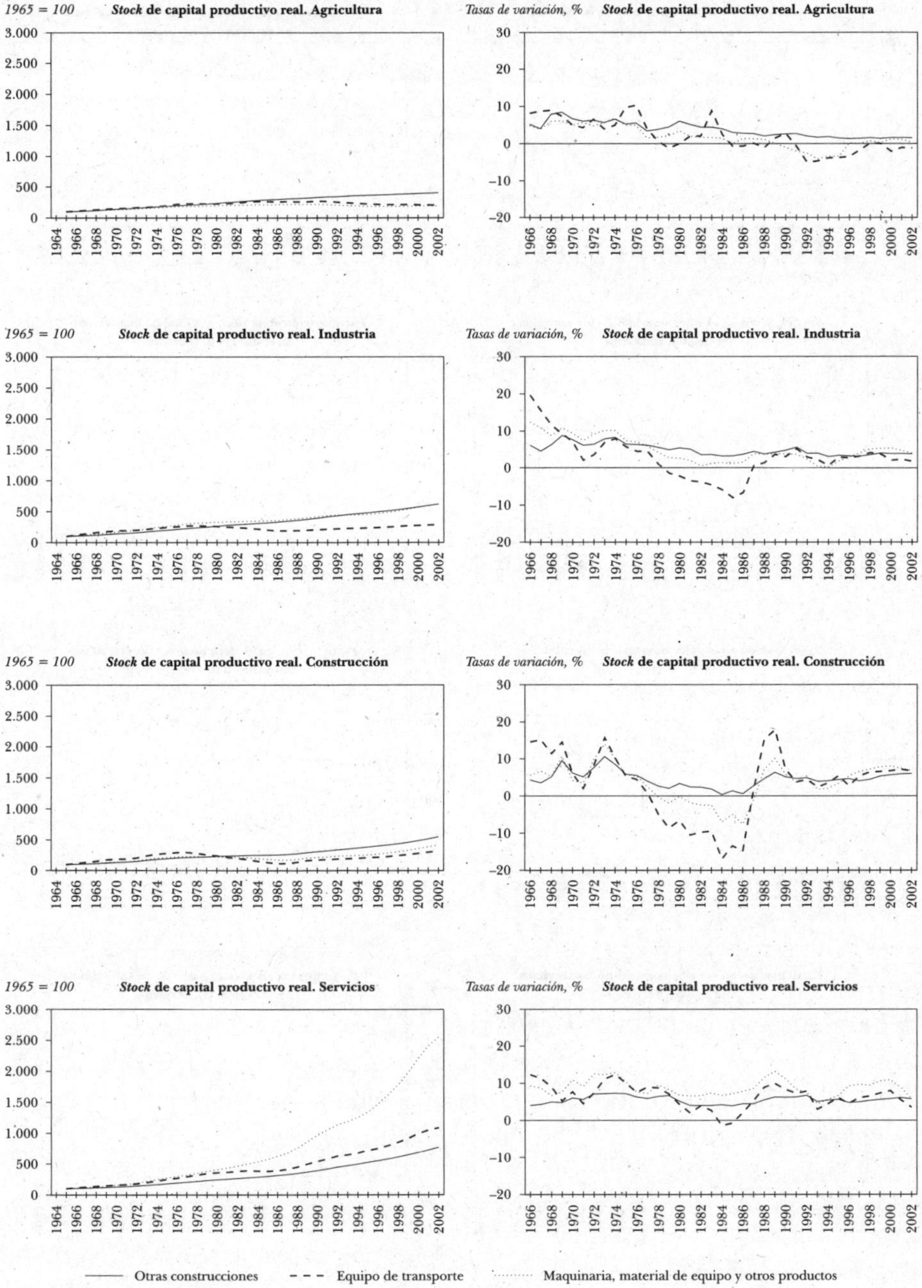

GRÁFICO 15.28 (*cont.*): **Capital productivo privado en las principales ramas de actividad por tipo de activo**

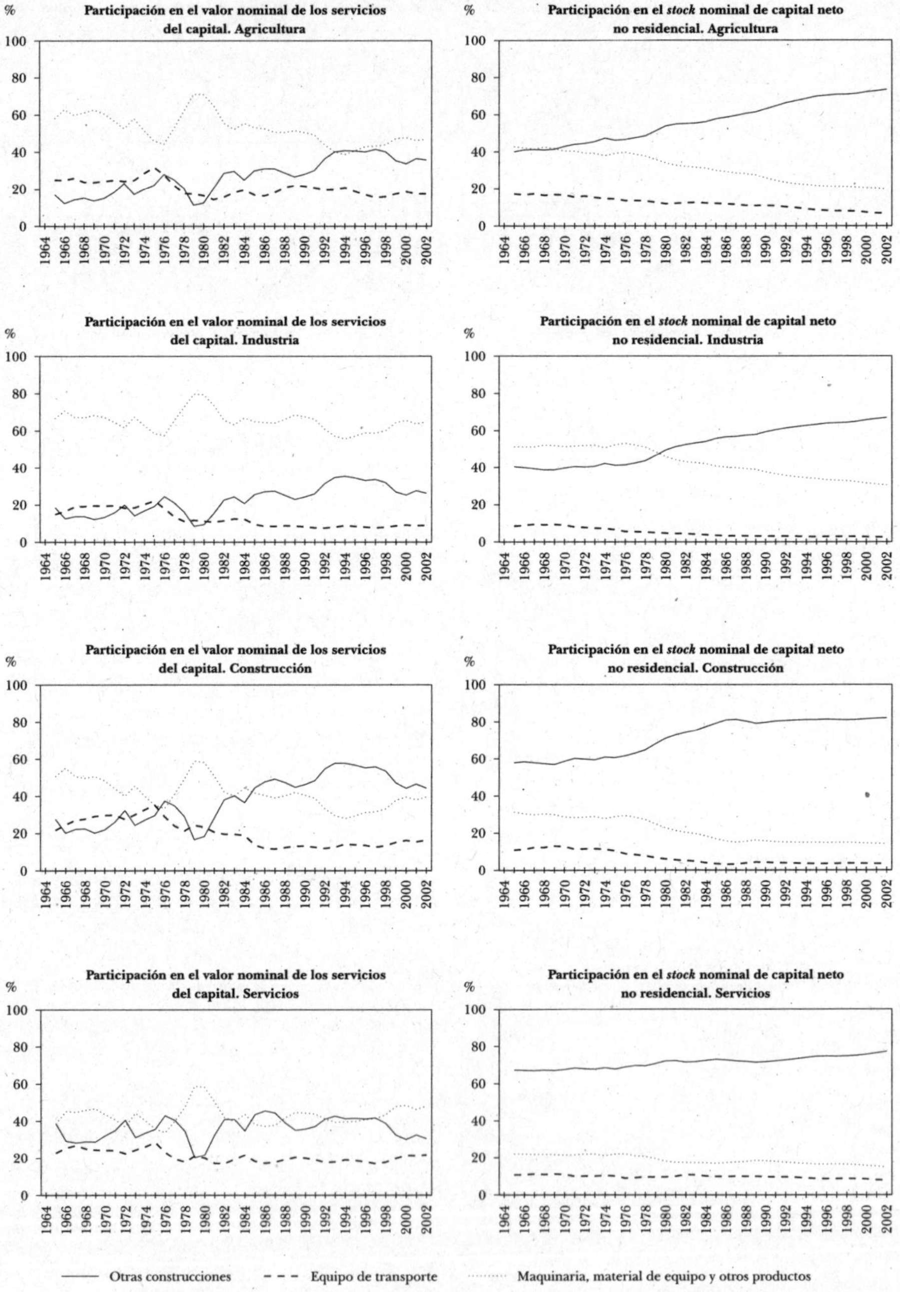

GRÁFICO 15.28 *(cont.)*: **Capital productivo privado en las principales ramas de actividad por tipo de activo**

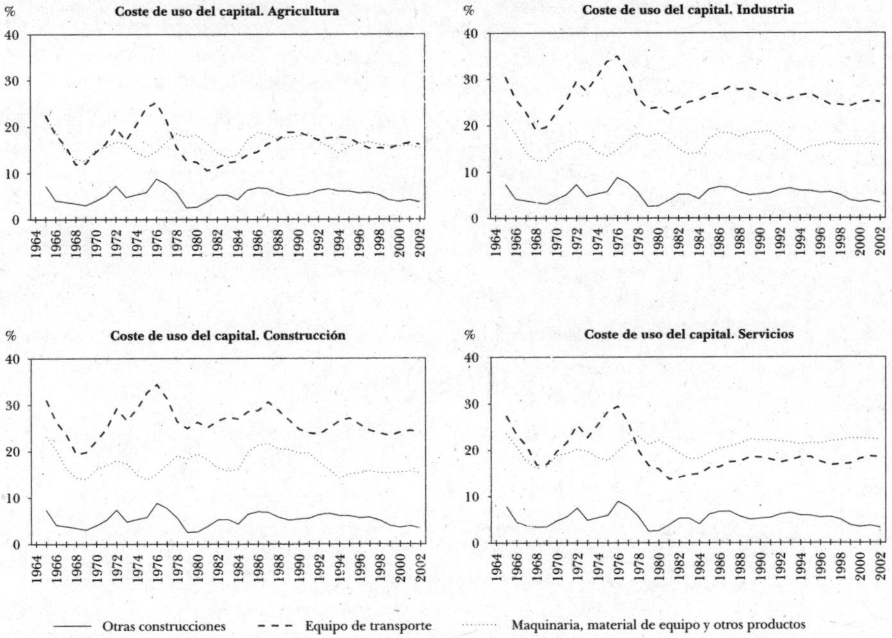

Si se comparan las ramas privadas y públicas, dado que en las primeras el peso de los activos de maquinaria y equipo es bastante mayor que en el sector público, la importancia de los servicios del capital de estos activos se ve reforzada, llegando a representar al final del periodo un 54% del valor de los servicios productivos del capital privado frente a un peso del 20% en el capital neto. En el capital público la situación se repite, aunque el peso de la maquinaria es menor en ambas medidas de capital.

Dentro del sector privado, el sector en el que el peso de los activos de maquinaria y equipo es mayor es la industria, y es en el mismo en el que se debe destacar que la contribución de los servicios del capital provenientes de estos productos al valor agregado de los servicios del capital alcanza el 65% al principio del siglo XXI. Ese porcentaje dobla el que representa la maquinaria en el capital neto de la industria. En los restantes sectores predomina mucho más el empleo de activos de capital provenientes del sector de la construcción, pero su peso se reduce

GRÁFICO 15.29: Capital productivo privado por nivel tecnológico de la rama de actividad y tipo de activo

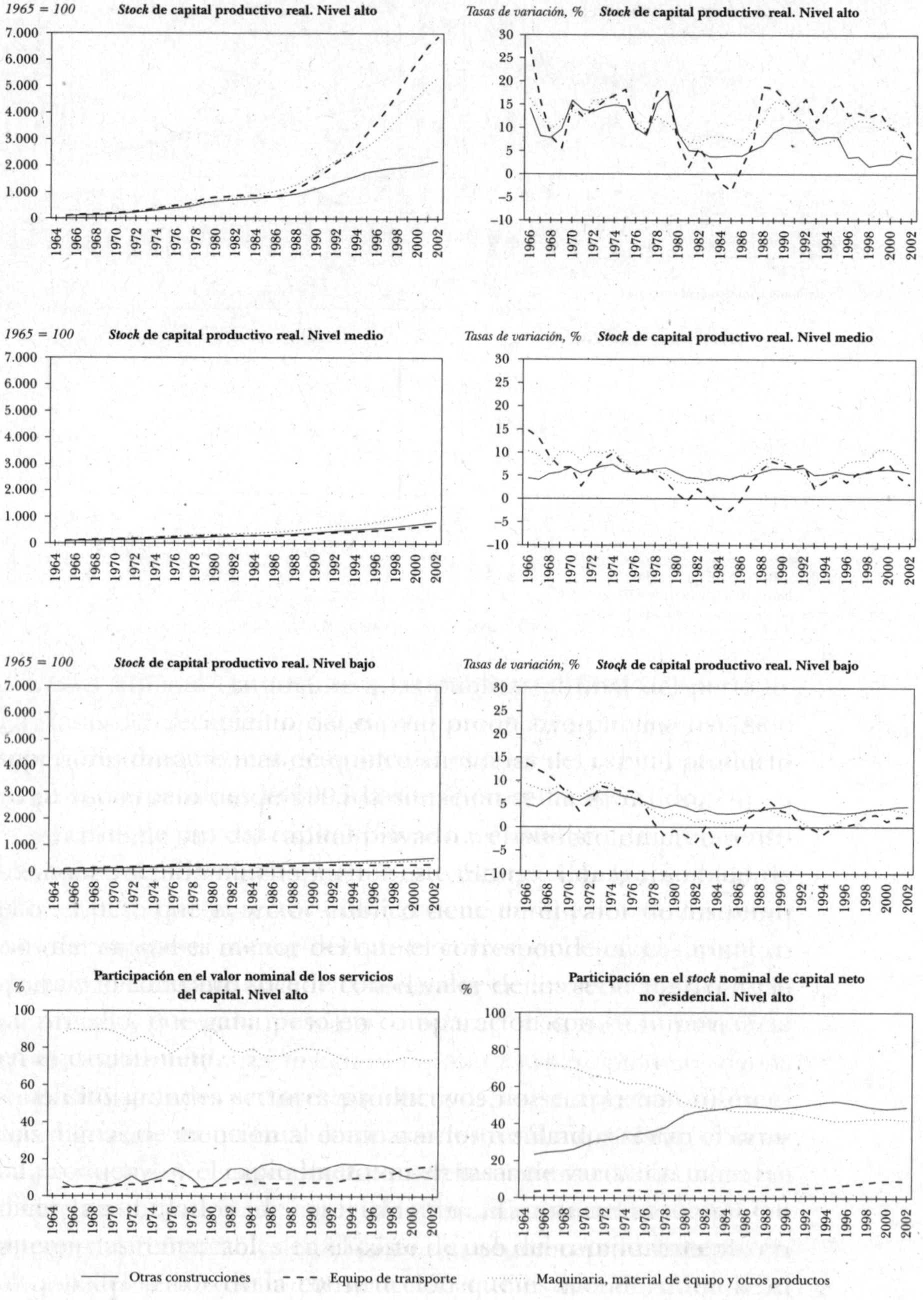

GRÁFICO 15.29 (*cont.*): **Capital productivo privado por nivel tecnológico de la rama de actividad y tipo de activo**

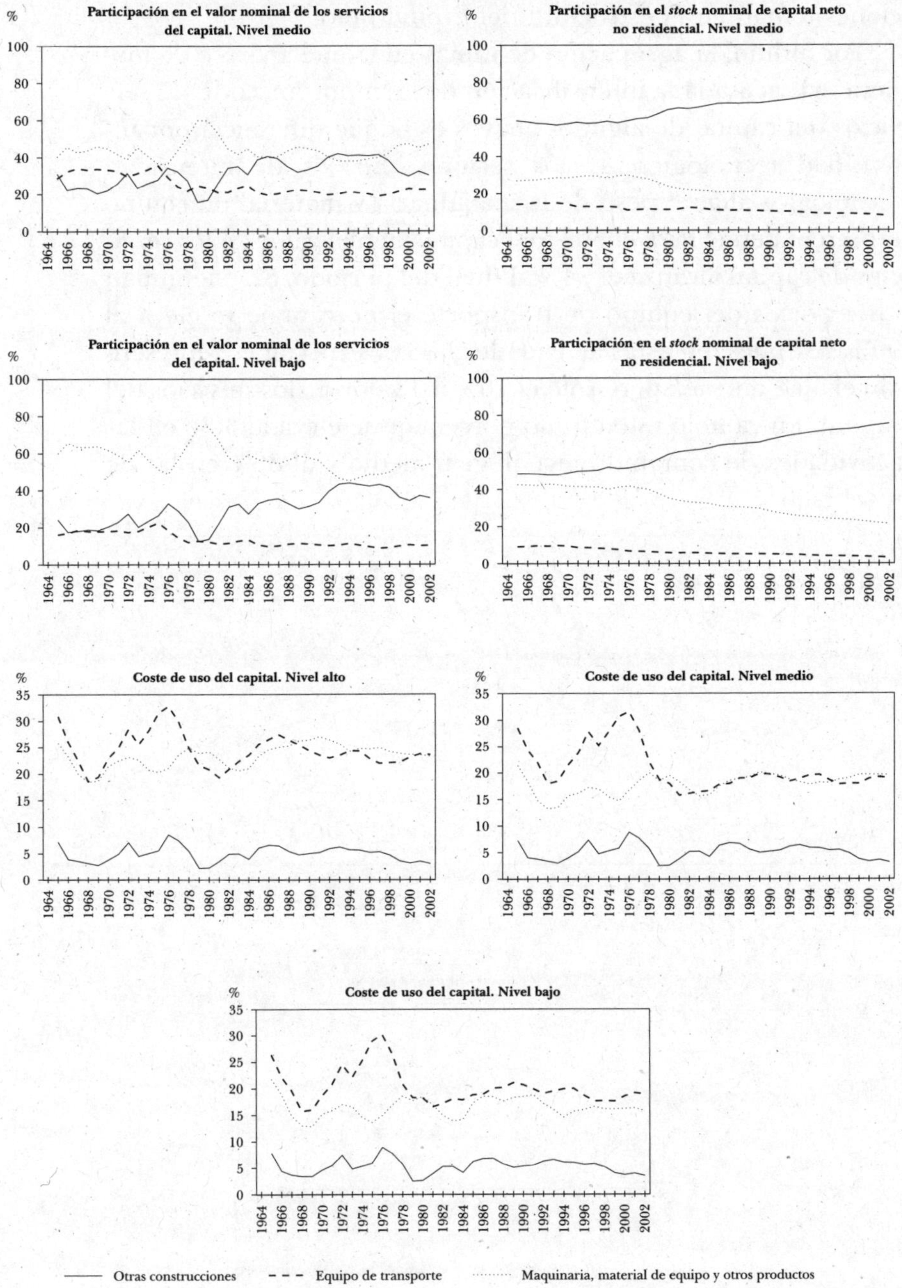

sustancialmente en todos los casos al considerar su contribución al valor de los servicios del capital respecto al que las construcciones tenían en la estructura del capital neto.

Por último, la agrupación de ramas en la que aparece de manera más acusada la intensificación de la importancia de los servicios del capital de algunos activos es la que diferencia por intensidad tecnológica de los sectores. En los de intensidad tecnológica alta, el peso de la maquinaria y material de equipo representa en el *stock* el 50% del capital y en el valor de los servicios de capital alcanza el 74% al final del periodo. Si se le suman los servicios del equipo de transporte el porcentaje se eleva al 90%. Así pues, en estas actividades las construcciones representan el 50% del *stock* pero sólo el 10% del valor de los servicios del capital. En cambio este último porcentaje se eleva al 30% en las actividades de contenido tecnológico medio y al 36% en las de nivel bajo.

16. Conclusiones

El recorrido realizado en las páginas anteriores por la abundante información disponible en el nuevo banco de datos elaborado y los resultados de las estimaciones ha presentado una amplia colección de imágenes de la acumulación de capital en España en los últimos cuarenta años. Los tres principales perfiles ofrecidos se refieren a los flujos de inversión, al *stock* de capital neto que representa la riqueza producida acumulada y al flujo de servicios productivos que el capital proporciona.

Las variables han sido consideradas tanto en términos corrientes como constantes, lo que ha permitido apreciar diferencias relevantes entre ambos tipos de valoraciones, no sólo en las obvias de volumen sino en otros aspectos.

Las estimaciones presentadas se han realizado con un elevado grado de desagregación en dos sentidos muy relevantes. En primer lugar, en cuanto a los tipos de activos o productos en los que se materializa la inversión, lo cual constituye la principal novedad de estas estimaciones y la condición necesaria para poder abordar nuevos análisis, algunos de los cuales han quedado apuntados en estos comentarios. En segundo lugar, el banco de datos también ha ganado detalle en lo que se refiere a la desagregación por ramas de actividad en las que los activos son invertidos. Gracias a la combinación de ambos criterios de desagregación se ofrecen ahora a los estudiosos muchas posibilidades de profundización en el estudio de la acumulación, hasta ahora inviables.

A la vista de las descripciones realizadas cabe preguntarse si, al contemplar el proceso de acumulación a través de ellas, la imagen percibida del mismo resulta condicionada por la perspectiva que ofrece una u otra variable o si, por el contrario, es relativamente poco importante la elección de una u otra. Para concretar algo más esta pregunta se puede plantear hasta qué punto importa considerar la FBCF o las distintas definiciones de capital, o su valoración en términos nominales o reales, a la hora de caracterizar la acumulación de capital en dos sentidos diferentes: la evolución del ritmo de acumulación y la evolución de la composición de los agregados. La pertinencia de este interrogante se basa en que el coste de elaborar información de las distintas variables es muy diferente, pues mientras que los datos de FBCF están ampliamente disponibles en la Contabilidad Nacional, en cambio, las estimaciones de capital son complejas y las de los indicadores de volumen de servicios del capital productivo, sobre todo en el caso de los agregados, muy complejas.

La respuesta a esas preguntas es que, en efecto, existen diferencias importantes que justifican el esfuerzo realizado. Constatar las más significativas será uno de los objetivos básicos de estas conclusiones en las que, además, se desea resumir los principales resultados y mensajes desprendidos de este primer análisis del banco de datos construido.

1. Es imprescindible comenzar recordando una vez más la importancia del proceso de acumulación de capital realizado por la economía española en los últimos cuarenta años, sea cual sea el indicador realizado. Como consecuencia del mismo, el índice de capital riqueza o capital neto total se ha multiplicado por cinco en términos reales; elevándose este factor a más de siete cuando sólo se considera el capital no residencial. En el mismo periodo, el indicador de volumen de servicios del capital se ha multiplicado por ocho. Estas cifras representan una revisión al alza de las tasas de crecimiento del capital de ediciones anteriores, debida a dos factores diferentes: en primer lugar, el valor del *stock* resultante de las nuevas estimaciones es mayor; en segundo lugar, al estimar el flujo de servicios productivos del capital, variable que debe emplearse para medir la contribución del capital al crecimiento económico, se obtiene que su crecimiento es superior al del capital riqueza o capital neto. Por esta razón, el papel del capital como factor de crecimiento se ve reforzado.

2. El ritmo de FBCF ha sido irregular y el esfuerzo inversor también. Aunque el esfuerzo inversor se mantiene por encima del 20% del PIB, es algo menor que antes de la crisis de los setenta y, sobre todo, debido a la mayor relación capital/producto, no resulta suficiente para sostener tasas de crecimiento del capital tan elevadas como las iniciales.
3. El capital bruto y el capital neto crecen a tasas variables y procíclicas. Las diferencias entre las imágenes de la acumulación ofrecidas por el capital bruto y el capital neto no son especialmente relevantes. No obstante, la depreciación representa un volumen cada vez mayor por efecto del crecimiento del *stock,* lo que reduce la contribución neta del esfuerzo inversor al crecimiento del capital.
4. La depreciación real crece más rápidamente que el capital, por efecto de los cambios en la composición de la FBCF y en la del *stock* de capital real, por tipos de activos. Los capitales acumulados en productos de maquinaria y equipo, con vidas medias más cortas y mayores tasas de depreciación, así como las otras construcciones, crecen a unas tasas reales mayor que las viviendas, lo que impulsa la intensidad a la que se deprecia el capital agregado.
5. Los mencionados cambios en la composición de la FBCF y en el capital riqueza se reflejan en la composición de dichas variables en términos nominales influidos por la evolución de los precios de los distintos activos, que es muy dispar. En general, los productos de la construcción presentan trayectorias inflacionistas mucho mayores y por ese motivo aumenta el gasto en los mismos más rápidamente y también el peso de su *stock* en términos nominales. En cambio, la maquinaria y el material de equipo, y dentro del mismo especialmente los productos de inversión relacionados con las nuevas tecnologías, siguen una trayectoria en sus precios muy estable cuando no decreciente, que reduce el peso del gasto en los mismos en la FBCF total y su importancia en el *stock* nominal. Así pues, uno de los resul-

tados particularmente destacables del análisis realizado es que la trayectoria inflacionista de los productos de inversión de construcción aumenta su peso en el gasto de inversión y en la riqueza nominal por encima de lo que se deriva de su crecimiento en términos reales.

6. El peso de los activos de construcción se ve reforzado en el *stock* de capital en comparación con su importancia en la FBCF a consecuencia de sus largas vidas medias y bajas tasas de depreciación. Lo contrario sucede con los equipos y la maquinaria, y particularmente con los productos de las nuevas tecnologías, cuyas elevadas tasas de depreciación reducen la permanencia en el capital de las inversiones realizadas en este tipo de activos. Todo ello hace que la riqueza neta producida esté muy concentrada en activos relacionados con la construcción (viviendas, locales comerciales, naves industriales, infraestructuras públicas).
7. La inversión en viviendas sigue siendo muy relevante, sobre todo en términos nominales debido a la evolución comentada de sus precios. Asimismo, su peso en el capital riqueza se ver reforzado por la larga duración de estos activos y por su fuerte revalorización. En cambio, la tasa de crecimiento real de la FBCF en vivienda es baja y, pese a que su permanencia en el *stock* de capital neto real siga siendo importante debido a su lenta depreciación, la tasa de crecimiento del capital neto real en viviendas es menor que la de los otros tipos de activos, incluso en los últimos años.
8. Un hecho mejor conocido gracias a la nueva base de datos es que la inversión en *otras construcciones* es también importantísima, no sólo en el sector público sino también en el privado. En los servicios y la construcción la inversión en otras construcciones representa la partida de la FBCF mayoritaria en términos nominales. Esto hace que, dado un determinado gasto en inversión, la evolución de los precios de estos activos, también inflacionista, afecte seriamente al crecimiento real de la FBCF y del capital neto.

9. La importancia de la inversión en maquinaria y equipos es bastante desigual entre sectores. Su peso es solamente mayoritario en la actualidad en la FBCF en términos nominales en las ramas de la agricultura y la industria.
10. El nivel tecnológico de los sectores se muestra muy relevante para determinar la composición de la inversión. Mientras en los sectores de tecnología alta es la maquinaria y el material de equipo el componente mayoritario de la FBCF, en los de nivel tecnológico medio y bajo los productos en los que se invierte más son los del agregado *otras construcciones*.
11. La inversión en maquinaria y equipos no logra aumentar claramente su peso en la FBCF total debido a que en la misma cada vez pesan más las actividades de servicios y menos las industriales, que son las que más maquinaria y equipo utilizan.
12. La importancia que la inversión en maquinaria y equipo tienen en la FBCF no se traslada completamente a la composición del capital neto, debido a las mayores tasas de depreciación de estos productos. De hecho, su peso en el *stock* de capital total no residencial más bien se reduce. Sorprendentemente, ello se debe a la evolución del sector privado, en todos los sectores.
13. La concentración de la riqueza producida (capital neto) en activos de la construcción es elevadísima, incluso una vez separadas las viviendas. Por esta razón, las mayores tasas de inflación que presentan estos activos tienen un gran efecto sobre los resultados del proceso de acumulación: por una parte, al encarecerse más estos productos se reduce el ritmo de acumulación real asociado a un esfuerzo inversor determinado; por otra, la revalorización de estos activos reduce el coste de uso de las inversiones en los mismos, aumenta la tasa interna de rentabilidad de esos proyectos e incentiva su realización.
14. La introducción del concepto de capital productivo ha sido la razón por la que se han tenido que desagregar las inversiones y el *stock* neto por tipos de activos, lo cual permite enriquecer sustancialmente el análisis de la FBCF

y la acumulación. Adicionalmente, ofrece una valoración de la evolución del volumen de servicios del capital según la cual, como ya se ha señalado en el punto 1 de estas conclusiones, el ritmo de crecimiento de esos servicios productivos del capital ha sido superior al del capital riqueza.

15. El análisis del capital productivo permite advertir que la importancia de los activos de maquinaria y equipo en el valor de los servicios de capital es sustancialmente superior al peso que representan en el capital neto no residencial. En el caso del sector privado su peso en el capital riqueza o neto era del 20% y, en cambio, su contribución al flujo de servicios productivos del capital supera el 50%. En cambio, los productos de la construcción que representan más del 70% del *stock,* apenas superan el 30% en los servicios del capital. Esa modificación de la importancia relativa de los distintos activos en las dos medidas del capital también se produce en el caso del capital público de manera significativa.
16. Los activos cuyo coste de uso es mayor (debido a sus mayores tasas de depreciación o a las evoluciones más moderadas, e incluso negativas, de precios), aumentan su contribución al valor de los servicios del capital y, por esta vía, al crecimiento del volumen agregado de los servicios del capital. Por esta razón, algunos activos son más relevantes para la producción de servicios de capital de lo que indica su peso en el capital riqueza. Así sucede con el agregado de los productos de maquinaria y equipo y, dentro de él, con particular intensidad en los activos vinculados a las nuevas tecnologías como *hardware, software* o comunicaciones, cuyo peso en los servicios del capital resulta reforzado. A partir de este resultado, se está en condiciones de analizar la contribución de las nuevas tecnologías al crecimiento.
17. El crecimiento del volumen de servicios del capital es mayor en aquellas ramas de actividad en las que se invierte más y, dado un volumen de capital neto, en aquellas ramas en las que se intensifica la utilización de acti-

vos más productivos (con mayor coste de uso). Por la primera razón, el crecimiento del indicador de volumen de los servicios del capital es mayor en el sector servicios y, por la segunda, en los sectores de tecnología alta, utilizadores intensivos de activos relacionados con las nuevas tecnologías. En estas últimas actividades, la importancia de la maquinaria y equipo en el flujo de servicios del capital es muy alta.

18. La tasa de crecimiento del capital neto público fue superior a la del capital privado durante la mayor parte de los ochenta y ambas se han igualado en la segunda mitad de la década de los noventa. Sin embargo, cuando se consideran las tasas de crecimiento del capital productivo se observa que en estos últimos años la tasa correspondiente al sector privado (utilizador más intensivo de maquinaria y activos relacionados con nuevas tecnologías) superan claramente las tasas del capital público.

Estos rasgos del proceso de acumulación en España que se acaban de resumir representan la confirmación de buena parte de los resultados ya conocidos pero añaden muchos datos nuevos y también perfiles hasta ahora desconocidos de la capitalización de la economía. La introducción de la desagregación por activos y las medidas de servicios del capital (capital productivo) plantean numerosos interrogantes, directamente relacionados con el debate abierto en el país en la actualidad acerca del crecimiento y la productividad, y que necesitarán de nuevos esfuerzos de investigación para ser respondidos.

Tres de esos interrogantes señalan líneas de desarrollo de este proyecto en el futuro inmediato. El primero de ellos se refiere al análisis de las fuentes del crecimiento a la luz de estos datos y, en particular, a la contribución al mismo de los servicios del capital y de los distintos tipos de productos, especialmente los relacionados con las nuevas tecnologías. El segundo se refiere a la relación entre la evolución de las características de la inversión y del capital por activos y ramas de actividad y el cambio estructural que va teniendo lugar —tanto en el ámbito del capital como en el de otros factores o en el de la producción—, su intensidad y sus implicaciones para el crecimiento de los servicios del capital y la productividad de las inversiones. Un tercer interrogante se refiere a la evolución del esfuerzo inversor agregado y el ritmo de acumulación de capital, sus determinantes y sus implicaciones para la productividad agregada y la velocidad de avance de la economía española.

Bibliografía

Aschauer, D. A. (1989): «Is public expenditure productive?», *Journal of Monetary Economics,* 23, págs. 177-200.

Bea (2001): «National Income and Product Accounts (nipa) tables», Bureau of Economic Analysis, <http://www.bea.doc.gov/bea/dn/nipaweb/index.asp>.

Blades, D. (2000): «Estadísticas de *stock* de capital: teoría y práctica», en *La investigación económica en España, 1990-2000. Una década de cambios,* Valencia, Ivie.

Bullón, P. (2001): «La consolidación de la industria española de ti», *ComputerWorld,* Edición especial 1981-2001, págs. 46-50.

Caballero, R. J. y R. K. Lyons (1992): «External effects in us procyclical productivity», *Journal of Monetary Economics,* 29, págs. 209-225.

Coen, R. M. (1968): «Effects of tax policy on investment in manufacturing», *American Economic Review,* 65 (1), págs. 59-74.

— (1975): «Investment behavior, the measurement of depreciation and tax policy», *American Economic Review,* 65 (1), págs. 59-74.

Cuadrado Roura, J. R. (1999): *El sector servicios y el empleo en España. Evolución reciente y perspectivas de futuro,* Fundación BBV.

Diewert, W. E. (1980): «Aggregation problems in the measurement of capital», en Dan Usher (ed.): *The measurement of capital,* Chicago, Chicago University Press.

— (1987): «Index Numbers», en J. Eatwell, M. Milgate y P. Newman (eds.): *The new palgrave: a dictionary of economics.*

— (2001): *Measuring the price and quantity as capital services under alternative assumptions,* Discussion Paper No. 01-24, Department of Economics, Vancouver, Canadá, The University of British Columbia.

Eurostat (1978): Sistema Europeo de Cuentas Económicas Integradas, sec, Bruselas.

— (1995): Sistema Europeo de Cuentas Económicas Nacionales y Regionales (sec-95), Bruselas.

— (2000): «Intra- and extra-eu trade –comex–», Luxemburgo, Eurostat.

Fies (1979): *La estructura productiva española. Tablas Input-Output de 1975 y análisis de las interdependencias de la economía española,* Madrid.

Fraumeni, B. (1997): «The measurement of depreciation in the us National Income and Products Accounts», *Survey of Current Business,* 77, julio, págs. 7-23.

— (1999*a*): *Productive highway capital stock measures, Federal Highway Administration,* Department of Transportation, enero (disponible en internet www.fhwa.dot.gov/reports/phcsm/index.htm).

— (1999*b*): «Strategies for measuring productive highway capital stocks», presentado en *Conference for Information Requirements for Transportation Economic Analysis,* agosto, Irvine, ca.

Grunfeld, Y. (1960): «The determinants of corporate investment», en Arnold C. Harberger (ed.): *The demand for durable goods,* Chicago, Chicago University Press.

Hall, R. E. y D. W. Jorgenson (1967): «Tax policy and investment behaviour», *American Economic Review,* 57 (3), junio, págs. 391-414.

HARCHAOUI, T. M. y F. TARKHANI (2002), «A comprehensive revisión of the capital input metholology for Statistics Canada's Multifactor Productivity Program», Statistics Canada, Catal. núm. 15-204, capít. 4, diciembre.

HARPER, M. J. (1982): «The measurement of productive capital stock, capital wealth and capital services», Bureau of Labor Statistics, Documento de trabajo núm. 128, junio.

— E. R. BERNDT y D. O. WOOD (1989): «Rates of return and capital aggregation using alternative rental prices», en Jorgenson, D. W. y R. Landau (eds.): *Technology and capital formation,* MIT Press.

HARRISON, A. (2003): «Government-owned assets», trabajo presentado en la segunda reunión del *Grupo de Canberra II* sobre medición de activos no financieros, 15-17 octubre, París, OCDE.

— (2004): «Government-owned assets. Continued», trabajo presentado en la tercera reunión del *Grupo de Canberra II* sobre medición de activos no financieros, 17-19 marzo, Washington, DC.

HILL, P. (1999): «The productive capital stock and the quantity index for flows of capital services», ponencia presentada en el tercer encuentro del Grupo de Canberra sobre *Medición del Stock de Capital,* Washington.

HOLLAND, D. M. y C. M. STEWART (1979): «Trends in corporate profitability and capital costs», en Robert Lindsay (ed.): *The nation's capital needs: three studies,* New York, Committee for Economic Development, págs. 103-188.

HSHIEH, Ch-T. (2002): «What explains the Industrial Revolution in East Asia? Evidence from the factors markets», *American Economic Review,* junio, págs. 502-526.

HULTEN, Ch. (1990): «The measurement of capital», en E. R. Berndt y J. Triplett (eds.): *Economic Inquiry,* 34, págs. 10-23.

— y F. C. WYFOFF (1980): «Economic depreciation and the taxation of structures in United States manufacturing industries: an empirical analysis», en D. Usher (ed.): *The measurement of capital,* Chicago, University of Chicago Press.

INSTITUTO DE ESTUDIOS FISCALES (1969*a*): *Contabilidad Nacional de España: 1954-1964,* Madrid.

INSTITUTO DE ESTUDIOS POLÍTICOS (1958): *La estructura de la economía española. Tablas «input-output»,* Madrid.

INSTITUTO NACIONAL DE ESTADÍSTICA (1967): *La Contabilidad Nacional de España. Año 1965 y avance de 1966,* Madrid.

— (1968): *Contabilidad Nacional de España. Años 1965, 1966 y avance de 1967,* Madrid.

— (1969): *Contabilidad Nacional de España. Años 1965, 1966, 1967 y avance de 1968,* Madrid.

— (1970): *Contabilidad Nacional de España. Años 1964 a 1968 y avance de 1969,* Madrid.

— (1971): *Contabilidad Nacional de España. Años 1964 a 1969 y avance de 1970,* Madrid.

— (1972): *Contabilidad Nacional de España. Años 1964 a 1970 y avance de 1971,* Madrid.

— (1973): *Contabilidad Nacional de España. Años 1964 a 1971 y avance de 1972,* Madrid.

— (1976): *Contabilidad Nacional de España. Años 1970-71-72-73 y avance de 1974,* Madrid.

— (1977): *Contabilidad Nacional de España. Años 1970-74, 75 provisional y avance de 1976,* Madrid.

— (1978): *Contabilidad Nacional de España. Años 1970-75, 76 provisional y avance de 1977,* Madrid.

— (1979): *Contabilidad Nacional de España. Años 1964-1976, 1977 provisional y avance de 1978,* Madrid.

— (1980): *Contabilidad Nacional de España. Años 1970-1977, 1978 provisional y avance de 1979,* Madrid.

Instituto Nacional de Estadística (1981): *Contabilidad Nacional de España. Base 1970. Años 1970-1977, 1978 y 1979 provisionales y avance de 1980,* Madrid.
— (1982): *Contabilidad Nacional de España. Base 1970. Años 1970-1979, 1980 provisional y avance de 1981,* Madrid.
— (1983): *Contabilidad Nacional de España. Base 1970. Años 1970-1979, 1981 provisional y avance de 1982,* Madrid.
— (1984): *Contabilidad Nacional de España. Base 1970. Años 1980-1981, 1982 provisional y avance de 1983,* Madrid.
— (1986*a*): *Contabilidad Nacional de España. Base 1980. Cuentas Nacionales y Tabla Input-Output,* Madrid.
— (1986*b*): *Contabilidad Nacional de España. Base 1980. Serie 1980-1983 definitivos, 1984 provisional y 1985 avance,* Madrid.
— (1987): *Contabilidad Nacional de España. Base 1980. Serie 1980-1984 definitivos, 1985 provisional y 1986 avance,* Madrid.
— (1988): *Contabilidad Nacional de España. Base 1980. Serie 1980-1985 definitivos, 1986 provisional y 1987 avance. Serie homogénea de los principales agregados macroeconómicos 1970-1986. Base 1980,* Madrid.
— (1990): *Contabilidad Nacional de España. Base 1985. Cuentas Nacionales y Tabla Input-Output,* Madrid.
— (1991*a*): *Contabilidad Nacional de España. Base 1985. Serie contable 1985-1989 y Tabla Input-Output 1986,* Madrid.
— (1991*b*): *Contabilidad Nacional de España. Base 1985. Serie contable 1985-1990 y Tabla Input-Output 1987,* Madrid.
— (1992): *Contabilidad Nacional de España. Serie enlazada 1964-1991. Base 1986,* Madrid.
— (1993*a*): *Contabilidad Nacional de España. Base 1986 Serie contable 1986-1991 y Tabla Input-Output 1988,* Madrid.
— (1993*b*): *Contabilidad Nacional de España. Base 1986 Serie contable 1987-1992 y Tabla Input-Output 1989,* Madrid.
— (1993*c*): *Contabilidad Nacional de España. Base 1986. Serie contable 1988-1993 y Tabla Input-Output 1990,* Madrid.
— (1995): *Contabilidad Nacional de España. Base 1986. Serie contable 1989-1994,* Madrid.
— (1996): *Contabilidad Nacional de España. Base 1986. Serie contable 1990-1995,* Madrid.
— (2001): *Contabilidad Nacional de España. Base 1995.* Serie Contable 1995-1999. *Marco Input-Output* 1995-1996, Madrid.
— (vv. aa.): Encuesta de Servicios Informáticos. 1995, 118 págs., Madrid.
— (vv. aa.): *Encuesta Industrial,* Madrid.
— (vv. aa.): *Encuesta Industrial de Empresas,* Madrid.
— (vv. aa.): *Encuesta de Población Activa,* Madrid.
— (vv. aa.): *Índice de Precios Industriales,* <http://www.ine.es/inebase/cgi/um>, Madrid.
Jorgenson, D. W. (1963): «Capital theory and investment behaviour», *American Economic Review,* 53 (2), mayo, págs. 247-259.
— (1980): «Accounting for capital», en Von Furstenberg, G. M. (ed.): *Capital, efficiency and growth,* Cambridge, ma, Ballinger, págs. 251-319.
— (1989): «Productivity and economic growth», en E. R. Berndt y J. E. Triplett: *Fifty years of economic measurement,* Chicago, University of Chicago Press.
— (1995): *Productivity. Postwar us Economic Growth,* vol. 1, mit Press.
— (1996): *Productivity. International Comparisons of Economic Growth,* vol. 1, mit Press.
— y Z. Griliches (1967): «The explanation of productivity change», *Review of Economic Studies,* 34.

Mas, M. y F. Pérez (dirs.) (2000): *Capitalización y crecimiento de la economía española (1970-1997). Una perspectiva internacional comparada,* Bilbao, Fundación BBVA.

— F. Pérez y E. Uriel (2002): *El stock de capital en España y su distribución territorial (1964-2000),* Bilbao, Fundación BBVA.

— F. Pérez y E. Uriel (2005): *El stock de capital en España y su distribución territorial (1964-2002),* Bilbao, Fundación BBVA [en prensa].

Miller, M. H. y Modigliani, F. (1966): «Some estimates of the cost of capital to the electric utility industry, 1954-57», *American Economic Review* 56, núm. 3, junio, 333-391.

Naciones Unidas (1993): *System of National Accounts 1993.* Edición conjunta de eurostat, fmi, ocde y Naciones Unidas, Nueva York.

Ocde (1992): *Methods used by oecd countries to measure stocks of fixed capital,* Organización para la Cooperación y el Desarrollo Económico, París.

— (2001*a*): *Measuring capital. A manual on the measurement of capital stocks, consumption of fixed capital and capital services,* París, Organización para la Cooperación y el Desarrollo Económico.

— (2001*b*): «Measuring the ict sector», París, ocde.

— (2001*c*): *oecd productivity manual: a guide to the measurement of industry-level and aggregate productivity growth,* París, Organización para la Cooperación y el Desarrollo Económico.

— (vv. aa.): *International Sectoral Database,* París, Organización para la Cooperación y el Desarrollo Económico.

— (vv. aa.): *Stocks and Flows of Fixed Capital,* París, Organización para la Cooperación y el Desarrollo Económico.

Organización Sindical española (1960): *Relaciones estructurales y desarrollo económico (Las Tablas Input-Output como instrumento para la programación económica de España),* Madrid.

— (1962): *Tabla Input-Output de la economía española. Año 1958,* Madrid.

Schreyer, P. (2001): «Measurement of capital services: preliminary results for eight oecd countries» presentado en el *Workshop Medición del Stock de Capital. Nuevas Aportaciones,* noviembre, Valencia, Ivie.

Sedisi (vv. aa.): *Las tecnologías de la información en España,* Asociación Española de Empresas de Tecnologías de la Información y Ministerio de Ciencia y Tecnología.

Servicio Sindical de Estadísticas (vv. aa.): «Estadística Industrial de España», Madrid, Servicio Sindical de Estadística.

Triplett, J. (1998): «A dictionary of usage for capital measurement issues», presentado en el Segundo Encuentro del Grupo de Canberra sobre *Estadísticas de Stock de Capital,* París.

Uriel, E., M.ª L. Moltó, y V. Cucarella (2000): «Contabilidad Nacional de España. Series enlazadas 1954-1997 (cnee-86)», Bilbao, Fundación BBV.

Van Ark, B. *et al.* (2002): *ict investment and growth accounts for the European Union, 1980-2000,* Bruselas, dg Economics and Finance of the European Commsission.

Ward, M. (1976): *The measurement of capital. The methodology of capital stock estimates in oecd countries,* París, Organización para la Cooperación y el Desarrollo Económico.

Winfrey, R. (1935): *Statistical analyses of industrial property retirements,* Bulletin 125, Iowa Engineering Experiment Station, Ames, Iowa State University.

Wykoff, F. C. (1989): «Economic depreciation and business-leased automobiles», en D. W. Jorgenson y R. Landau (eds.): *Technology and capital formation,* Massachussetts, mit Press.

Índice de cuadros

Índice de gráficos y esquemas

Índice alfabético

Nota sobre los autores

EQUIPO INVESTIGADOR

Dirección:

Matilde Mas Ivars
(Universidad de Valencia e Ivie)

Francisco Pérez García
(Universidad de Valencia e Ivie)

Ezequiel Uriel Jiménez
(Universidad de Valencia e Ivie)

Investigadores:

Vicent Cucarella Tormo
(Ivie)

Juan Carlos Robledo Domínguez
(Ivie)

Lorenzo Serrano Martínez
(Universidad de Valencia e Ivie)

Equipo técnico:

Rodrigo Aragón Rodríguez
(Ivie)

Héctor García Peris
(Ivie)

Susana Sabater Millares
(Ivie)

Julia Teschendorff Cooper
(Ivie)

Rodrigo Aragón Rodríguez es licenciado en Informática por la Universidad Politécnica de Valencia y técnico de investigación del Ivie desde 1991, donde administra los recursos informáticos y bases de datos.

Vicent Cucarella Tormo es licenciado en Ciencias Económicas y Empresariales por la Universidad de Valencia y técnico de investigación del Ivie desde 1992. Ha publicado diversos trabajos sobre estimaciones del *stock* de capital.

Héctor García Peris es ingeniero superior en Informática por la Universidad Politécnica de Valencia y técnico en investigación del Ivie desde 1999, donde administra los recursos informáticos y las bases de datos.

Matilde Mas Ivars es licenciada y doctora en Economía por la Universidad de Valencia, profesora titular de Análisis Económico en dicha universidad y profesora investigadora del Ivie desde 1990. Sus campos de especialización son el crecimiento, el cambio técnico, el capital público y la economía regional. Es autora de once libros y más de treinta artículos en revistas especializadas, nacionales y extranjeras.

Francisco Pérez García es licenciado y doctor en Economía por la Universidad de Valencia, catedrático de Análisis Económico en dicha universidad y director de investigación del Ivie desde su creación. Sus campos de especialización son la economía financiera (banca y finanzas públicas), el crecimiento económico, la economía regional y la economía de la educación. Ha publicado veinte libros y un centenar de artículos en revistas especializadas, nacionales y extranjeras.

Juan Carlos Robledo Domínguez es licenciado en Ciencias Económicas y Empresariales por la Universidad de Valencia en el año 1993, rama de Empresariales. Desde 1994 ejerce como técnico de investigación en el Ivie y está especializado en bases de datos regionales.

Lorenzo Serrano Martínez es licenciado y doctor en Economía por la Universidad de Valencia, así como titulado del CEMFI. Sus áreas de especialización son el crecimiento económico, el capital humano y la economía regional. Ha sido *Visiting Scholar* en la Universidad de Groningen y en la actualidad es profesor titular de Análisis Económico en la Universidad de Valencia y profesor investigador del Ivie.

Ezequiel Uriel Jiménez es licenciado y doctor por la Universidad Complutense de Madrid, estadístico, catedrático de Análisis Económico de la Universidad de Valencia y profesor investigador del Ivie. Sus campos de especialización son el mercado de trabajo, los sistemas de información estadística y las técnicas de predicción. Ha realizado estancias de investigación en numerosas universidades y publicado quince libros y más de cincuenta artículos en revistas especializadas, nacionales y extranjeras.